Ute Schaeffer

EINFACH NUR WEG

Die Flucht der Kinder

Auch als E-Book erhältlich

Ausführliche Informationen über
unsere Autoren und Bücher
www.dtv.de

Originalausgabe 2016
© 2016 dtv Verlagsgesellschaft mbH & Co. KG, München
© 2016 Ute Schaeffer
Das Werk ist urheberrechtlich geschützt.
Sämtliche, auch auszugsweise Verwertungen bleiben vorbehalten.
Umschlagkonzept: Balk & Brumshagen
Umschlaggestaltung: dtv unter Verwendung eines Fotos von
gettyimages/Milos Bicanski
Karten: dtv
Satz: Greiner & Reichel, Köln
Druck und Bindung: Kösel, Krugzell
Gedruckt auf säurefreiem, chlorfrei gebleichtem Papier
Printed in Germany · ISBN 978-3-423-26119-7

INHALT

Vorwort: Nur die Stärksten kommen bei uns an – die Jugendlichen in diesem Buch

Sie sind gekommen, um zu bleiben: Hassan aus Syrien, Ali aus Sierra Leone und sein bester Freund Sami aus Nordafghanistan. Sie haben es alleine geschafft, zu uns nach Deutschland zu kommen, ohne Eltern, ohne Familie. Die drei Jungs sind noch nicht volljährig, kamen allein – und gehören damit zu einer schnell wachsenden Gruppe: unbegleitete minderjährige Flüchtlinge. Jeder fünfte Flüchtling, der 2015 Europa erreichte, war ein Kind oder ein Jugendlicher.[1]

Hassan, Ali und Sami sind Teil der größten Fluchtbewegung seit dem Zweiten Weltkrieg. Eine Million Flüchtlinge sind 2015 nach Deutschland gekommen.[2] Nur ein Bruchteil der 60 Millionen Menschen, die weltweit vor Gewalt, Krieg und Armut fliehen – und doch mehr als doppelt so viele wie im gesamten Jahr 2014.

Die Geschichten der Jugendlichen zeigen, wie sehr die Welt aus den Fugen geraten ist. Staaten, die keine mehr sind, trieben die Jungen und Mädchen auf die Flucht. Sie verließen Länder wie Syrien, in denen der Staat gegen seine Bürger kämpft. Länder, in denen Polizei und Gerichte die Menschen nicht vor der Gewalt anderer schützen. Erodierte, hohle Staaten wie Afghanistan, die bereits seit Jahrzehnten eine Völkerwanderung in die Nachbarländer auslösen.

Wie wird man der Komplexität dieser Fluchtursachen und Krisen gerecht? Es ist ebenso spannend wie beunruhigend, ge-

---

1 Vgl. IOM and UNICEF data brief: Migration of children to Europe, 30.11.2015. Zitiert nach http://missingmigrants.iom.int/sites/default/files/IOM-UNICEF-Data-Brief-Refugee-and-Migrant-Crisis-in-Europe-30.11.15_0.pdf

2 Von einem Tag auf den anderen korrigierte die Bundesregierung im August 2015 ihre Einschätzung für das laufende Jahr: nicht mehr 450 000, sondern 800 000 Asylanträge wurden erwartet.

nau hinzuhören, wenn Hassan, Ali, Sami und die anderen Jugendlichen im Gespräch erklären, auf welche Weise der Konflikt in ihrer Heimat sie und ihre Familien traf. Weil zu erfahren ist, worüber die Nachrichten nicht informieren. Weil ihre Berichte aus Schlagzeilen Schicksale machen. Weil man erfährt, warum sie aufbrachen und was sie alles auf dem Weg zu uns erlebt haben. Und weil jede einzelne Geschichte erkennen lässt: Werden keine Mittel und Wege gefunden, diese Konflikte einzudämmen und zu begrenzen, so wird die Flucht in unser Land weiterhin zunehmen. Nie zuvor gab es so viele jugendliche Flüchtlinge unter 18 Jahren:[3] Schon 2014 nahm Deutschland mehr als 10 000 Kinder und Jugendliche auf – doppelt so viele wie im Vorjahr. Insgesamt leben in unserem Land inzwischen 50 000, Tendenz steigend. Schweden und Deutschland sind Spitzenreiter in Europa, hier leben die meisten minderjährigen Flüchtlinge.[4]

Die Hälfte von ihnen wird hierbleiben, schätzen Hilfsorganisationen. Vor allem Jugendliche wie Hassan, Ali und Sami haben gute Chancen. Sie suchen keine Bleibe auf Zeit – sondern eine Zukunft, eine Existenz in unserem Land. Es sind junge Menschen – die große Hoffnungen haben, Zuversicht, großen Ehrgeiz und konkrete Pläne. Ein guter Grund, uns für sie zu interessieren. Für ihre unmittelbare Vergangenheit, für ihre Erfahrungen und Erlebnisse. Wenn wir sie gut in unsere Gesellschaft integrieren wollen, dann müssen wir ihre Fluchtgeschichten kennen, ihre unterschiedlichen Erfahrungen wahrnehmen. Kein Schicksal

---

3   2014 stellten weltweit 34 300 Kinder einen Asylantrag, 23 000 davon in Staaten der Europäischen Union. Das entspricht 4 % aller Asylanträge. Vgl. IOM and UNICEF data brief: Migration of children to Europe, 30. 11. 2015. Zitiert nach http://missingmigrants.iom.int/sites/default/files/IOM-UNICEF-Data-Brief-Refugee-and-Migrant-Crisis-in-Europe-30. 11. 15_0.pdf

4   Nach EU- und internationalem Recht bedürfen unbegleitete Minderjährige besonderen Schutzes. Konkret heißt das, sie haben Anspruch auf intensive Betreuung durch das Jugendamt, einen persönlichen Vormund und Unterbringung in Einrichtungen der Jugendhilfe. Sie erhalten Leistungen nach dem Asylbewerberleistungsgesetz u. a. zum Lebensunterhalt und zu medizinischer Versorgung.

gleicht dem anderen, nicht einmal, wenn Jugendliche aus demselben Land stammen.

Ihre persönlichen Geschichten unterbrechen das Staccato der Meldungen aus den letzten Wochen. Meldungen, die zeigen, dass wir mit dem Ansturm überfordert sind: »Flüchtlinge sollen ins Bordell ziehen«, »Jetzt werden Zeltstädte gebaut«, »Nazi-Parolen gegen Asylbewerber«, »Steine und Feuer gegen Asylbewerberunterkünfte«. Nachrichten, die verkürzen und Einzelschicksale ausblenden.

Diese Schicksale stehen für mich im Zentrum. Ali brach erst aus Freetown auf, als er durch die Seuche Ebola zur Waise wurde. Ibrahim hätte seine Heimat Somalia nicht verlassen, wenn Islamisten nicht seine Mutter ermordet und die Familie unter Druck gesetzt hätten. Über die Geschichten der Jugendlichen rücken die Krisen in der Welt näher an uns heran. Wir erfahren viel mehr über die Hintergründe, als Nachrichtenschlagzeilen transportieren können.

2800 Kilometer liegen zwischen Berlin und dem syrischen Aleppo, aus dem Hassan stammt. 4500 Kilometer sind es bis nach Kabul, wo Sami zu Hause war, und 5500 Kilometer bis nach Freetown in Sierra Leone – der Stadt, aus der Ali in Richtung Europa aufbrach. Das ist weit weg, und man mag fragen: »Was geht uns die Lage dort an? Sami, Ali und Hassan beantworten diese Frage durch ihre Flucht. Jedes ihrer Schicksale legt Zeugnis ab dafür, dass gute und vorausschauende Flüchtlingspolitik mit guter und vorausschauender Außenpolitik beginnt. Dass die Fluchtursachen bekämpft werden müssen, wenn man die Zahl der Flüchtlinge verringern will. Jede einzelne Geschichte dokumentiert eindrucksvoll: Die Krisen dieser Welt betreffen Deutschland – und: Sie werden noch weit mehr Menschen vertreiben.

Es gab klare Regeln für die Gespräche, die ich mit den Jugendlichen führte: Niemand sollte sich gezwungen fühlen, auf eine Frage zu antworten. Es war in Ordnung, bei Dingen, die schmerzen, nicht weiterzuerzählen. Fast jeder meiner jungen Gesprächspartner hatte eines oder mehrere solcher Erlebnisse, von denen er oder sie wusste »Es geht mir nicht gut, wenn ich davon zu viel erzähle.«

Lässt sich überprüfen, was sie gesagt haben? In vielen Punkten ja. Über kurze Telefonate mit Hilfsorganisationen oder Nachrichtenagenturen lässt sich klären, ob der ein oder andere Sachverhalt stimmt. Google Maps war immer dabei, auf Karten haben wir die Orte der Flucht lokalisiert, die Orientierungspunkte zu Hause noch einmal angeschaut. Meine Kolleginnen und Kollegen in den Redaktionen der Deutschen Welle für Afghanistan, für Afrika und das arabische Programm haben mir mit ihren Sprach- und Fachkenntnissen geholfen, Aussagen zu verifizieren. Die entsprechenden Informationen habe ich ergänzt. So ist es einfacher, die persönlichen Antworten einzuordnen.

Die Protagonistinnen und Protagonisten stammen aus Syrien, dem Irak, dem Iran, Afghanistan, Tschetschenien. Sie kommen aus Somalia, Sierra Leone, der Elfenbeinküste, Guinea und Nigeria. Sie stehen für unterschiedliche Fluchtrouten: Während Ali die gefährliche zentrale Mittelmeerroute nutzte und nur knapp dem Ertrinken entkam, führte Samis Reise über den Balkan nach Deutschland. Als sie aufbrachen, war sowohl Sami als auch Ali nicht klar, dass ihre Flucht sie nach Deutschland bringen würde. Nur weg – das war ihr Ziel. Nur weg – das hieß: möglichst weit weg von Gewalt und Verfolgung. Weg von dem Ort, an dem die eigene Familie massakriert wurde und man selbst der Nächste sein könnte. Weg von dem Ort, an dem sich nicht leben lässt, weil man am Rand der Gesellschaft steht, keine Arbeit hat, nichts zu essen findet. Weg von Armut und Isolation. Nur weg – dieses Gefühl brachte sie von einem Ort zum anderen.

Nun sind sie hier. Froh, in Deutschland zu sein, angekommen in einem Heim für Minderjährige, einem Schlafsaal mit 30 Betten in Berlin, einer Wohngruppe in einem Dorf in der Nähe von Mainz. Die Erleichterung ist ihnen anzumerken. In den Interviews erzählten mir die Jungen und Mädchen jene persönlichen Geschichten, welche sie in den ersten Wochen ihres Aufenthalts dem Jugendamt[5], ihren Betreuern oder dem Bundesamt für Mi-

---

5 Die Jugendlichen in diesem Buch kamen als unbegleitete minderjährige Flüchtlinge nach Deutschland. Sie werden im Rahmen der Jugendhilfe intensiver begleitet als erwachsene Flüchtlinge. In der Praxis bedeutet

gration und Flüchtlinge darlegen mussten. Ihre Geschichten sind die Grundlage, auf der sie als Flüchtlinge akzeptiert oder abgeschoben werden.

Nach einigen Monaten, in denen ich viele intensive Gespräche geführt hatte, wurde ich einen Gedanken nicht mehr los: Wie ungeheuer wichtig es ist, sich mit jedem einzelnen Schicksal genau und differenziert zu befassen, jeden Einzelnen anzuhören, zu befragen. Keine Geschichte, keine Fluchtursache gleicht der anderen. Unser Asylrecht sieht genau diese individuelle Prüfung vor. Das überfordert unsere Strukturen, doch wir sollten dabei bleiben. Dieses Prinzip gäben wir auf, wenn wir Zäune um Europa bauen, in Nordafrika oder der Türkei übervolle Auffanglager mit europäischem Geld fördern oder Schnellverfahren vor unseren Grenzen durchführen würden.

Die Jugendlichen in diesem Buch sind hochdisziplinierte Kämpfertypen. Sie sind konsequent ihren Weg gegangen, haben ihr Ziel verfolgt – und hohe Risiken auf sich genommen. Sie haben Erfahrung darin, Widerstände zu überwinden. Das sind Eigenschaften, die ihnen in den ersten Wochen, Monaten oder Jahren im deutschen Umfeld helfen. Und es sind Eigenschaften, die auch wir als Gesellschaft und als Land gebrauchen können. Es sind die Stärksten und Mutigsten, die es bis zu uns schaffen. Auf den folgenden Seiten haben nun die Jungen und Mädchen das Sagen.

---

das z.B., dass sie einen Vormund bekommen und in Einrichtungen und Wohngruppen für Jugendliche oder in Familien untergebracht werden. Zum Stichtag 19.11.2014 nahmen in Deutschland 51000 minderjährige Flüchtlinge die Angebote der Jugendhilfe in Anspruch. Vgl. auch das Faktenblatt zu minderjährigen Flüchtlingen im Anhang und die Website des Bundesfachverbands unbegleitete minderjährige Flüchtlinge: http:// www.b-umf.de/

1 »Wenn dich niemand mehr kennt« – Ali floh vor Ebola aus Sierra Leone

Sie sind allerbeste Freunde – und sehr verschieden: Sami aus Afghanistan und Ali aus Sierra Leone. »Wir sind Brüder!«, strahlt Ali über das ganze Gesicht und boxt Sami in den Oberarm. Ihre Flucht hat sie zu Brüdern gemacht. Sie kommen aus völlig unterschiedlichen Ecken der Welt, doch sie teilen Erfahrungen: das Gefühl, alles hinter sich zu lassen, die Verzweiflung, weil das Zuhause zerstört, der Familie Gewalt angetan wurde. Und dann die vielen Gefahren und Schrecken während des langen Weges nach Deutschland. »Sami ist krank«, erzählt Ali. »Manchmal vergisst er, wer er ist. Und dann erkennt er auch mich nicht, schlägt um sich, schreit und weint.« Sami holen seine Erlebnisse ein, er kann sie nicht vergessen.

Ali und Sami verbindet, dass sie in Berlin gemeinsam Zuflucht gefunden haben. Und sie verbringen ihre Zeit, wie beste Freunde auf der ganzen Welt es tun, wenn sie 16 Jahre alt sind: mit Fußball spielen, Abhängen und Facebook. Noch dürfen beide keine Schule besuchen, haben nur wenig Sprachunterricht. Fünf Euro Taschengeld am Tag – entweder für Essen oder für U-Bahn fahren, für beides reicht es nicht. Ali muss sich alle zwei Monate bei den Behörden melden. Von diesen erhält er seine Meldebescheinigung, auf der steht »Ali Sisawo, geboren in Kono, Sierra Leone am 6. Juni 1999«.

Ob das Geburtsdatum stimmt? Ali beschreibt sein Alter mit einer afrikanischen Formulierung. »Ich bin ungefähr 16 Jahre alt!« – Vielleicht ist er 17, vielleicht 18. Doch er weiß, dass es besser ist, wenn man als Minderjähriger nach Deutschland einreist. Wer noch nicht erwachsen ist, der erhält besonderen Schutz, hat bessere Chancen auf eine Aufenthaltsgenehmigung, darf eine Schule besuchen.

Mit Google Maps werden aus Monaten Sekunden

Mehr als drei Monate hat die Reise von Ali gedauert. Nun vollzieht er sie mithilfe von Google Maps in wenigen Minuten nach. Freetown – Berlin, 7342 Kilometer, mit dem Auto 82 Stunden, vermeldet der Routenplaner im Netz. Allerdings nur, wenn man auf dem direkten Weg immer an der Westküste Afrikas entlangfährt – über Mauretanien, Marokko und dann mit der Fähre nach Spanien.

Dieser direkte Weg war Ali versperrt. Seine erste Etappe war denkbar kurz: von Freetown, Sierra Leones Hauptstadt, 150 Kilometer nach Norden über die Grenze zu Guinea, nach Daragbe.

Gründe, um aus Sierra Leone zu fliehen, gibt es viele: Wer dort geboren ist, wird meist nicht älter als 45 Jahre. Mädchen und Jungen gehen in Sierra Leone in der Regel knapp drei Jahre zur Schule. Das durchschnittliche Jahreseinkommen pro Person liegt bei etwas mehr als 1800 US-$. Sierra Leone ist noch ärmer als andere Staaten auf dem afrikanischen Kontinent. Von 187 Staaten, welche die UN jährlich in ihrem Human Development Index bewertet, gehört Sierra Leone seit Jahren zu den Schlusslichtern und liegt gerade einmal auf Platz 183.[6]

Trotzdem taut Ali auf, während er mit mir eine virtuelle Stadtführung macht. Begeistert sucht er bei Google seine Schule, den Markt, das Haus, in dem er mit seiner Mutter wohnte. Hier in den Winkeln der sierra-leonischen Hauptstadt kennt er sich aus – auch wenn sie nur von oben, aus der Vogelperspektive zu sehen ist. Ali gehört im Multikulti-Staat Sierra Leone zur Volksgruppe der Temne, die etwa ein Drittel der 1,6 Millionen Menschen im Land stellen. Zu ihr gehören sowohl Muslime wie Christen. Er selbst ist Muslim. »Meine Mutter ist mit mir aus dem östlichen Distrikt Kono[7], an der Grenze zu Guinea, schon vor vielen Jahren nach Freetown gezogen. Hier ist das Leben etwas einfacher. Strom und Wasser gab es in dem Dorf, wo wir vorher wohnten, nicht.«

---

6 http://hdr.undp.org/sites/all/themes/hdr_theme/country-notes/SLE.pdf

7 Kono ist in der Eastern Province an der Grenze zu Guinea. Hier wohnen etwa 335 000 Menschen, viele von ihnen sind Temne. Hauptstadt ist Koidu.

Alis Familiengeschichte ist typisch für Sierra Leone. Zwölf Jahre lang tobte ein Bürgerkrieg im Land. Zwischen 1991 und 2002 kamen bis zu 200 000 Menschen um. Mehr als zwei Millionen Menschen flohen vor Gewalt und Tod. Im Kampf mit der Rebellenarmee RUF (Revolutionary United Front) ging es um die immensen unsichtbaren Reichtümer des armen Landes: um Diamanten. Charles Taylor, der Diktator aus dem benachbarten Liberia und Spezialist im Handel mit Blutdiamanten, unterstützte die RUF mit Geld und Waffen. Die Armen machte dieser Diamantenstreit noch ärmer. Und arm sind eigentlich fast alle in Sierra Leone. Für Alis Mutter war diese Armut ein Grund, ihr Glück in der Hauptstadt zu suchen. »Sie hat afrikanische Stoffe verkauft. Diese großen Tücher, die man zu einem Kleid oder Rock wickeln kann.«

Das Einkommen der Mutter ermöglichte ihm den Schulbesuch. Sie übernahm die Meterware von größeren Händlern und verkaufte sie dann weiter auf der Straße. »Das lief ganz gut, wir konnten davon leben. Manchmal habe ich ihr geholfen.« Später baute sie das Geschäft etwas aus: »Sie hatte dann einen Verkaufsstand vor ihrem Haus.« Es ist nicht zu übersehen, wie viel Rückhalt und Ermutigung Ali zu Hause erfuhr: »Meiner Mutter war es sehr wichtig, dass ich zur Schule ging. Sie wollte unbedingt, dass ich viel lerne. Und sie hat mich angespornt, wenn ich mal keine Lust hatte.« Mit seinen sechs Jahren Schulbesuch liegt Ali weit über dem Durchschnitt in seinem Land. Das erklärt auch sein gutes Englisch – in Sierra Leone selbst sprechen gerade einmal 40 Prozent der Bevölkerung Englisch, weitaus mehr Krio.

»Schau, hier in der Guard Street ist meine Schule! Wir waren wirklich viele Kinder, die gemeinsam unterrichtet wurden. ... Wie viele wir gewesen sind? Vielleicht 100. Einmal gab es einen nationalen Jugendwettbewerb und ich durfte daran teilnehmen. Da wurden Mediatoren gesucht für ein Programm gegen Gewalt. Und alle wollten, dass ich der Mediator werde.« Ali strahlt – eine gute Erinnerung.

Das alles fand ein jähes Ende, als seine Mutter das Schulgeld nicht mehr aufbringen konnte. »Ich musste ihr helfen und mitarbeiten. Einen Job fand ich dann als Träger und als Packer auf dem Markt in derselben Straße. Das war zwar nur kleines Geld, aber besser als nichts.« Später stieg Ali bei einem Freund ein, der kaputte Handys reparierte. »Das war Arbeit, mit der du mehr Geld verdienen konntest, das ging gut.«

Auf einmal war die Mutter verschwunden

Eines Tages kam er nach Hause und seine Mutter war nicht mehr da. Die Nachbarn erzählten ihm, sie sei ins Krankenhaus gebracht worden. »Sie sagten mir, dass sie an Ebola erkrankt sei. Ich habe das nicht geglaubt, aber sie war in den letzten Wochen schwächer geworden.« Wie viele Menschen in Sierra Leone schob auch Ali die Krankheit weg. »Das konnte nicht sein, sie hatte doch kaum Kontakt, ging nur wenig aus dem Haus.« Sobald jemand Symptome des Ebola-Fiebers zeigte, kamen die Spezialkommandos und transportierten die Kranken in die Seuchenstation – das passierte auch Alis Mutter.

Im Grenzgebiet von Guinea und Liberia hatte die Ebola-Epidemie Anfang 2014 begonnen. Sie erfasste dann die ganze Region. Es herrschte der totale Ausnahmezustand in Sierra Leone. Viele fühlten sich an den Bürgerkrieg erinnert – auch Alis Mutter sagte ihm: »Vor dem Krieg konnten wir fliehen. Doch vor Ebola kannst du dich nicht in Sicherheit bringen. Die Krankheit trifft dich überall.«

Notfallzentren entstanden. Menschen wurden schnellstmöglich zu Hause abgeholt und dorthin gebracht. Oft wurden ihre Verwandten nicht einmal informiert. Das hat auch Ali so erlebt: »Ich wusste nicht einmal, wo sie nun war. Ich bin weiter arbeiten gegangen, denn von irgendetwas musste ich ja leben. Ich habe sie überall gesucht, in jedem Krankenhaus von Freetown.« Keine Information, das totale Chaos.

Ali erlebte, wovon viele Ebola-Überlebende und Hinterbliebene berichten: dass sie gemieden wurden, von ihrem Dorf, den Nachbarn. Regelrecht verstoßen. Ihre Familien wurden ihnen durch Ebola manchmal vollständig genommen – und dann gingen auch alle anderen Kontakte verloren. Eine traumatische Erfahrung in einem Land, in dem die über 30-Jährigen in der Regel auch noch die Gewalt des Bürgerkriegs erinnern und erlebt haben.

Die Westafrika-Korrespondenten der Deutschen Welle (DW) berichteten Mitte Oktober 2014 aus Sierra Leone. Das Land war in jeder Hinsicht überfordert: nicht genügend Ärzte und Sanitäter. Mehrere 10 000 Menschen werden auf die Schnelle als freiwillige Helfer geschult, um gegen das Virus anzukämpfen. Die Bevölkerung reagiert mit Misstrauen und Abwehr auf die Hilfskräfte in ihren gelben Schutzanzügen. Viele dieser mutigen Helferinnen und Helfer erhalten über Monate kein Gehalt, weil ausländische Hilfsgelder durch Korruption verschwinden. In einem Land, in dem es kaum Fachärzte gibt, sterben rund 100 Ärzte an Ebola. Überall entstanden Seuchenstationen, um Betroffene zu isolieren. Schnell wurden provisorische Quarantänelager gebaut, bestehende Gebäude umfunktioniert. Bis heute beklagt Sierra Leone etwa 3500 Ebola-Tote. Wie hoch die eigentliche Sterberate ist, weiß niemand.

Auch Alis Mutter Sainab gehörte zu den Toten. »Ich fand ihren Namen dann auf einer Liste des PTS Hospitals – einer Seuchenstation. Überall hatten sie Listen ausgehängt mit den Namen der Patienten, die verstorben waren. Und da war der Name meiner Mutter.« Das Notfallzentrum, in dem Alis Mutter verstarb, war eigentlich ein Zentrum, in dem Polizisten trainiert werden sollten, umfunktioniert zum Hospital. Ali verlor den Boden unter den Füßen. Er versenkt sein Gesicht in den Händen, wenn er über diese Zeit erzählt. »Auf einmal war sie weg. Und auf einmal war ich nichts.«

Schutzlos war er der Panik und Aggression ausgesetzt, mit der allen Angehörigen von Ebola-Kranken und -Opfern begegnet wurde: »Niemand wollte mir Arbeit geben. Nicht einmal meine Schulkameraden kannten mich noch. Alle hielten Abstand. Keiner wollte Kontakt mit mir – ich könnte ja diese fürchterliche Krankheit übertragen. Ich war völlig allein.«

Einfach nur weg – egal wohin

Ali weint; die Erinnerung holt ihn auch hier in Berlin ein. Es gab keinen Grund mehr zu bleiben: »Ich musste auf der Straße schlafen, irgendwo in Freetown. Hatte weder zu essen noch zu trinken. Ich hatte buchstäblich nichts mehr. Ich musste einfach weg!« Einfach nur weg. Wohin, das wusste Ali zu Beginn nicht. Mit einem Lastwagenfahrer, den er vom Markt kannte, kam Ali bis nach Guinea-Conakry. Geld für seine Reise? Ali hatte rund 1000 Euro an Bargeld in der Tasche – und ein paar Handys, die er verkaufen oder als Geldersatz einbringen konnte. »Ich weiß, dass viele noch mehr Geld mithaben. Aber ich habe durch Arbeit bezahlt. Wenn mich jemand mitnahm auf seinem Lastwagen, dann habe ich beim Be- und Entladen geholfen – oder ich habe mir Arbeit auf den Märkten gesucht. So kam ich weiter.«

Längst hat sich ein Mehrklassensystem der Flucht entwickelt – mit unterschiedlichen Tarifen. Mehrere Tausend Euro werden von syrischen Flüchtlingen aufgebracht, die mit dem Flugzeug nach Europa kommen. Wer so wie Ali flieht – und kaum Geld dafür aufbringt –, der ist auf spontane Kontakte und Mund-zu-Mund-Propaganda angewiesen, um Schleuser zu finden. Der wird auf überladene Schlauchboote oder alte Fischerkähne gepackt, manchmal ohne Kapitän.

Ali hat immer wieder gearbeitet, um irgendwo unterzukommen. Oder Plätze gesucht, an denen er übernachten konnte, ohne dafür zu zahlen. »Auch die umgerechnet etwa 75 Euro-Cent, die ich in Guinea für eine Übernachtung zahlen musste, waren eigentlich zu teuer.«

Von Guinea ging es weiter in den Senegal, dann nach Mali in dessen Hauptstadt Bamako. Von dort aus dann mit anderen Lastwagen durch Burkina Faso bis in die Hauptstadt Nigers, Niamey. »Bis hierhin sind das überwiegend Straßen, erst im Niger beginnen die Wüstenpisten.« Hier verliert Google Maps die Orientierung. Und auch für Ali ist es schwierig, die Orte genau auszumachen. »Du sitzt oben auf einem dieser Pick-ups oder Trucks. Die

Pick-ups sind wirklich schnell, du siehst kaum etwas. Staub und Sand verhindern, dass du atmest. Um dich herum immer eine Gruppe Menschen, die du nicht kennst. Gesprochen wird nicht viel, denn alle sind mit sich beschäftigt und damit, diese Fahrt einfach zu überleben. Man redet eigentlich immer nur über das nächste Ziel – und wie es von dort weitergeht.«

Weiter ging es nach Agadez: Knotenpunkt der Karawanenstraßen und lange Zeit strahlendes Handelszentrum. Und heute Umschlagplatz für die Flüchtlinge: Startpunkt für die Route durch die Sahara, die täglich Tausende in Richtung Libyen bringt. »Das sind harte Verhandlungen – und du weißt nicht genau, wer dich dann fährt. Rücksicht nimmt keiner. Wozu auch? Wer wird schon erfahren, wie viele Menschen bei diesen Fahrten sterben?« Auch auf Alis Wagen verdursteten Mitfahrer. »Ich habe so viele Menschen sterben sehen«, schüttelt Ali ungläubig seinen Kopf. Manche lagen einfach tot oder fast tot im Sand neben der Piste, andere fielen von unserem Lastwagen hinunter, weil sie sich nicht festhalten konnten. Und es gab andere, die einfach verdursteten.«

22 Monate dauert eine Flucht von Westafrika nach Europa durchschnittlich. Bis zu einer Million Menschen warten in Libyen auf eine Reisemöglichkeit nach Europa. Eine Million Menschen in einem Land, in dem insgesamt etwas mehr als 6 Millionen leben. Diese Relation zeigt: Die Flüchtlinge sind ein Wirtschaftsfaktor. Mit ihnen lässt sich im zerrütteten Land Libyen Kasse machen. Niemand wird ihre Spur wirklich aufnehmen können. Und so werden viele Afrikaner auf ihrer Reise durch Libyen gekidnappt, vergewaltigt, erpresst – irgendwo zwischen der mehr als 2000 Kilometer langen nicht kontrollierten Grenze Libyens mit dem Tschad, Niger und dem Sudan und den 1770 Kilometern Küste im Norden des Landes, dem Startpunkt für die Überfahrt nach Europa.

»Es ist immer entscheidend, an wen du gerätst. Und das weißt du nicht!« In Libyen sollte Alis Flüchtlingsgruppe den Pick-up wechseln, umsteigen, um die Wüste weiter zu durchqueren. »Fragen stellst du nicht. Die meisten sprechen ohnehin nur Arabisch. Und ständig brüllen sie dich an. Als ob du kein Mensch bist.«

Libyen, das Wüstenreich, wird nicht mehr von einem Diktator regiert – stattdessen von jedermann: von Clans und bewaffneten Gruppen, von zwei Parlamenten und zwei Regierungen, die sich gegenseitig nicht akzeptieren. Im östlichen Tobruk sitzen das international anerkannte Parlament und die Regierung al-Thani, in Tripolis sitzen das Gegenparlament und eine islamistische Konkurrenz-Regierung. In der Stadt Bengasi im Osten Libyens bekämpfen sich täglich Truppen und Milizen der verfeindeten Lager. Keiner dieser Akteure ist in der Lage, das Land wirksam zu kontrollieren. Keiner hat ein Interesse am Frieden – denn am Krieg lässt sich mehr verdienen. Dieses Vakuum nutzen zunehmend auch die Islamisten des IS. Ihr Ziel aber ist nicht Libyen allein: Sie planen von dort aus die Ermordung westlicher Touristen im benachbarten Tunesien und betrachten Libyen als Basis am Mittelmeer für Angriffe auf Europa. Bereits im Februar 2011 hatte Gaddafi den Europäern gedroht: *Sollten sie die Proteste gegen ihn unterstützen, werde er die Schleusen für Flüchtlinge aus Afrika aufmachen.* Seit seinem Sturz im Herbst 2011 ist das bittere Realität: 2014 zählte die Europäische Grenzschutzagentur Frontex 170 000 Flüchtlinge, die von Libyen aus Europa erreicht hatten. Und das sind nur die, die auch in Europa ankommen. Ungezählt und unerkannt bleiben all jene, welche mit ihren maroden Schiffen untergehen[8].

Für die libyschen Schleuser sind afrikanische Flüchtlinge »Vieh«

Bis nach Sierra Leone waren diese Informationen nicht gedrungen. »Ich wusste nichts über Libyen, wirklich gar nichts. Ich wusste nicht, dass dort Krieg herrscht. Dass es Gewalt gibt.« Ali wundert sich im Nachhinein, mit welchen Vorstellungen er aufgebrochen war. »Zu Beginn hatte ich sogar die Idee, dass ich

---

8   Nach Angaben des UN-Flüchtlingshilfswerks UNHCR starben von den 218 000 Flüchtlingen, die vergangenes Jahr über das Mittelmeer nach Europa gelangen wollten, 3500 Menschen. Im Jahr 2015 waren es bisher 300 000 Flüchtlinge, die über das Mittelmeer kamen.

vielleicht in Libyen Arbeit finden und dort bleiben könnte. Und dann ging alles schief.« Sie sollten ein neues Fahrzeug besteigen – einen kleinen Bus. »Wir, das waren sechs oder sieben Afrikaner aus unterschiedlichen Ländern.« Die Männer, die die afrikanischen Flüchtlinge übernahmen, brachten sie in ein abgelegenes Haus, das von einer hohen Mauer und einem Zaun umgeben war. Irgendwo im libyschen Nichts. »Da gab es keinen Ort, kein Dorf und auch keine Straße, die dorthin führte.«

Nach Angaben der Weltorganisation für Migration (IOM) machen Schleuser weltweit einen Jahresumsatz von drei bis zehn Milliarden Dollar. Sehr vorsichtig geschätzt verdienen die Schleuser allein auf dem Mittelmeer jährlich etwa 80 Millionen Dollar. Mitte Mai 2015 beschloss das Europäische Bündnis eine Militäraktion gegen Schleuser im Mittelmeer. Die sogenannte »Krisenbewältigungsoperation« namens EUNAVFOR MED soll das »Geschäftsmodell der Menschenschmuggel- und Menschenhandelsnetze im südlichen zentralen Mittelmeer« unterbinden. Deutschland spielt bei der EU-Operation eine wichtige Rolle und trägt einen großen Teil der Kosten. Die Bundeswehr gibt ihre Ausgaben mit rund 37 Millionen Euro für zunächst ein Jahr an. Doch im gescheiterten Staat Libyen ist der Handel mit Drogen, Waffen und mit Menschen ein einträgliches Geschäft. 600 libysche Bürger wurden seit 2014 von Milizen und Banden entführt, meldet Amnesty International. Jeder Zweite sei nie wieder aufgetaucht. Wie viele Flüchtlinge in Libyen auf Zeit gekidnappt, erpresst und festgehalten werden, dazu gibt es kaum Zahlen. Was man weiß: Viele Geiseln werden gefoltert oder getötet.

»Vieh« nennen die Menschenhändler und Schleuser ihre afrikanischen Kunden. Und so behandeln sie die Flüchtlinge auch. »Es gab kaum etwas zu essen. Wir durften nicht miteinander reden. Und wir wurden jeden Tag geschlagen. Jeden Tag.« Ali zieht beide Schultern schützend hoch, wenn er sich erinnert. »Während sie uns schlugen, haben sie gesagt: ›Ruft zu Hause an! Sagt euren Leuten, dass ihr gekidnappt wurdet. Und dass wir euch umbringen, wenn sie nicht bezahlen.‹«

Viele Migranten nennen die Durchquerung der Sahara – von Agadez bis an die libysche Mittelmeerküste – »die Straße zur Hölle«. Auch, weil viele von ihnen gefangen gehalten werden, weil sie brutal misshandelt werden.[9] Flüchtlinge werden weitergereicht, zum Teil regelrecht weiterverkauft. Der Handel mit Menschen ist ein einträgliches Geschäft. Bis zu 13 Monaten sitzen afrikanische Flüchtlinge in Baracken, leer stehenden Häusern oder auch im Freien fest – auch das ist nur eine Durchschnittszahl. Sie sagt nichts über diejenigen aus, die krank werden oder ihre Gefangenschaft nicht überleben, die an Schwäche und Unterernährung sterben. Und nichts über die Qualen, denen die Flüchtlinge in ihren Gefängnissen ausgesetzt sind. »Ich dachte wirklich, das ist mein Ende. Ich konnte ja überhaupt keinen kontaktieren, ich hatte keinen mehr, und niemand wusste, dass ich hier irgendwo in Libyen feststecke. Ich war mir ganz sicher: Ich bin verloren. Mein Leben geht hier zu Ende. Hier, irgendwo im Nichts.«

Die Angst vor dem Ende machte sie mutig. »Todesmutig«, meint Ali. »Wir mussten einfach alles versuchen. In einer Nacht haben wir uns mit mehreren getraut. Gemeinsam sind wir über den Zaun geklettert und gelaufen, gelaufen, gelaufen. Unsere Wachleute haben das zu schnell gemerkt. Sie haben hinter uns her geschossen, immer wieder. Ich bin einfach weitergelaufen, ohne nachzudenken, nur weg.« Wo genau das geschah, kann er nicht sagen. Irgendwo nicht allzu weit von Sabha.

Zwei Tage irrte er in Libyen umher, dann begegnete er einem Mann aus Mali. »Er sprach nur Französisch, so konnten wir uns nicht wirklich verständigen. Aber er hat mich mit zu sich nach Hause genommen und hatte einen Bruder, der auch Englisch konnte. Über ihn bekam ich den Kontakt zu einem anderen Freund, der mit einem Auto in Richtung Tripolis aufbrechen wollte.« Tripolis. 50 Kilometer östlich und 50 Kilometer westlich

---

9 15.8.2015, The Independent: Migrants being raped, shot and tortured on desperate journeys to Europe, doctor reveals http://www.independent. co.uk/news/world/europe/migrants-being-raped-shot-and-tortured-on-desperate-journeys-to-europe-doctor-reveals-10457130.html?origin=internalSearch

der Stadt starten die Schleuserboote von den Stränden aus. Hier treffen sich die Flüchtenden aus allen Ecken des afrikanischen Kontinents. Es ist die gefährlichste Fluchtroute nach Europa – und zugleich die am meisten frequentierte, die zentrale Mittelmeerroute[10]. Das Risiko, das die Flüchtlinge auf sich nehmen, ist auch ein Indiz dafür, wie groß ihre persönliche Verzweiflung und die Perspektivlosigkeit in ihren Herkunftsländern ist.

Hier im Bürgerkriegsland Libyen besteht nicht die Gefahr, von Grenzschützern aufgegriffen zu werden. Und: Die Überfahrt ist deutlich billiger. Nach Angaben der IOM kostet ein Platz auf einem Boot von Marokko nach Spanien 1300 Euro, die Überfahrt von Libyen nach Italien durchschnittlich nur 500 Euro. Rund 80 Prozent aller Flüchtlinge, die über das Mittelmeer nach Italien gelangen, starten von der libyschen Küste – viele in untauglichen und überfüllten Booten. 170 000 Menschen sind im vergangenen Jahr von hier aus in Richtung Europa aufgebrochen: manche auf speziell für den Flüchtlingstransport gebauten modernen Schiffen, die es bei gutem Wetter in 30 Stunden nach Europa schaffen. Oder auf Schlauchbooten und verrosteten Kuttern, auf denen die Fahrt tagelang dauert. Manche gar ohne Kapitän, der die Route kennt – oder ein GPS. 300 Kilometer in einem Schlauchboot? »Das kann gar nicht gehen«, meint Ali. Er selbst bestieg einen älteren Kutter. »Wir mussten die Papiere bei dem abgeben, der angeblich unser Bootsführer war. Und der hat sie alle vor unseren Augen versenkt, genauso wie das Satelliten-Telefon, das uns für den Notfall mitgegeben worden war. Wir wussten nicht, warum, aber es ging darum, dass wir anonym bleiben sollten. Das alles geschah, bevor wir abfuhren. Alles, was ich hatte, war weg.«

Tausende ertrinken auf dem Mittelmeer

Ali misst mit den Händen zwei Drittel des Schlafsaals ab, in dem er in Berlin untergekommen ist: »Das Schiffsdeck war so groß

---

10 Die Mehrheit der Flüchtlinge stammte 2014 aus dem Bürgerkriegsland Syrien und dem diktatorisch regierten Eritrea.

wie diese Fläche hier. Es war sehr eng. Du sitzt mit angezogenen Knien und bewegst dich tagelang nicht.« Er macht mir vor, wie er gesessen hat. »Mir ging es überhaupt nicht gut in diesen Tagen – ich nahm nichts auf, mir war übel und ich war völlig kraftlos.« Zwei andere starben an Deck. »Am dritten Tag lief Wasser in unser Boot. Da entstand eine große Aufregung. Das Wasser lief erst nur langsam hinein, dann immer schneller und das Boot kippte und ein Teil brach weg.« Ali hatte schwimmen gelernt, er klammerte sich an ein größeres Wrackteil. »Ich habe dann irgendwann noch einen Hubschrauber über uns gesehen. Der drehte dann weg und später kam ein Schiff.« Später vollzog er nach, was geschehen war: »Wir waren mit mehreren Schiffen in Tripolis gestartet. Und das Schiff hinter uns konnte den Notruf per Telefon verständigen. Es kam dann ein weiß-blaues Schiff, das uns gerettet hat. Ich weiß, dass ich das Schiff gesehen habe, dass man mich aus dem Wasser zog. Es war so fürchterlich kalt! Ich habe das Bewusstsein verloren und bin erst wieder aufgewacht, als ich auf dem großen Schiff lag.«

Das Unglück, das Ali erlebte, passierte Ende Februar, vielleicht auch Anfang März, genau erinnert Ali die Daten nicht. Es muss eine der ersten Überfahrten im Jahr 2015 gewesen sein. Schleuserarbeit ist Saisonarbeit. Im Winter ist die Route nicht passierbar.

Damals ahnte man noch nicht, dass der Sommer 2015 so viele Flüchtlinge nach Europa bringen sollte. Gleichgültig schaute man in Richtung Mittelmeer, nahm Katastrophen wie die, die Ali überlebte, hin. So zum Beispiel am 17. April, als die Nachrichtenagentur AP meldet: »Eine unerwartet große Migrationswelle mit gut 10 000 Menschen hat sich in der vergangenen Woche in Richtung Europa aufgemacht. Hunderte – wie viele genau, weiß niemand – sind auf dem Mittelmeer verschwunden. Darunter sind vermutlich auch 400 Migranten, die seit Anfang der Woche vermisst werden.« Kein einziges zusätzliches Schiff, kein einziger zusätzlicher Rettungshubschrauber, keinen Cent investierte Europa, während diese Katastrophen passierten.

Das änderte sich erst am Sonntag, den 19. April 2015. Vor dem alten Fischkutter mit 700 oder 800 Flüchtlingen, der aus Libyen kam und Menschen aus Mali, Gambia, Senegal, Somalia, Eritrea und Bangladesch an Bord hatte, lagen noch 200 Kilometer bis nach Europa. Um etwa 23:30 Uhr ging ein Notruf bei der italienischen Küstenwache ein, die daraufhin den portugiesischen Handelsfrachter »King Jacob« zu der Unglücksstelle dirigierte. Was genau passierte, untersuchen derzeit die italienische Staatsanwaltschaft und das UN-Flüchtlingswerk UNHCR. Nach deren Ermittlungen habe das Flüchtlingsboot den Handelsfrachter gerammt. Es wird angenommen, dass sich der Kapitän verstecken wollte und unvorsichtig manövrierte. Offensichtlich gerieten die Menschen auf dem Schiff in Panik – und das Schiff neigte sich immer mehr zur Seite, bis es kenterte. Gerettet werden konnten gerade einmal 28 Menschen.

Ali kennt die Angespanntheit, die an Bord dieser Schiffe herrscht, aus eigener Erfahrung. Das Boot, mit dem er selbst floh, entsprach in Größe und Alter dem verunglückten Kutter. »Viele, die diese Schiffe besteigen, um das Meer zu überwinden, können nicht schwimmen. Sie sind noch nie auf dem offenen Meer gewesen. Und ich: Ich kann zwar schwimmen, aber ich hatte große Angst. Du sitzt wie angekettet, wie auf Sklavenschiffen. Du bewegst dich nicht, redest kaum und hoffst, dass du bald ankommst. Und als dann Wasser in unser Boot eindrang, da haben viele geschrien, sind aufgesprungen. Diese Boote sind ja alt, sie haben Löcher oder Risse – das ging alles sehr schnell.« Dem Schiff von Ali drohte eine Katastrophe. 3000 Menschen seien in den ersten neun Monaten des Jahres 2015 bei der gefährlichen Überfahrt über das Mittelmeer ertrunken, meldet die Internationale Organisation für Migration.

Europa dachte um. »Wir müssen viel mehr tun, um die Menschen zu retten«, redete EU-Ratspräsident Donald Tusk den 28 Staats- und Regierungschefs vor dem EU-Sondergipfel eine Woche später ins Gewissen. Das Budget der EU-Grenzschutzmissionen Triton[11]

---

11 Die allein von Italien getragene Seenotrettungsoperation Mare Nostrum war im Oktober 2014 ausgelaufen und wurde von der Operation Triton

wurde verdreifacht. Neun Millionen Euro im Monat werden dafür ausgegeben. Auch deutsche Schiffe beteiligen sich an den Rettungseinsätzen im Mittelmeer. Nach Angaben der Internationalen Organisation für Migration sind in diesem Jahr bislang 188 000 Menschen in Sicherheit gebracht worden.

Ali erinnert sich nicht mehr an das Datum, an dem alles passierte. Aber in diesen Tagen, so erzählt er mir, seien mehrere Schiffe gerettet worden – und sein Schiff sei nicht so weit entfernt von der libyschen Küste in Seenot geraten. Das deckt sich mit Meldungen der italienischen Küstenwache[12], die am 4. März vermeldete, man habe insgesamt 1000 Flüchtlinge aus Seenot retten können, die auf Jollen und zwei größeren Schiffen unterwegs gewesen seien, gerade einmal 65 Kilometer nördlich von Libyen.

Auch in den ersten beiden Monaten des Jahres 2015 – obwohl die Fahrt über das Mittelmeer dann noch gefährlicher ist als im Sommer – kamen nach Angaben des italienischen Innenministeriums knapp 8000 Flüchtlinge in Europa an – ein Drittel mehr als im Jahr zuvor.

In Sizilien wurde Ali in eines der Auffanglager gebracht, nach Augusta oder nach Pozallo, das man auch »das neue Lampedusa« nennt. »Dort kann man nicht leben und es wird nicht sehr streng überwacht«, erzählt er mir. Mit wenig Geld konnte er die Wachleute bestechen und gemeinsam mit einem Flüchtling aus Nigeria ausbrechen. Längst sind auch Schleuser in diesen Camps aktiv – und sorgen dafür, dass die Flüchtlinge von hier aus weiter in Richtung Europa kommen.

---

unter Führung der EU-Grenzagentur Frontex ersetzt. Triton ist aber finanziell schlechter gestellt und: die »Triton«-Schiffe dürfen sich nicht mehr als 30 Seemeilen von der italienischen Küste entfernen.

12 http://www.theguardian.com/world/2015/mar/04/italy-rescues-10000-refugees-from-mediterranean-over-two-days

Der eritreische Schleuser Asghedom Ghermay[13], ein dicker Fisch im Geschäft mit den Flüchtlingen zwischen Tripolis und Sizilien, hinterließ bei seiner Verhaftung in Sizilien im Sommer 2014 eine regelrechte Preisliste. Der durchschnittliche Preis für eine Reise, beispielsweise aus Äthiopien, liegt bei 4600 Euro, die Fahrt übers Mittelmeer kostet knapp 1400 Euro. Das Herausschleusen aus einem sizilianischen Auffanglager allein etwa 370 Euro. 1400 Euro kostet die Weiterreise nach Deutschland, Frankreich oder Schweden. Monatelang sollen die Schleuser ihre Geschäfte aus den Auffanglagern ungestört betrieben haben.[14]

In der Darstellung von Ali hört sich die Weiterreise geradezu einfach an: »Der nigerianische Freund, mit dem ich ausbrach, der kaufte für uns beide Zugtickets, und so haben wir Italien durchquert bis nach Österreich. Dort haben uns die Grenzer angehalten. Und wieder zurückgeschickt – alleine!«, setzt er mit einem Grinsen hinzu. »Mein Bekannter hat gesagt: ›Lass uns nach Deutschland gehen.‹ Er kannte andere in Berlin.« Auf diese Weise kam Ali weiter – bis nach Berlin. »Zu meinem Ziel wurde Deutschland, wurde Berlin erst später«, stellt er fest. »Mein Ziel war am Anfang nur, wegzukommen, mein Leben überhaupt zu beginnen.«

Ali möchte zur Schule gehen. Die paar Stunden Deutschunterricht, die er jetzt bekommt, sind nur ein Anfang. Ihm ist langweilig. Fußball spielen mit den anderen Flüchtlingen, vor allem mit Sami, das macht ihm Spaß. »Meine Mutter hat mir die Kraft gegeben, alles zu versuchen und ein Ziel zu haben. Und dies auch zu erreichen. Sie hat mir immer wieder gesagt, dass ich das schaffe. Was du schaffen willst, das kannst du auch schaffen, das hat sie mir gesagt. Ich glaube, sie wäre stolz auf mich.« Er hält einen kurzen Moment inne und korrigiert sich: »Sie *ist* stolz auf mich!«

---

13 Sein Bruder Ermias wird mit internationalem Haftbefehl gesucht und soll das Schiff der Lampedusa-Tragödie im Oktober 2013 losgeschickt haben. http://www.spiegel.de/politik/ausland/italien-das-geschaeft-mit-den-fluechtlingen-a-1030901.html

14 http://www.spiegel.de/politik/ausland/italien-das-geschaeft-mit-den-fluechtlingen-a-1030901.html

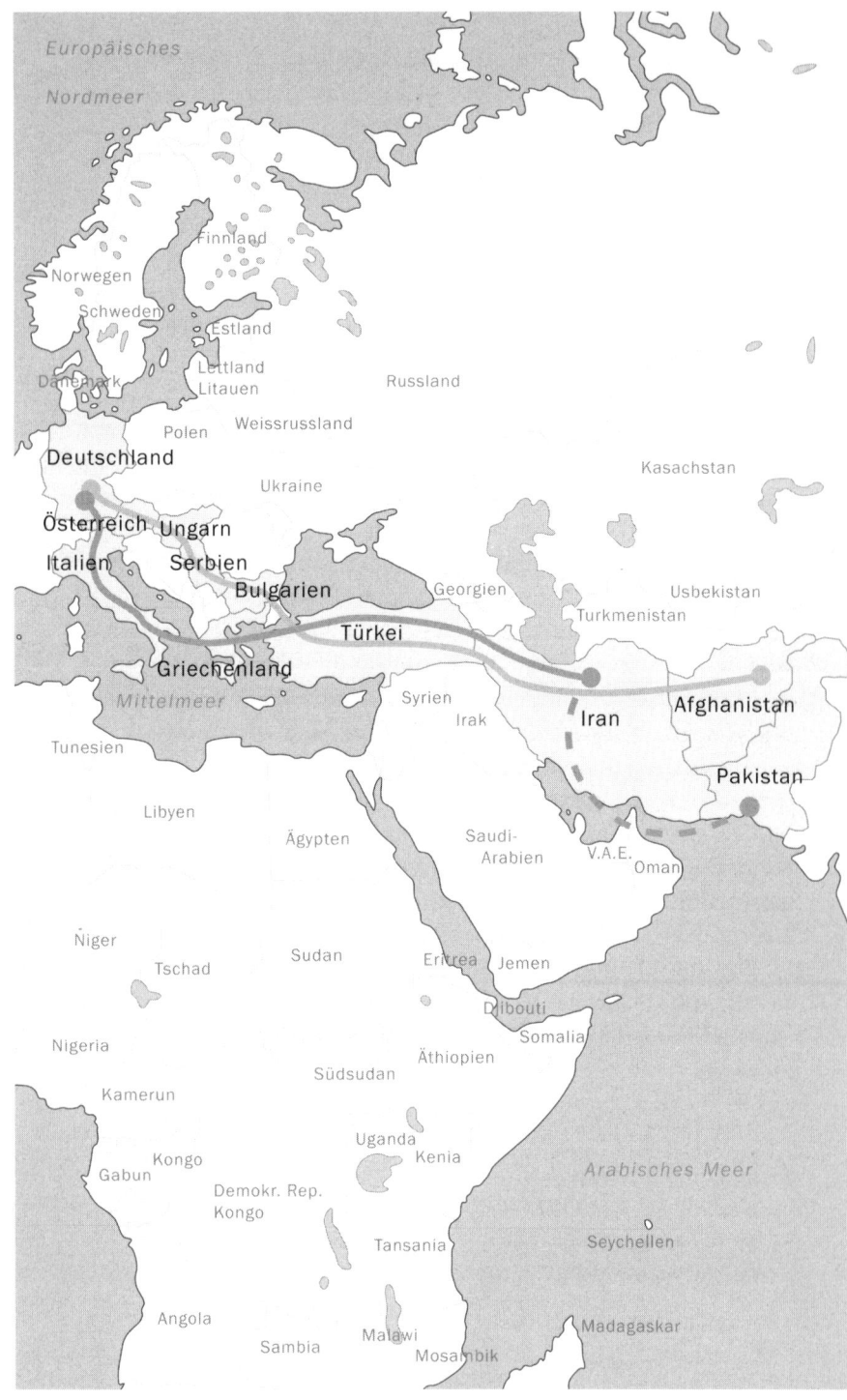

2 Sami und Safi – zwei ungleiche Fluchten aus Afghanistan

Wenn Sami über seine Flucht erzählt, dann ist das eine Heldengeschichte. Jedenfalls erzählt er sie so. Sami mag Helden. Er erinnert sich an eine Biografie von Napoleon, die er im Buchladen seines Vaters in Kabul in die Hände bekam. »Das, was mich am meisten faszinierte, war Napoleons feste Überzeugung, dass der Kopf nur neue Dinge aufnehmen kann, wenn man Altes wegwirft. Wenn man sich von allem Überflüssigen reinigt.« Für Sami passiert das, wenn er betet. Er hält seine Gebetszeiten streng ein. Und er versucht hier in Deutschland, seine Erlebnisse aus Afghanistan zu vergessen.

Das gelingt Sami mal besser und mal schlechter. Das ist auch im Laufe unserer Gespräche spürbar: Wenn er über sein Aufwachsen in Afghanistan und Pakistan erzählt, ist sein Blick über lange Zeit nach innen gerichtet. Dann taucht er ab und verliert den Kontakt zu mir. Sami unterbricht unser Gespräch mehrmals, um zu beten – und um dann wieder ganz konzentriert und aufgeschlossen zu antworten.

»Sami geht es oft nicht gut«, meint sein Freund Ali aus Sierra Leone. »Manchmal vergisst er sich und seine Umwelt. Es gab Momente, da hat er selbst mich nicht erkannt.« Dann verschwindet Sami in einem dicken Mantel aus Trauer und Aggression. Das waren die Momente, als ihn seine Freunde zum Arzt brachten. Ali, sein selbst ernannter Bruder, oder Safi aus Afghanistan, der mit seinen 33 Jahren auch Samis älterer Bruder sein könnte.

In diesen Momenten wird klar, dass Sami an einer posttraumatischen Belastungsstörung leidet. Doch bei vielen Betroffenen hilft der regelmäßige Alltag, das Erleben eines beständigen und sicheren Umfelds. Auch Sami ist nicht dauerhaft in Behandlung. Möglicherweise verarbeitet der quirlige, offene und kommunikative Sami, dessen Sensoren häufig alle nach außen gerichtet sind, so auch nur in Etappen seine Vergangenheit. Sami ist neugierig. Er hat in nur wenigen Wochen gut Deutsch gelernt, denn er hat ein Ziel. Und er bekommt leuchtende Augen, wenn er mir davon erzählt: »Ich möchte Ingenieur werden!«

Dass das bestimmt ein langer Weg wird, zeigt sich, wenn Sami erzählt, woher er kommt: Seine Familie stammt ursprünglich aus einem kleinen Ort in der Provinz Baglan im Norden Afghanistans. In der Provinz leben etwa 820 000 Einwohner. Bis zum 15. Juni 2013 hatte die Bundeswehr hier im Rahmen der ISAF-Mission den militärischen Beobachtungsposten »Observation Post North«. »Wenn die Bundeswehr weiter in Afghanistan geblieben wäre, dann hätten wir gar nicht aufbrechen müssen«, wirft der ältere Safi mit einem kurzen ironischen Lächeln in unser Gespräch ein. Er kann sich an deren Auftrag deutlich erinnern, im Gegensatz zu dem gerade einmal 17-jährigen Sami.

Als im Rahmen des ISAF-Nato-Einsatzes 2002 die ersten Bundeswehrsoldaten nach Afghanistan geschickt wurden, war Safi schon zwanzig. Das Ziel der Operation schien erreichbar, denn die Taliban waren nicht mehr an der Macht, die Terrororganisation Al-Qaida war auf dem Rückzug. Die ISAF wollte verhindern, dass Afghanistan wieder zum Rückzugsort und zur Basis des internationalen Terrorismus werden würde. Sie wollte die staatlichen Strukturen schützen und stärken – damit diese schon bald selbst für Sicherheit und Ordnung sorgen und Grundrechte schützen würden. Doch es kam alles anders: 13 lange Jahre dauerte die Mission, 55 deutsche Soldaten starben. Und von den Zielen wurde fast keines erreicht: Heute beherrschen Warlords die afghanische Politik und die Gesellschaft. Fundamentalistischen Terror und Gewalt verbreiten nicht nur die Taliban, sondern gleich ein halbes Dutzend islamistischer Gruppen, darunter auch die menschenverachtenden Henker des IS. Jeden Monat fliehen bis zu 100 000 Menschen aus Afghanistan. Nur eine kleine Zahl von ihnen kommt bislang nach Europa – im Jahr 2015 waren es rund 70 000. Die meisten afghanischen Flüchtlinge bleiben in den Nachbarländern, vor allem in Pakistan und im Iran. Doch die Geschichten von Sami und Safi lassen vermuten: Es werden noch viel mehr kommen.

Zurück zu Sami, der Helden liebt. Ein wichtiger Held für ihn ist sein Vater. Der verdiente das Geld für seine Familie mit drei Kindern mit einem Buchladen in Kabul. Sami war der jüngste. Oft war er im Laden seines Vaters, der die Bücher auch auf Reisen durch das Land vertrieb. »Wenn du nach dem Buchladen von Haji Mohammed Nabi fragst, dann wissen die Leute in Kabul heute noch, wo der war«, berichtet Sami stolz. »Der Laden meines Vaters war bekannt. In ihm gab es Bücher aus allen Ecken der Welt und in vielen Sprachen, auf Hindi und Dari, auf Paschtu und Farsi.« Die Bücher fingen die kulturelle Vielfalt der Vielvölkerwelt in und um Afghanistan ein: vom zentralasiatischen Turkmenistan über Indien bis in den Iran. Eine literarische Welt, die Afghanistan lange Zeit prägte und vor der Machtübernahme der Taliban noch weit stärker kultiviert wurde.

Schon vor der Geburt des jüngsten Sohnes Sami war die Familie vor den Taliban geflohen, denn mit deren Machtübernahme 1996 versank ihre Heimat in Gewalt und religiösem Fundamentalismus. Die Familie hatte sich in Pakistan in Sicherheit gebracht. Sami ist dort im Dezember 1998 geboren. Seine Mutter starb wenige Monate nach seiner Geburt.

Vergessene Völkerwanderung

Seit mehr als drei Jahrzehnten fliehen Menschen aus Afghanistan. Schon seit der sowjetischen Besetzung des Landes 1978 führt Afghanistan die Statistik über die Herkunftsländer der weltweit erfassten Flüchtlinge an. 3,7 Millionen afghanische Flüchtlinge vermeldete das Flüchtlingswerk der Vereinten Nationen (UNHCR) 2014. 700 000 Menschen sind im Land selbst auf der Flucht.

Eine jahrzehntelange Völkerwanderung, die es nur selten in unsere Schlagzeilen schaffte, die am Rande unserer Wahrnehmung passierte und die auch Samis Familie traf. Die erste Flüchtlingswelle brach mit dem Einmarsch der Sowjets 1978 aus. Bis Kriegsende 1989 flohen von den 15,5 Millionen Afghanen zwei Millionen in den Iran und rund 3,5 Millionen Menschen nach Pakistan. Sie flohen vor Massenerschießungen und Exekutionen, vor Napalm und Nervengas, vor Landminen – kurzum: vor der Vernichtung ihrer Existenz. In den Flüchtlingslagern in Pakistan wurden die Mudschaheddin für ihren Kampf gegen die Sowjetarmee fit gemacht: Hier wurden Kämpfer ausgebildet, Waffen gelagert. Heute gilt genau wie damals: Die allermeisten der Flüchtlinge aus Afghanistan schaffen es gerade bis in die Nachbarländer. Sie flüchten nach wie vor in die Flüchtlingslager im östlichen Nachbarland Pakistan oder sie versuchen – zumeist illegal als Hausangestellte, Küchenhilfen oder Wächter –, im westlichen Nachbarland Iran zu überleben. In Pakistan sind auch heute noch 1,5 Millionen Flüchtlinge aus Afghanistan registriert. Hinzu kommen etwa 1,2 Millionen nicht registrierte. Es waren einmal weit mehr. Die wenigsten haben das nötige Geld, um die Reise nach Europa anzutreten. Wer das wagt, gehört häufig zur Elite – so wie Safi. Oder er hat – wie Sami – reiche Verwandte, die über die entsprechenden Kontakte und Ressourcen verfügen, um die Reise zu finanzieren. Die Mehrheit der afghanischen Flüchtlinge lebt in den rund 80 Flüchtlingslagern in der Region an der Grenze zu Afghanistan.

Kindheit in einem islamistischen Flüchtlingslager

So wie die Familie von Sami, die sich im Flüchtlingslager Shamshatoo in Sicherheit brachte: »Das Camp Shamshatoo, in dem ich geboren und aufgewachsen bin, liegt in der Nähe von Peschawar«, erzählt Sami. Ein staubiges und trockenes Stück Land, rund 20 Kilometer südöstlich von Peschawar, der Hauptstadt von Pakistans nordwestlicher Grenzprovinz. »Dort bin ich zur Schule gegangen.« Es fällt Sami nicht ganz leicht zu sagen, wie viele Jahre das gewesen sind. »Vielleicht vier oder fünf. Und weil in Pakistan der Unterricht auf Englisch stattfand, habe ich ganz gut Englisch gelernt.«

2009 war es mit der Schule und dem einigermaßen geregelten Leben im Camp vorbei, Sami war damals gerade elf. 2009 wurde sein Vater auf einer Reise von Pakistan nach Kabul ermordet. Wenn Sami über diesen Verlust spricht, dann wird sein Körper unruhig, sein Blick fixiert einen Punkt auf dem Boden. Er entschuldigt sich: »Sobald ich über den Tod meines Vaters spreche, fühle ich mich völlig anders. Alles in mir ist Zorn. Wut.« Sami ist dann von außen kaum erreichbar, scheint einem inneren Film zu folgen. »Er hatte keine direkten Feinde bei den Taliban. Es war kein politischer Mord. Ich weiß, dass es Familienangehörige waren. Nur die wussten, auf welchem Weg er reisen würde. Er hatte viel Geld bei sich. Darum ging es.« Die Polizei hat seinen Fall nicht weiterverfolgt. »Bei uns brauchst du nicht zur Polizei zu gehen. Die Polizei schützt bei uns keinen. Bei uns haben andere das Sagen.«

Das Sagen haben die Warlords, ehemalige Mudschaheddin. Das gilt auch für das Flüchtlingslager Shamshatoo, in dem Sami seine Kindheit verbrachte. Uneingeschränkter Herrscher über das Lager ist schon seit den Achtziger-Jahren der Mudschaheddin Gulbuddin Hekmatyar mit seiner Miliz »Hesb-e-Islami« (HIG) – der drittgrößten islamistischen Gruppe im afghanischen Bürgerkrieg. In den letzten drei Jahrzehnten ist das Lager auf 64000 Menschen angewachsen. Eine funktionsfähige Stadt, die vieles bietet, was Flüchtlinge suchen: Ärzte, ein Krankenhaus, Schulen, Moscheen, eine Universität, Koranschulen, die Madrassas, und sogar zwei Zeitungen.

Für den Warlord Gulbuddin Hekmatyar ist die Region und das Lager Rückhalt und Trainingsort für seine Miliz. Die »Hesb-e-Islami« führt nach wie vor in Afghanistan Krieg: in den Regionen um Kundus, Kabul und in den paschtunischen Regionen im Osten des Landes. Als Splittergruppe ging die Bewegung aus der radikalsten der sieben Mudschaheddin-Gruppierungen hervor, welche in den Achtziger-Jahren gegen die Sowjets gekämpft hatten.

Der ehemalige Ingenieur und Mudschaheddin Gulbuddin Hekmatyar stürzte 1992 die Statthalter Moskaus in Kabul, die Regierung Mohammed Nadschibullahs. Darauf basiert auch sein Rückhalt unter seinen Anhängern. Nach 2001 erklärte Hekmatyar dem Westen den Heiligen Krieg. Seit 1975 ist die Miliz um Hekmatyar eine der großen Kriegsparteien, welche um Macht und Einfluss in Afghanistan – und gegen jeden westlichen Einfluss – kämpfen.

Und wer im Lager Shamshatoo gelebt hat oder lebt, ist zwangsläufig ein Bewunderer von Hekmatyar und ein Unterstützer seiner Gruppe. In Shamshatoo herrschen strenge islamistische Regeln, an die sich jeder halten muss, der dort lebt: Es gibt kein Fernsehen. Musik ist in der Öffentlichkeit verboten – das gilt sogar für die Klingeltöne von Handys. Wer die Gebetszeiten nicht einhält, wird bestraft. Frauen dürfen nur in der Burka und in Begleitung eines männlichen Angehörigen das Haus verlassen.

Ähnlich wie die Muslimbrüder in Ägypten verfolgt die Gruppe das politische Ziel, einen rein islamistischen Staat zu errichten. Dessen Basis ist eine kleine, hervorragend ausgebildete Elite und eine gute und disziplinierte organisatorische und institutionelle Struktur. Die Bewegung wird dabei finanziell großzügig unterstützt durch saudische Privatorganisationen. Sie hat Verbindungen zur Muslimbruderschaft in Ägypten und zu Al-Qaida.

Samis Biografie wäre möglicherweise anders verlaufen, wenn er nicht mit elf Jahren das Lager verlassen hätte. Viele der jungen Männer, die als Heranwachsende der islamistischen Propaganda der Hekmatyar im Lager Shamshatoo ausgesetzt sind, ziehen in den Heiligen Krieg. Es ist bekannt, dass in Shamshatoo die Söhne der Familien über Schulen und Moscheen für den Dschihad vereinnahmt werden. Mit Methoden, die zeigen, wie extrem die Propaganda auf sie wirkt: Sie werden zu absoluter Schweigsamkeit verpflichtet und verschwinden dann von einem Tag auf den anderen. Sami war damals wohl zu jung für diese dschihadistische Botschaft. Doch vielleicht erklärt sich dadurch sein Wunsch, Ingenieur zu werden – wie der Schutzherr des Lagers, der Mudschaheddin Hekmatyar.

Mit dem Tod des Vaters endet der Schulbesuch

Sami musste nach dem Tod seines Vaters das Lager verlassen und ging nach Kabul. »Als mein Vater starb, musste ich zu meiner fünf Jahre älteren Schwester Hajira nach Kabul. Sie hatte nach dem Tod meines Vaters einen viel älteren Mann heiraten müssen.« Hajira ist heute 21, die jüngere Schwester Safia 19. Auch sie ist schon seit Jahren verheiratet.

»Mit dem Mann meiner Schwester kam ich nicht zurecht. Er hat mich abgelehnt. Das ist ja schon ein sehr alter Mann. Und für den war ich eine zusätzliche Last. Da bin ich weggegangen. Ein Freund meines Vaters nahm mich auf. Bei ihm konnte ich die vergangenen vier Jahre in Kabul leben.«

Zur Schule ging Sami dort nicht mehr. »In Kabul habe ich hier und da ausgeholfen, aber keine richtige Arbeit gefunden. Mein Ersatzvater hat gesagt: ›Ich bekomme noch Probleme wegen dir. Mir ist es lieber, wenn du gehst!‹ Er hat sich dann um alles gekümmert. Meine Frage, was seine Flucht gekostet habe, beantwortet Sami ausweichend. »Das hat alles der Freund meines Vaters gemacht. Ich habe keine Ahnung, was das gekostet hat. Er hat Schleuser gefunden und er hat die Flucht auch bezahlt.«

Hier ist Samis Geschichte lückenhaft. Und es wirkt, als ob er bestimmte Informationen bewusst zurückhält. Ich wüsste gerne, mit welchem Wunsch ihn der Freund seines Vaters auf die Reise geschickt hat. Will er, dass er ihn nachholt? Sami wird wortkarg. »Hast du den Freund deines Vaters einmal angerufen, als du hier in Deutschland angekommen bist?«, möchte ich von ihm wissen. Die Antwort ist ein Kopfschütteln. »Nein, ich hatte seitdem keinen Kontakt mehr zu ihm.« Mehr erfahre ich dazu nicht.

Vielleicht muss Sami das Geld – und möglicherweise auch noch mehr – zurückzahlen. Vielleicht hat er deshalb den Kontakt abgebrochen. »Ich hatte eigentlich vor, nach Schweden zu gehen. Auch als ich hier in Deutschland ankam, habe ich das noch überlegt. Doch nun bleibe ich in Berlin.«

Gute Reiseerinnerung – Zwischenstopp in Istanbul

Quer durch den ganzen Süden Afghanistans zur iranischen Grenze führte Samis erste Etappe: von Kabul bis nach Nimruz. Die Region im äußersten Südwesten Afghanistans ist nur spärlich besiedelt. »Für diese erste Strecke habe ich einen ganz normalen

Reisebus genutzt – zusammen mit anderen. Und von Nimruz aus haben wir dann mit einem größeren Geländewagen die Grenze zum Iran passiert.«

Die Kontrollen an der iranischen Grenze zu Afghanistan sind streng. Ein Zehntel seiner 42 000 Soldaten und Polizisten setzt der Iran ein, um an den fast 2000 Kilometer langen Grenzen zu Turkmenistan, Afghanistan und Pakistan Schmuggler und Flüchtlinge abzufangen. 200 Beobachtungstürme und Betonmauern versperren zahlreiche Pässe. Gräben und Stacheldraht ziehen sich über Hunderte von Kilometern hin.

Das nächste Etappenziel war dann Isfahan im Landesinnern. »Von Nimruz nach Isfahan sind wir in einem Geländewagen gefahren. Das war eine sehr lange Strecke. Zum Teil ist die sehr bergig und nicht immer haben wir mit unserem Auto Straßen genutzt. Wir waren fünf Personen, und unser Fahrer hat so gut wie keine Pause gemacht. Irgendwie schläft man dann beim Fahren.« 1300 Kilometer mit dem Auto. In Isfahan hieß es umsteigen in einen anderen Wagen. Die Papiere musste man schon vorher abgeben: »Bis in den Iran hatte ich noch meinen afghanischen Ausweis dabei. Im Iran wurde uns der dann abgenommen von unseren Schleusern.« Mit fünf anderen Afghanen ging es für Sami dann in einem Toyota Corolla in Richtung Urmia in der Türkei und mit einem anderen Auto weiter nach Istanbul.

»Der Schleuser vermittelte mir einen Kontakt zum afghanischen Konsulat. Dort konnte ich mir Papiere besorgen. Das ist nicht wirklich schwierig. Du gibst etwas Geld, und dann bekommst du so etwas wie eine vorläufige Aufenthaltserlaubnis.«

Für viele Flüchtlinge ist Istanbul keine gute Erinnerung. Viele verlassen ihre Zimmer in den billigen Hotels oder Wohnungen nicht, aus Angst, von der türkischen Polizei aufgegriffen zu werden. Bei Sami ist das anders. »Gewohnt habe ich im Stadtteil Ikitelli und ich hatte sogar Arbeit. Ich konnte in einem Restaurant arbeiten. Für andere in meiner Wohngemeinschaft war das Istanbul-Erlebnis nicht so positiv. Manche wussten nicht, wie sie von hier aus weiterkommen sollten nach Europa, blieben hier stecken und kamen nicht weiter, weil sie kein Geld für die Weiterreise hatten oder sich verstecken mussten.«

»Schleuser gibt es in Istanbul überall. Du findest Telefonnummern und du kannst auch einfach an bestimmte Plätze gehen – wie zum Beispiel um die U-Bahn-Station Aksaray. Da war ich oft mit Bekannten, die weiterwollten.«

Mit der U-Bahn zur Station Aksaray, dafür braucht man nicht länger als 20 Minuten vom historischen Stadtkern. Vor dem schwarz gerahmten Glasbau der U-Bahn-Station treffen sich auf dem großen Platz mit den kleinen runden Grünflächen Schleuser und Flüchtlinge. Um den Platz herum gibt es eine Reihe billiger Hotels, dazwischen ein Imbiss. Aksaray, das ist ein belebtes Arbeiterviertel. Und das Geschäft der Schleuser ist hier kein Geheimnis. Es ist gut sichtbar, öffentlich. Fast wie kleine Reiseagenturen, die auf Kundenfang sind. Von hier aus werden viele Wege nach Europa angeboten: entweder über die östliche Landroute (Bulgarien, Rumänien) wie im Fall von Sami oder über die Westbalkanroute (über Griechenland, Mazedonien, Serbien und Ungarn) wie bei Safi.

In Istanbul spielt die nächste Helden-Geschichte Samis. Und sie ist aufs Engste mit dem kleinen Restaurant verbunden, in dem er arbeitete – und mit ihm selbst: »In dem Restaurant, in dem ich in Istanbul Arbeit fand, haben viele Turkmenen gearbeitet. Und ich habe schnell Türkisch gelernt. Das kam bei den Türken gut an, aber auch bei meinen turkmenischen Kollegen. Ich habe unheimlich schnell gute Freunde gefunden – bis heute bin ich mit vielen von ihnen über Facebook verbunden.«

Sami erinnert sich so gerne an diese Zeit, dass er mir mehrfach davon erzählt. »Ich habe den Job viel schneller gelernt als viele andere. Wie diese Teigtaschen richtig gefüllt werden, wie man bedient.« Dieser Erfolg ist ihm wichtig – auch das große Lob, das er als Flüchtling aus Afghanistan von seinem Chef bekam: »Sami, du lernst wirklich schnell! Und er hatte recht, denn ich habe nur zwei Wochen gelernt, und direkt danach wurde ich zum Lehrer für die anderen und habe ihnen beigebracht, wie man bestimmte Gerichte zubereitet und was in der Küche zu tun ist.«

Sami strahlt vor Stolz. Die Anerkennung, die er damals bekam, trägt ihn immer noch. Deshalb – und damit ich das auch wirklich verstehe – wiederholt er es noch einmal: »Die anderen haben wirklich gestaunt über mein Talent. ›Du lernst ja unheimlich schnell‹, hieß es!«

Doch irgendwann ging es für Sami dann weiter: »Meine Schleuser hatten mich angerufen, dass sie mich gegen Mitternacht aus dem Restaurant abholen würden.« Er wollte noch sein Geld abholen, das er dort verdient hatte, etwa 800 Euro. »Und als sie dann kamen und meine Kollegen das mitbekamen, da haben sie alle versucht, mich aufzuhalten. ›Sami, du kannst doch nicht einfach gehen! Bleib hier, wir hatten so viel Spaß und du hast eine sehr gute Arbeit geleistet.‹«

Ab hier wurde die Reise für Sami mühsamer. Von Istanbul aus ging es nach Edirne, der westlichsten Stadt der Türkei, an der Grenze zu Bulgarien. Seitdem Ungarn Anfang September 2015 seine Grenze zu Serbien dichtgemacht hatte, änderten Tausende Flüchtlinge ihre Route, um über Edirne in Richtung Bulgarien zu gelangen. Auch Samis Gruppe gehörte dazu: »Wir kamen dort nachts so etwa um zwei Uhr an, um die Grenze nach Bulgarien zu Fuß zu überqueren.« Doch sie wurden unsanft gestoppt: »Wir wurden schon vor der Grenze von der türkischen Polizei aufgegriffen, mussten unsere Fingerabdrücke abgeben. Die türkische Polizei war mit Masken verkleidet, das sah wirklich unheimlich aus und zugleich so, als ob sie Angst vor uns hätten. Wir wurden auf eine Polizeistation gebracht. Dort bekamen wir ein Papier, dass wir innerhalb eines Monats aus der Türkei ausreisen müssten. Und ich bin zurück nach Istanbul mit einem Reisebus.« Hier rief er seinen alten Schleuserkontakt wieder an. »Diesmal musste ich etwas vorsichtiger sein, weil ich ja schon einmal der Polizei aufgefallen war, deshalb ging ich nicht arbeiten.« So verlängerte sich Samis Istanbul-Aufenthalt um einen weiteren Monat, bevor es auf derselben Route erneut in Richtung Bulgarien ging.

Bulgarien hatte schon 2013 auf die Flüchtlingswelle mit dem Bau eines 30 Kilometer langen Grenzzauns reagiert und zugleich Hunderte Polizisten an die Grenze zur Türkei abkommandiert.

Menschenrechtsorganisationen wie Human Rights Watch (HRW) kritisierten, dass bulgarische Grenzpolizisten unter Verletzung internationaler Konventionen Flüchtlinge gewaltsam am Betreten bulgarischen Territoriums hinderten und sie auf türkisches Gebiet zurückdrängten. Während der damals hastig errichtete Grenzzaun an manchen Stellen heute bereits durchlässig ist, plant Bulgarien jetzt den Bau eines weiteren 130 Kilometer langen Zauns.

Sami konnte die Grenze trotzdem zu Fuß überwinden und gelangte bis Sofia. Wie viele andere wohnte er in einem Hostel in der Nähe des Hauptbahnhofs.»Natürlich durften wir eigentlich nicht rausgehen. Das habe ich aber trotzdem getan. Und irgendwann haben sie mich dann doch erwischt und die bulgarische Polizei hat Fingerabdrücke genommen und mir auch mein Handy abgenommen. Die waren sehr grob! Ich habe ihnen nicht meinen richtigen Namen gesagt, sondern einen erfunden. Und mein Geburtsdatum und woher ich kam auch.«

Als die bulgarische Polizei in Sofia im September 2015 mit einer Pressemitteilung an die Öffentlichkeit ging, betonte sie, dass sich die meisten Flüchtlinge, die ohne Personalausweis nach Bulgarien einreisten, als syrische Staatsbürger ausgäben. Bei den Gesprächen stelle sich allerdings heraus, dass sie in erster Linie aus Afghanistan und dem Irak stammten. So wie im Fall von Sami. Worauf die Presseerklärung keinen Bezug nimmt: dass auch in Bulgarien längst ein großes Netz unterschiedlichster Dienstleister am Geschäft mit den Flüchtlingen verdient. Vom Hotelbesitzer bis zum Taxifahrer, der Flüchtlinge für umgerechnet 100 bis 200 Euro an die bulgarisch-serbische Grenze fährt, etwa 40 Kilometer westlich von Sofia. Ein exorbitanter Fantasiepreis, der nur von denen gezahlt wird, die illegal auf dem Weg nach Europa sind.

Bulgarien macht gute Geschäfte mit den Flüchtlingen

Davon kann auch Sami berichten: »Der bulgarische Hotelier in Sofia hatte sein ganzes Hostel an uns Flüchtlinge vermietet. Ich glaube, der hat damit ein gutes Geschäft gemacht. Und er hatte auch direkten Kontakt zu unseren Schleusern, die dann irgendwann nachts mit mir und vier weiteren in einem kleinen Autobus zur serbischen Grenze fuhren. Unser Guide war übrigens ein Afghane, der uns immer wieder antrieb.« Und eine weitere Heldengeschichte schleicht sich in die Erzählung Samis: »Dem habe ich schnell klargemacht, dass er mit unserer Gruppe nicht zu hart umgehen sollte. Er hatte Respekt vor uns. Sonst hätten wir es ihm gezeigt.«

Im Grenzgebiet zu Serbien ging es zu Fuß durch ein großes Waldgebiet. »Etwa acht Stunden sind wir wirklich schnell zu Fuß gelaufen. Anschließend war ein Auto da, und wir fuhren bis Belgrad. Ich war immer noch zusammen mit den anderen. Und in Belgrad am Bahnhof haben wir dann kampiert. Da kam dann mein Geld aus dem Restaurant in Istanbul zum Einsatz. Alles hat in Belgrad Geld gekostet. Wir sind dann mit einem Zug bis Subotica gefahren. Und dort hat unser Kontakt uns gesagt: ›Wenn ihr diesem Gleis folgt, dann kommt ihr direkt nach Ungarn!‹ Das haben wir getan. In Budapest habe ich dann ebenfalls am Bahnhof gewartet. Einer meiner Schleuser hat mir gesagt, dass ein pakistanischer Freund kommen würde. ›Er wird dich einsammeln, um dich weiterzubringen.‹ Und weil du seine Telefonnummer hast und er dich kurz vorher anruft, klappt das auch meist. Dann weißt du, dass er der Richtige ist. Er hat dann eine kleine Gruppe in einen Lieferwagen gepackt. Wir waren bestimmt 15 Leute, und das war ein geschlossener Wagen, aus dem du nicht herausschauen kannst. Du weißt also nicht genau, wo du bist, und die Fahrt hat viele Stunden gedauert. Das ist eine wirklich schreckliche Erinnerung.« Samis Gruppe gelangte mit dem Lieferwagen bis Bayern und fuhr von dort mit dem Zug weiter nach Berlin.

Von den Taliban gejagt: Safi

Safi hat Sami aufmerksam und manchmal auch kritisch zugehört. Wie ein größerer Bruder oder Cousin. Vielleicht ist das Verhältnis ähnlich, auch wenn die beiden sich erst in Berlin kennengelernt haben. Der 33-jährige Safi hat Sami begleitet. Wenn es ihm nicht gut ging, hat er sich um den Jüngeren gekümmert, ihn zum Arzt begleitet. Die Muttersprachen der beiden sind zwar verschieden – Sami wurde auf Dari erzogen, Safi in Paschtu –, doch sie können sich in der Sprache des jeweils anderen gut und unkompliziert verständigen.

Wenn ich die beiden und ihre Fluchtschicksale betrachte, dann wird mir erneut klar, warum es so wichtig ist, dass jeder Flüchtling einzeln befragt wird, bevor man über sein Bleiben entscheidet. Keine Fluchtursache ist gleich – auch wenn das Herkunftsland dasselbe ist. Jeder Einzelne wird in Deutschland eine ganz andere Unterstützung brauchen. Und jeder wird sich unterschiedlich integrieren können. Safi ist zwar erst seit März da. Doch in Deutschland ist er bereits angekommen – hilft dabei, Flüchtlinge bei ihrer Ankunft zu begleiten.

Safis paschtunische Familie stammt aus Kuskunar im Nordosten Afghanistans, an der Grenze zu Pakistan. Heute hat er schlechte Nachrichten aus seiner Heimatregion: »Gerade haben mir zwei entfernte Verwandte über Facebook geschrieben. ›Wir wollen hier weg, wie kommen wir am besten nach Deutschland?‹ Und sie haben ein Foto mitgeschickt, auf dem man sehen konnte, wie sechs Leute aus unserem Heimatdorf gehängt wurden.«

Ein Krieg, der es nicht in die Schlagzeilen schafft

Nachrichten, welche es in die Schlagzeilen großer Nachrichtenmagazine nicht schaffen, weil die mit anderen Katastrophen, größeren Kriegen beschäftigt sind. Weil sie eine Region betreffen, die Europa weitgehend abgeschrieben hat. Dabei sind es Ereignisse und Entwicklungen, die man kennen sollte – denn sie werden erneut Menschen in die Flucht treiben. »Bei uns im äußersten nordöstlichen Zipfel Afghanistans, unmittelbar an der Grenze zu Pakistan, ist der IS längst aktiv, neben anderen Warlords. Erst vor wenigen Tagen gab es dort über 17 Stunden Kämpfe, meine Freunde haben mir über Facebook darüber berichtet.«

Nachrichten aus einer anderen Welt – während Safi geduldig Essen ausgibt in der Turnhalle der General-Steinhoff-Kaserne in Berlin. Er arbeitet ehrenamtlich in dieser Notunterkunft und er engagiert sich auch in den Flüchtlingsprojekten der Malteser. Mit seinen Erfahrungen, seinen Sprachkenntnissen, seiner ruhigen Zuwendung zu den neu Angekommenen leistet er schon jetzt – ein paar Monate nach seiner Ankunft – einen wertvollen Beitrag zur Integration anderer.

150 Flüchtlinge sind hier untergebracht. 150 Männer aus Syrien und Afghanistan, die ihn fragen, in welche Richtung sie ihr Gebet verrichten sollen oder wo die nächste Moschee ist. Einen privaten Raum gibt es nicht, die Betten stehen in sechs Reihen.

»Ich habe meinen Verwandten ein Foto von dieser Halle geschickt. Ich glaube, dass es wichtig ist, dass sie erfahren, dass Flüchtlinge hier in Deutschland zwar in Sicherheit gebracht werden, aber dass das Ankommen in diesem Land natürlich alles andere als einfach ist.« Safi weiß, worüber er spricht. Im März 2015 kam er an, nach einer Odyssee, für die er in Pakistan 16 000 Dollar bezahlt hat. Safi spricht mehrere Sprachen: Paschtu, Dari, Farsi, Hindi, Türkisch, sehr gutes Englisch. Und auch auf Deutsch können wir uns unterhalten. Safis Sprachtalent sorgte dafür, dass er bei den US-Truppen in Afghanistan als Übersetzer tätig war – nicht sehr lange, denn wer das tut, gilt als Kollaborateur, wird bedroht. Und was das bedeutet, das hat Safis Familie in den vergangenen zwei Jahrzehnten vielfach erfahren.

Safis Vater war ein Mastoufi, ein Verwaltungsbeamter der Regierung, welcher der Finanzverwaltung der Provinz vorstand. »Er war ein sehr fortschrittlicher und liberaler Mensch. Er hatte im Iran Wirtschaft studiert. Meine Mutter war Lehrerin. Insofern waren unsere Eltern sehr daran interessiert, dass auch alle Kinder eine gute Bildung genossen. Sie haben uns alle – auch meine Schwester – studieren lassen.« Safis Vater lehnte die Taliban ab. Und so wurde er mit deren Erstarken zu einem Feind.«

»Auf Regierungsseite arbeiten« – das hieß für Safis Vater: im Auftrag der Regierung von Präsident Mohammed Nadschibullah, der von 1986 bis 1992 fünfter Präsident der Demokratischen Republik Afghanistan wurde. Nadschibullah war zuvor Chef des gefürchteten Geheimdienstes Khad. Ähnlich wie sein sowjetisches Vorbild – der KGB – bespitzelte, verfolgte, verhaftete und folterte dieser die Menschen im Land. Der Paschtune und studierte Mediziner Nadschibullah wurde von den Sowjets an die Macht gebracht und war wirtschaftlich und militärisch von ihnen abhängig, eine Marionette der Sowjets. 1992 wurde er durch den Mudschaheddin Gulbuddin Hekmatyar gestürzt. Als er 1996 – vier Jahre nach seiner offiziellen Abdankung – durch die Taliban hingerichtet wurde und sein Leichnam vor dem Präsidentenpalast zur Schau gestellt wurde, quittierte die Bevölkerung das mit Zustimmung. Doch für alle, die mit ihm oder für ihn in Verwaltung und Regierungsapparat gearbeitet hatten, war mit der Hinrichtung Nadschibullahs klar: Auch sie und ihre Familien sind für die Taliban Feinde. Die Taliban würden gegen die Unterstützer Nadschibullahs mit derselben Härte und Gewalt vorgehen wie gegen ihn selbst. So wurden Safi und seine Verwandten zu Gejagten.

»Familien wie unsere liefen pauschal unter dem Etikett ›Kommunisten‹. Und als ›Kommunist‹ musstest du dir den Schutz der Taliban organisieren, ihr Vertrauen gewinnen oder ihnen nützlich sein – das ist überlebenswichtig. Mein ältester Bruder hat das gemacht, auch um die Existenz unserer Familie nach dem Tod meines Vaters zu sichern.« Die Heimat von Safis Familie ist Shewa – ein Ort in den Bergen unweit der Grenze zu Pakistan: »Von unserem Dorf aus erreichst du in einer Stunde Fußweg ein Gebiet, das unter Kontrolle der Taliban steht. Auch deshalb kommt es bei uns oft zu Kämpfen. Erst vor einigen Tagen wieder.«

1992 wurde Safis Vater von den Taliban getötet. »Man hatte ihn wie einen Feind festgenommen. Er war zwei Wochen in Haft. Dann hat man uns angerufen und gesagt: ›Wir bringen euch seinen Leichnam.‹ Ich erinnere mich noch an den Moment, als unsere Mutter uns unseren toten Vater gezeigt hat. Er hatte am ganzen Körper blaue Flecken und sogar Schusswunden. Und er hatte zwei Wattestücke in der Nase, weil er gefoltert worden war. Das war ein schrecklicher Anblick, der mich nicht mehr loslässt.« Für den damals zwölfjährigen Safi ein Schock – und ein Ereignis, durch das sein Leben und das Leben seiner Familie aus den Fugen geriet.

Safi war der jüngste Sohn, geboren in Kabul am 1.6.1982. »Meine Eltern waren späte Eltern.« Safi hatte zwei Brüder und eine Schwester. »Ich h a t t e ...« – langsam betont er jeden Buchstaben der Vergangenheitsform. »Heute habe ich niemanden mehr.« Besonders verehrt hat er seinen ältesten Bruder Enayathallah, der 14 Jahre älter war. Der mittlere Bruder Waheedullah war vier bis fünf Jahre älter.

Nach der Ermordung des Vaters schickte seine Mutter den ältesten Bruder ins Nachbarland Pakistan, da er in Kabul nicht mehr sicher war. Er arbeitete dort als Englisch- und Mathematiklehrer in Peschawar. »Es war ein großer Fehler, dass sie meinen jüngeren Bruder nicht auch dazu gebracht hat. Drei oder vier Monate nach dem Tod meines Vaters wurde er zu Hause abgeholt und wir haben nie wieder etwas von ihm gehört.«

Kurze Zeit später zog Safis ganze Familie nach Peschawar. Safis Mutter war schwer an Blutkrebs erkrankt. »Wir wussten, dass uns für ihre medizinische Behandlung die Einreise nach Pakistan gestattet würde. Also sind wir dorthin gegangen, um unsere ganze Familie in Sicherheit zu bringen. Doch auch dort blieb die Angst vor den Taliban, denn sie sind ja auch in der Region sehr einflussreich. Und wir wussten, dass sie unsere Familie auslöschen wollen.«

2002 stirbt Safis Mutter, 2006 kehrte er nach Afghanistan zurück. Er hatte einen guten Job gefunden: »Ich konnte für die amerikanische Armee als Übersetzer arbeiten. Damit kannst du gutes Geld verdienen. Doch mir wurde schnell klar, dass ich damit ein sehr hohes Risiko auf mich nehme. Denn wenn du für die arbeitest, dann stehst du unter Generalverdacht. Wenn die US-Armee irgendwo eine Razzia macht, Menschen verhaftet oder im Kampf jemanden erschießt, dann bist du aus Sicht der Menschen im Land immer mit in der Verantwortung. Du giltst als Verräter. Das ist ein sehr gefährlicher Job, und ich habe deshalb damit aufgehört und 2008 noch mal angefangen, in Pakistan zu studieren – Biologie und Chemie.«

Safi wollte sich dieser Gefahr für sein Leben nicht aussetzen. Er wusste, warum. Denn Safis ältester Bruder hatte ebenfalls einen gefährlichen Job und verlor dadurch sein Leben: »In der Region, in der mein Bruder bei der Polizei arbeitete, der Provinz Nangarhar, kontrollierten ehemalige Mudschaheddin Wirtschaft und Politik. Für das Überleben unserer Familie, um unsere Existenz irgendwie zu sichern, musst du eine enge Verbindung mit diesen Leuten eingehen. Sonst bist du nicht sicher. Mein ältester Bruder Enayathallah hat das getan. Ohne solche Kontakte bist du nichts. Du kannst überhaupt nicht überleben. Und mein Bruder hat diese Kontakte gepflegt. Uns als Familie hat das geängstigt und wirklich unruhig gemacht, denn diese ehemaligen Kämpfer sind sehr ungebildet und sehr gewaltbereit.« Einer dieser politischen Schwergewichte und ehemaligen Mudschaheddin in der Region Nangarhar war Haji Hazrat Ali, der 2003 durch Präsident Karsai zum Polizeichef der Provinzhauptstadt von Nangarhar, Jalalabad, ernannt worden war. Ein anderer, Haji Zaman[15], wurde nach dem Sturz der Taliban Militärkommandant von Jalalabad.

Für die Mudschaheddin, die in den Provinzen Geschäfte und Politik dominierten und am Anbau und Handel mit Opium verdienten, galt ebenso wie für die Mudschaheddin auf nationaler Ebene: Sie alle waren Krieger – keine Politiker. Zwischen 1978 und 1992 hatten sie einen erbitterten Dschihad gegen unterschiedliche kommunistische Regierungen gefochten, die durch die Sowjetunion installiert und am Leben gehalten wurden. 1992 war es mit diesem Dschihad vorbei. Präsident Nadschibullah, in dessen Verwaltung Safis Vater einen guten Job hatte, dankte ab und suchte im UN-Hauptquartier Schutz. Nach mehr als einem Jahrzehnt blutiger Kämpfe kehrten die Mudschaheddin als Sieger aus den Bergen nach Kabul zurück. Das galt für Abdul Raschid Dostum, den usbekischen Kommandeur der Junbish-i-Mili-Truppen, der längere Zeit aufseiten der Sowjets gekämpft hatte und erst ab 1992

---

15 Er kam 2010 bei einem Selbstmordattentat ums Leben.

dann den Schulterschluss mit anderen Mudschaheddin-Gruppen suchte und fand. Für den Paschtunen Gulbuddin Hekmatyar, den studierten Ingenieur und Gründer der islamistischen Partei Hezb-e-Islami. Für Burhanuddin Rabbani[16], den tadschikischen Islamwissenschaftler, der die Jamiat-e-Islami-Fraktion führte. Für Abdul Rab Rasul Sayyaf, dem Paschtunen und Führer der Ittehad-e-Islami Kämpfer mit engen Verbindungen zu Saudi-Arabien. Und auch für Abdul Ali Mazari, Gründer der Partei Hezb-e-Wadat, der durch Iran unterstützt wurde.

»Wir sind ein Land, in dem nicht die Regierung regiert, sondern Warlords. Die entscheiden über Recht und Unrecht – und sie entscheiden über dein Schicksal!« Aus Safis Worten spricht bittere Hilflosigkeit – denn seine Familie wurde durch dieses System zerstört.

»Nach dem Tod meines Vaters hatte mein Bruder Enayathallah die Rolle des Familienoberhauptes übernommen.« Und für Safi war er schon zuvor eine ganz zentrale Bezugsperson: »Mein ältester Bruder war für mich sehr wichtig. Er war wie mein Spiegel und er kannte mich in- und auswendig. Er wusste, was ich dachte. Er war eine ungeheuer starke Person. Für mich war er eigentlich unverwundbar. Es war für uns unvorstellbar, dass er getötet wurde. Das konnte, das durfte nicht geschehen.«

Enayathallah arbeitete als Büroassistent und Übersetzer im Büro des Polizeichefs Hajab Shah. Bei einem Bombenangriff auf

---

16 Geboren 1940, gestorben am 20. September 2011 in Kabul. Rabbani war während der Herrschaft der Taliban der politische Führer der Nordallianz. 1992, nach dem Rücktritt des Übergangspräsidenten Mudschaheddi, war er Vorsitzender des Islamischen Rats von Afghanistan, der von den Mudschaheddin geführten Übergangsregierung, 1992 wurde er zum Präsidenten berufen. Im September 1996 floh er vor den Taliban in die nordafghanische Stadt Faizabad und begründete 1997 die Nordallianz, die von den UN weiterhin als Regierung des Landes anerkannt war. Rabbani blieb somit der international anerkannte Präsident Afghanistans und übergab dieses Amt Ende 2001 an Hamid Karzai. Am 20. September 2011 wurde Rabbani durch einen Selbstmordattentäter in seiner Wohnung getötet.

die Polizeistation wurde der Polizeichef 2004 getötet. Man suchte nach dem Schuldigen. »Enayathallah war sofort unter Verdacht, denn an dem Tag, als das Attentat geschah, war er selbst nicht in der Station. Irgendwann wurden wir einfach nur angerufen: ›Ihr könnt seinen Leichnam abholen‹, ließ man uns wissen. Mehr nicht.«

Es brach eine Welt zusammen: »Für mich war das unfassbar. Ich war damals 23. Mein Bruder war alles für mich, hat immer gewusst, was zu tun war, hat die Familie versorgt, sich nach dem Tod meiner Mutter um uns alle gekümmert. Er war meine ganze Sicherheit.« Nach dem Tod seines Bruders war Safi in Behandlung wegen Schizophrenie. »Ich hörte Stimmen. Aber der Arzt sagte: ›Das wird vorbeigehen. Du bist nicht in Gefahr, dass es schlimmer wird. Du bist stark genug.‹«

2009 wurde Safis Schwester in Nuristan getötet – und auch sein Onkel: »Es war ein Überfall eines bewaffneten Kommandos, das über eine Familienfeier herfiel. Man hat sehr viele Menschen erschossen, auch meine Schwester und ihren Mann. Aus meiner Sicht wollten die Warlords und Machthaber in der Region unsere Familie auslöschen, um den Tod des Polizeichefs zu rächen. Alle Verwandten meines Bruders sollten sterben. Es waren absichtsvolle Morde. Jeder aus unserer Familie wusste, dass es jeden von uns jederzeit treffen kann.«

Wie geht man mit einem solchen Gefühl um? »Gar nicht. Man verzichtet auf Bewegungen, man dimmt das Licht, man versucht, lautlos zu sein. Unmerklich und unbemerkt. Schon als Kind und Jugendlicher wurde ich daran gewöhnt. Wir wurden nachts stets eingeschlossen, wenn meine Mutter alleine mit uns war. Licht nutzten wir dann kaum, und wenn es an der Tür klopfte, hätten wir um keinen Preis aufgemacht.«

2012 traf es einen Cousin. Er erhielt Besuch. »Es ist in unserer Kultur üblich, dass du Besucher ein Stück ihres Weges begleitest, wenn sie dein Haus verlassen. Das hat mein Cousin getan. Es war abends und schon stockfinster. Mein Cousin ging wohl ein längeres Stück mit. Nach einer Weile kamen sie an einem Auto vorbei und seine Besucher forderten ihn auf einzusteigen. Mein Cousin wollte nicht und hat sich gewehrt. Da haben sie ihn in den

Oberarm geschossen, ihn überwältigt und ihm Gras und Erde in den Mund gestopft und ihn dann in den Kofferraum geworfen. So haben uns das Augenzeugen hinterher berichtet. Diese Besucher waren nur Handlanger.« Die Ältesten aus Safis Familie versuchten, mit dem Clan der Entführer zu verhandeln, um den Cousin mit Geld aus seiner Geiselhaft auszulösen. »Die wollten dann 200 000 US-Dollar für die Freilassung meines Cousins. Einer meiner Verwandten ist hingegangen und hat gesagt: ›Ich möchte Zhargoun sehen.‹ – ›Das geht nicht!‹, wurde ihm geantwortet. Wir sind uns sicher: Mein Cousin hat zu dem Zeitpunkt wohl schon nicht mehr gelebt.«

Keinerlei Familie – und keine Aussicht auf ein normales Leben: »Ende 2014 habe ich dann entschieden, dass ich weggehe. Es gibt jede Menge Telefonnummern und ich habe mir einfach einen Schleuser empfehlen lassen. 16 000 US-Dollar hat mich die Reise gekostet. Ich habe das Geld beim Schleuser in Peschawar deponiert, und dann habe ich ihn einfach nach jeder Etappe angerufen, damit er einen Teil des Geldes an die jeweiligen Schleuser vor Ort überweisen konnte. Wir nennen diese Menschen »Saraf« – sie wechseln Geld, geben kurzzeitige Kredite. Vereinbart hatte ich eigentlich einen Transfer von Afghanistan nach Holland. Das letzte Stück sollte direkt von der Türkei nach Amsterdam sein. Doch dann kam alles ganz anders.«

Die Flucht begann planmäßig. »Nach Teheran bin ich direkt geflogen. Das konnte ich noch mit meinem regulären afghanischen Pass tun. Dort haben mir die Schleuser dann neue Papiere gegeben: einen iranischen Pass. Mein Name lautete Mehdi. Von Teheran aus haben wir mit ein paar anderen Flüchtlingen aus Afghanistan und Pakistan einen ganz normalen Linienbus genommen, quer durch den Iran in Richtung Türkei. Ich erinnere mich noch, dass in diesem viele normale Passagiere gesessen haben, aber auch ein Schmuggler – ein Kurde aus dem Iran, mit dem ich ins Gespräch kam. Ich weiß noch, dass wir nach etwa 800 Kilometern an einem großen See pausiert haben, die Stadt dort heißt Urmia.«

Hinter der Grenze stieg man um in ein Auto. »Es ging weiter nach Istanbul. Wir sind nicht auf der Hauptstraße gefahren, und wir hatten klare Anweisungen für den Fall von Kontrollen: nicht sprechen, keinen Namen sagen. Und die Anweisung an mich lautete: ›Falls sie dich doch inhaftieren, tu so, als ob du ein Bengale bist!‹« Es folgten 15 Stunden Autofahrt. »In Istanbul wohnten wir in einer Wohngemeinschaft – mit Bengalen, Iranern, Pakistanis und Afghanen. »Die war natürlich völlig überfüllt. Aber wir wurden im Grunde dort gut versorgt, bekamen ausreichend zu essen. Rausgehen allerdings durften wir nicht, da die türkische Polizei sehr streng ist. Dort blieb ich etwa zwei Wochen. Dann brachen wir in einer Gruppe mit einem Wagen Richtung Griechenland auf, wurden allerdings kurz vor der Grenze festgesetzt und mussten unsere Fingerabdrücke registrieren lassen … Ich bekam eine Aufenthaltsbescheinigung, aus der hervorging, dass ich verpflichtet sei, die Türkei innerhalb eines Monats zu verlassen. Dann stand ich wieder auf der Straße und war frei. Ich habe mich die ganze Zeit konsequent als Flüchtling aus Bangladesch ausgegeben und meinen echten Namen nicht gesagt. Ich bin natürlich sofort wieder zurück nach Istanbul, denn nur von da aus kommt man weiter. Dort wurde mir dann auch gesagt, dass es mit einem Direktflug nach Holland nicht klappen kann – inzwischen hätten sich die Kontrollen am Flughafen so verstärkt, dass ich die Papiere dafür nicht bekommen würde.« Safi telefonierte sofort wieder, um seine Reise fortzusetzen und endlich aus der Sackgasse Istanbul wegzukommen. »Man weiß, wo man in Istanbul Schleuser findet. Dort verdienen viele ihr Geld damit. Und bei meinem nächsten Versuch hat es dann geklappt und wir kamen bis Thessaloniki.«

Fahrt im Lastwagen nach Rom

Von Griechenland aus ging Safis Reise ohne Unterbrechung nach Italien weiter. »Mit 15 Leuten bestiegen wir einen Gemüselaster. Da gab es eine Art eingebauten Schrank, so einen Kasten, in dem wir knapp Platz fanden. Er hatte perforierte Wände, sodass Luft hineinkam. Wir mussten alle unsere SIM-Karten aus unseren Handys rausnehmen und die Uhren ausstellen. Es war sehr warm und sehr stickig. Es waren auch Familien mit kleinen Kindern dabei. Wir fuhren stundenlang in diesem Laster. Sehen konnten wir natürlich nichts, doch man spürte es, als der Laster auf die große Fähre gefahren ist. Dort wurden alle Lastwagen kontrolliert. Ich habe gemerkt, dass auch Hunde unseren Wagen kontrolliert haben. Wir hatten klare Ansagen: Nicht sprechen, nicht rühren, damit niemand auf uns aufmerksam wird. Und es ging gut. Irgendwo vor Rom hat man uns dann aussteigen lassen und wir standen im Nirgendwo.«

In einem etwas größeren Kühlwagen erstickten 71 Menschen Anfang September 2015 auf der A5, gerade einmal 50 Kilometer vor Wien. Der Lkw wurde von den Schleusern einfach stehen gelassen.

»Die italienische Polizei hat uns aufgegriffen. Sie waren sehr unfreundlich. Wir kamen in ein Auffanglager. Dort wurde ich sehr krank. Mein ganzer Körper war geschwollen. Einer der Ärzte sagte, es handle sich um eine Krebserkrankung und gab mir ein paar Medikamente. Der Arzt sagte zu mir: ›Dich können wir nicht hierbehalten, denn wir können dich nicht behandeln. Du musst woanders in Behandlung.‹ So durfte ich das Lager verlassen, zusammen mit einer Frau aus dem Iran mit ihrem Kind. Sie hustete sich die Seele aus dem Leib und war ganz abgemagert – schwerkrank und schwach. Mit ihr bin ich dann bis Rom gekommen. Sie wollte dort auf ihren Mann warten. Ich frage mich oft, ob sie überhaupt noch lebt.« Irgendwann hat sie in Rom zu mir gesagt, dass ihr Mann am Bahnhof ankommen werde, und dass sie dort auf ihn warten werde. Dann war sie weg. Ich selbst bin dann mit dem Zug nach Deutschland weitergefahren.

Hier in Berlin kümmert sich Safi um neue Flüchtlinge. Er, der erst seit etwas mehr als einem halben Jahr in Deutschland ist, hilft den Neuen beim Ankommen und beim Verstehen des deutschen Alltags. Aufmerksam verfolgt er zugleich auch von Berlin aus, was zu Hause passiert. »Afghanistan bleibt meine Heimat. Meine Familie hat noch ein Haus in Kabul. Doch ich weiß nicht, ob ich je wieder zurückkehren kann.«

Gut sieht es nicht aus: Ende September brachten 2000 Kämpfer der Taliban Kundus unter ihre Kontrolle und hissten auf dem Platz im Zentrum ihre Flagge. Sie brachten mehrere Regierungsgebäude der Provinzhauptstadt in ihre Gewalt, darunter das Krankenhaus, das mit deutscher Hilfe saniert worden war. Tausende Menschen seien vor der Gewalt auf der Flucht, meldete die UNO. Ein deutliches Zeichen für das Erstarken der Taliban und der erste große Erfolg für sie seit ihrer Entmachtung im Jahr 2001. Wie wird sich die Situation in Afghanistan weiterentwickeln? Seit 1978 ist das Land im Krieg – das sind mehr als drei Jahrzehnte. Mehrere Generationen von Menschen kennen nur Krieg und Gewalt – wie Safi oder Sami. Das Erstarken der Taliban in den vergangenen Monaten und das Fehlen eines Staates, der Menschen wie Safi und seine Familie vor Willkür, Blutrache und gezielten Morden schützt, wird in den kommenden Jahren Hunderttausende weitere Menschen in die Flucht treiben. Ein Teufelskreis aus Gewalt, Rechtlosigkeit und religiösem Extremismus, dem täglich Menschen zum Opfer fallen.

3 »Holt uns nach, wenn ihr in Deutschland angekommen seid!« – syrische Eltern schicken ihre Kinder auf die Flucht

Mohammed Hussein wurde von seinen Eltern auf die Reise geschickt. »Meine Familie war schon vor mehr als zwei Jahren aus Syrien geflohen. Meine Eltern leben mit meinen jüngeren Geschwistern heute in der Türkei. Und sie haben entschieden: Du hast hier keine Perspektive. Kannst nicht studieren und die Sprache kannst du auch nicht. Da ist es besser, wenn du gehst.«

Die Hälfte aller Flüchtlinge, die in Deutschland im September 2015 aufgenommen wurden, kommen aus Syrien – etwa 70 000. Auch der 16-jährige Mohammed, palästinensischer Herkunft, gehört dazu. Seine Heimatstadt ist Muzayrib, eine Kreisstadt in der Nähe der Stadt Dar'a im Süden Syriens. »Meine Familie ist sehr groß. Wir sind zu Hause acht Geschwister. Drei Jungs, fünf Mädchen.« Das Auskommen der Familie zu sichern, muss ein Kraftakt gewesen sein. »Mein Vater arbeitete als Taxifahrer. Meistens transportierte er Waren durch die Region.« Trotzdem konnte Mohammed als ältester Sohn neun Jahre zur Schule gehen. 2012 hatte das Leben der Familie im Süden Syriens ein Ende. Wie für viele andere in der Region.

Denn hier, in der unweit von Mohammeds Wohnort gelegenen 80 000-Einwohner-Stadt Dar'a begannen im März 2011 die Proteste gegen das Regime von Assad. Von hier aus eroberten die Rebellen gegen Assad die Stadt und zahlreiche Gebiete in der Umgebung. Panzer, Raketen, Kampfjets und Fassbomben waren und sind die Antwort Assads. Hier in der Provinz Dar'a sind die islamistischen Kämpfer der Al-Nusra-Front und die gemäßigten Rebellen der Freien Syrischen Armee (FSA) zu Hause, die hier auch auf die Unterstützung der Bevölkerung zählen können. Das ist bis heute so – trotz der anhaltenden Gegenangriffe der Assad-Armee. Warum die Proteste in Dar'a begannen? Hier fühlten sich die Menschen im Jahr 2011 betrogen und bevormundet durch den

Geheimdienstchef Atef Najib, Assads Cousin und dessen Statthalter im Süden. Es ging ihnen so wie vielen anderen Menschen in der Region. In Ägypten protestierten am 28. Januar 2011 in Kairo und anderen großen Städten wütende Demonstranten gegen das Regime von Präsident Mubarak. Er trat daraufhin am 11. Februar zurück. Mitte Januar hatte der Volksaufstand in Tunesien den tunesischen Präsidenten Ben Ali nach 23 Regierungsjahren in die Flucht getrieben. In beiden Ländern richtete sich der Zorn gegen Korruption und Vetternwirtschaft. Massenhaft lehnten sich die Völker der arabischen Länder gegen ihre Regierungen auf. Sie stritten für bessere Lebensbedingungen und Perspektiven für die verarmte und entmündigte Mehrheit der Menschen.

Der politische Umbruch in der arabischen Welt wirkte sich auch auf Syrien aus: Hier begannen die Proteste gegen Präsident Baschar al-Assad am 15. März 2011. Drei Tage später, am 18. März, zogen auch die Menschen in Dar'a protestierend durch die Straßen. Viele von ihnen wurden erschossen. Ihre Beerdigung löste die nächsten Demonstrationen aus.

Ausnahmezustand ohne Ende

Seit fast fünf Jahren leben die Syrer im Ausnahmezustand – und es sieht nicht danach aus, dass dieser bald enden würde. Assad geht mit einer Politik der verbrannten Erde gegen Zivilisten und Opposition vor, setzt Streubomben ein. Dazu gehört auch, dass seine Armee seit Beginn des Krieges gezielt die Infrastruktur ganzer Regionen zerstört – eine Taktik, die inzwischen längst von beiden Seiten als Waffe im Krieg genutzt wird.

Vier Millionen Syrer vertrieb der Krieg ins Ausland – und auch wenn Syrien das Land ist, aus dem aktuell die meisten Flüchtlinge nach Deutschland kommen, so nehmen andere Länder weit mehr syrische Flüchtlinge auf: Mehr als zwei Millionen Syrer sind in der Türkei, mehr als 600 000 leben in Jordanien, 250 000 im Irak und 132 000 in Ägypten. Der kleine Libanon hat – im Verhältnis zu den 4,6 Millionen Einwohnern des Landes – die meisten Syrer aufgenommen: 1,2 Millionen Menschen flohen in das Land. Wo

der syrische Staat zerfällt, erodiert oder aufgibt, machen sich Islamisten breit – angelockt vom syrischen Staatszerfall und durch
Unterstützung insbesondere von Katar, Saudi-Arabien und der Türkei kommen seit 2013 Al-Qaida-Gruppen ins Land. Heute sind IS
und die Nusra-Front die mächtigsten unter den Assad-Gegnern.
Sie kontrollieren große Gebiete Syriens.

Mohammeds Familie entschied sich Anfang 2012, Syrien zu verlassen. Es war eine Flucht in mehreren Etappen.»Damals waren
wir in Sorge, dass der Krieg auch unseren Wohnort erreichen würde. Es gab Gerüchte, dass die syrische Armee in Kürze auch unseren Ort beschießen würde.« Die Eltern gingen mit den kleineren
Geschwistern in den Libanon. Mohammed ging erst einmal nicht
mit, sondern blieb bei den Großeltern in Syrien.»Das war auch
für meine Eltern einfacher, die meine vielen Geschwister versorgen mussten. Meine Großeltern konnten mich leicht versorgen,
denn sie bekamen die Unterstützung meines Onkels, der in Großbritannien Arbeit hat.« Nach ein paar Monaten und weiteren Angriffen der Regierungstruppen auf die Region entschieden auch
die Großeltern von Mohammed, dem Rest der Familie zu folgen.
»In der Türkei sollte sich unsere ganze Familie wieder treffen.«

Vor mehr als 60 Jahren war Mohammeds Familie schon einmal
geflohen: Die Gewalt des ersten arabisch-israelischen Krieges
trieb sie nach Syrien, um sich hier in Sicherheit zu bringen. Am
Ende dieses Krieges 1949 hatte Israel feste Grenzen – und die
schlossen auch drei Viertel des palästinensischen Gebiets ein.
Die palästinensische Gesellschaft brach auseinander – wurde von
israelischen Kräften vertrieben oder floh aus Angst vor den Kämpfen. Im Laufe des Krieges floh jeder zweite arabische Bewohner –
zehn Prozent gingen nach Syrien. Im Jahr 2011 war es mit dieser
Sicherheit vorbei.

Die Türkei bietet den mehr als zwei Millionen Flüchtlingen aus
dem Nachbarland zwar eine gewisse Sicherheit. Doch die Flüchtlingslager und die türkische Verwaltung sind aufgrund des An-
sturms überfordert.

Die Kontrollen sind lückenhaft, die Auffanglager überfüllt. Auch Mohammeds Familie lebte zeitweise in einer solchen Erstaufnahmeeinrichtung. »Alles ist besser, als in einem Land zu bleiben, in dem Krieg herrscht. Und es ist völlig üblich und einfach, von Syrien in die Türkei zu kommen und jemanden zu finden, der für dich die Reise in Richtung Europa organisieren kann«, erzählt Mohammed. »In jeder noch so kleinen Stadt in Syrien gibt es Schleuser. Manchmal sind es Nachbarn, von denen man weiß, dass sie einen direkten Kontakt haben. Du bekommst eine Telefonnummer, und du sagst: ›Wir müssen in die Türkei!‹ Das ist eine ganz einfache Sache.«

Zwischenziel Türkei: in Sicherheit und in Schwierigkeiten

Mersin, die große türkische Hafenstadt am Mittelmeer, war das Ziel. »Ich selbst bin mit meinem Onkel aufgebrochen. Der ist 30 Jahre alt. Den ersten Teil der Strecke sind wir in einem Lastwagen mitgefahren, später dann in ein Sammeltaxi umgestiegen. Es ging zunächst nach Deir-al-Zor und dann nach Al-Bab, das ist eine mittelgroße Stadt nordöstlich von Aleppo, und dann weiter bis zur türkischen Grenze. Und dann ging es nach Mersin. Wir haben die türkische Grenze passiert. Kontrollen gab es damals nicht!« Die Großeltern waren ebenfalls in Mersin angekommen. »Dort traf sich unsere Familie wieder. Wir waren nun zwar in Sicherheit, doch auch in Schwierigkeiten. Allein eine Wohnung zu finden war schwierig und sehr teuer – das kostet dort 750 Lira, etwa 250 Euro.« Es ist den Flüchtlingen nicht erlaubt, in der Türkei Arbeit zu suchen. So arbeiten sie häufig illegal – auf dem Bau oder in der Landwirtschaft. Es waren deshalb auch wirtschaftliche Gründe, weshalb seine Familie ihn aufforderte zu gehen. »Geh nach Deutschland! Immerhin hast du dort Verwandte. Und dann haben sie mir 4000 Euro in bar gegeben.«

Viel Geld für einen 16-Jährigen. Mohammed gibt sich sehr erwachsen: »Meine Familie hat mir das zugetraut. Sie hat Vertrauen in mich.« Von seinem Onkel wurde er nach Izmir gebracht. Er wohnte vier Tage in einem billigen Hotel, während der Onkel nach einem geeigneten Schleuser suchte, der die Reise nach Europa organisieren könnte. Schließlich hatte er Erfolg.

Gemeinsam mit einer Reihe anderer syrischer Jungs brach Mohammed auf und bestieg ein Schlauchboot. »Auf unserem Schlauchboot waren nicht nur Syrer, sondern auch Afrikaner. Und wir waren viel zu viele. Eigentlich war das Boot vielleicht für zwei Dutzend Passagiere – aber es wurde mit insgesamt 60 Leuten beladen.«

Mohammed kauert sich hin, um mir zu zeigen, wie er die Überfahrt überstand: die Beine angezogen, den Kopf gesenkt, um möglichst wenig Platz in Anspruch zu nehmen. »Keiner durfte sich bewegen. Was mir durch den Kopf ging? *Inshaallah!* – so Gott will, werde ich gesund in Europa ankommen. Es war sehr eng, aber ich hatte nicht wirklich Angst, dass das Boot kentert. *Alhamdulillah!* Gott sei Dank ist das nicht passiert! Es war eine ruhige Überfahrt. Außerdem kann ich schwimmen. In der Mitte des Bootes saßen die Frauen und Kinder. Unser Kapitän war ein Algerier. Er telefonierte während der ganzen Überfahrt mit dem Schleuser auf dem Land, um seine Route zu halten. Und nach drei Stunden kamen wir auf Kos an.« Dort brachte sich die Gruppe in einer Kirche in Sicherheit. »Aber irgendjemand hat die Polizei gerufen. Und die kamen und nahmen unsere Fingerabdrücke. Sie fragten nach unseren Namen – ich wusste durch meinen Schleuser, dass es besser war, mein Alter mit 18 Jahren anzugeben. Dadurch konnte ich mich weiter frei bewegen, Minderjährige werden wohl sofort festgenommen. Ich gab an, dass ich Syrer bin, denn ich hatte natürlich keine Papiere mehr, aus denen meine palästinensische Herkunft hervorging. Meinen Ausweis hatte ich gar nicht erst mitgenommen.« Mit anderen Jugendlichen aus Syrien checkte Mohammed auf einer Fähre ein. »Dafür haben wir uns ganz normale Tickets gekauft. Unser Ziel war Athen, und wir wussten, dass dort ein anderer Schleuser auf uns warten würde. Das war bereits zuvor organisiert. Erwartet hat uns dann ein afghanischer Schleuser – der wechselte seinen Namen ungefähr so oft wie andere die Kleidung. Die meiste Zeit hieß er Mansour.«

Ob sich bei ihm Erleichterung eingestellt hat, seitdem er auf europäischem Boden war?«»Nein, denn von Deutschland ist auch Griechenland noch sehr weit weg. Mein Gefühl war eher: Du hast hier die erste Etappe geschafft, das war erst der erste Schritt. Aber es ist immer noch ein langer Weg!« Es wurde ein sehr langer Weg, 500 Kilometer, meist zu Fuß, vom Norden Griechenlands durch Mazedonien bis zur mazedonisch-serbischen Grenze:»Wir sind Tag und Nacht gelaufen. Es ist nicht leicht, sich genau zu erinnern, wie lange es gedauert hat, aber ich würde sagen, es waren acht Tage und acht Nächte. Wir sind den ganzen Tag über gelaufen, natürlich nicht auf der Straße, um nicht aufzufallen. Und nachts, so gegen 23 Uhr, wurden die Schlafsäcke ausgerollt und wir haben im Freien geschlafen. Das war sehr anstrengend.« An der serbischen Grenze zu Mazedonien ließ der Afghane sie allein:»Aber er gab uns sehr klare Anweisungen: ›Wendet euch in Serbien hinter der Grenze direkt an die Polizei, damit ihr Papiere erhaltet!‹«

Serbien –»Das war ein Glück für uns, denn nachdem wir die mazedonische Grenze zu Serbien passiert haben, konnten wir einen Scheich kontaktieren, dessen Telefonnummer wir über Bekannte bekommen hatten. In dessen Moschee konnten wir vier Nächte bleiben.«

Besser in der Gruppe als alleine

Weiter ging es mit dem Zug nach Belgrad. Von hier, der serbischen Hauptstadt aus, sind es 170 Kilometer bis an die Grenze zu Ungarn.»In Belgrad gab es eigentlich kein großes Problem, wir waren eine Gruppe von sechs jungen Leuten und wurden in Ruhe gelassen.« In Serbien gilt für den Umgang mit den Flüchtlingen, was Regierungschef Alexandar Vucic oft betont:»Wir haben es mit verzweifelten Menschen zu tun, nicht mit Terroristen und Kriminellen. Sie brauchen Hilfe, nicht Verurteilung und Bestrafung!«

Der Umgang mit den Flüchtlingen in den beiden Nachbarländern kann unterschiedlicher kaum sein: Das Nicht-EU-Mitgliedsland

Serbien reagiert hilfsbereit auf die Migranten, während der ungarische Premier Viktor Orban vor einer Invasion warnt. Wer in Ungarn einen Flüchtling bei sich beherbergt oder ihm in sonstiger Weise hilft, soll bestraft werden.

»Es ist gut, wenn du in einer Gruppe unterwegs bist. Von uns sechs hatte immer einer eine Idee, wie es weitergehen kann. Irgendjemand hatte immer einen Kontakt, der weiterhalf. So fanden wir auch in Belgrad eine billige Unterkunft.«

Und später in Budapest einen Fluchthelfer, der ihnen ein billiges Hotel empfehlen konnte, in dem die Polizei sie nicht aufgreifen würde. »Unser wichtigstes Ziel war, bloß keinen Einreisestempel in Ungarn zu bekommen. Denn das bedeutet, dass dies das erste Land in Europa ist, in das wir eingereist sind. Ich wollte auf keinen Fall einen Stempel bekommen, auf dem Ungarn als Einreiseland in Europa steht. Denn das hätte bedeutet, dass ich dort bleiben muss oder von Deutschland dorthin zurückgeschickt werde.«

Das wollte Mohammed um jeden Preis vermeiden, denn in Ungarn werden die meisten Flüchtlinge abgewiesen. Bezogen auf die Gesamteinwohnerzahl war Ungarn – neben Malta – mit knapp 19 000 Asylanträgen 2013 das EU-Grenzland mit den meisten Asylbewerbern ... 2014 war Ungarn mit 2,9 Asylanträgen auf 1000 Einwohner nach Schweden das Land mit den meisten Asylanträgen in der EU. Im ersten Halbjahr 2015 stieg diese Zahl weiter an – auf rund 70 000 Anträge. Menschen aus Syrien, Afghanistan, dem Irak – aber auch viele Wirtschaftsflüchtlinge aus den Balkanländern – waren darunter. Die meisten von ihnen werden jedoch abgewiesen. 2014 wurde nur noch ein Prozent der Asylanträge in Ungarn positiv beschieden – hier war Ungarn das Schlusslicht in Europa. Ohnehin verlässt die Hälfte aller Antragsteller das Land, bevor ihr Antrag überhaupt bearbeitet ist. Das Ziel der Flüchtlinge in Ungarn ist nicht Ungarn – sondern in vielen Fällen Deutschland. Und die ungarische Regierung tut alles, damit das so bleibt: Seit August 2015 werden Wirtschaftsflüchtlinge in Eilverfahren binnen 14 Tagen wieder abgeschoben. Asylbewerber müssen während ihres Asylverfahrens manchmal über mehrere Monate in haftähnlichen Bedingungen leben. Entlang der 175 km langen Grenze zu Serbien haben die Ungarn einen Zaun gebaut, der Flüchtlinge abwehren soll. Ohnehin muss, wer illegal ins Land kommt, mit bis zu drei Jahren Haftstrafe rechnen.

Fast wäre Mohammeds Vorhaben schiefgegangen. »Wir waren mit unserer kleinen Gruppe in einem Reisebus bis Kanjiža gefahren, das unmittelbar vor der Grenze zu Ungarn liegt. Unsere Schleuser teilten die vielen Menschen, die dort warteten, in größere Gruppen ein. Zu der Gruppe, mit der ich mich auf den Weg in Richtung ungarische Grenze machte, gehörten 23 Leute. Insgesamt musst du etwa siebeneinhalb Stunden zu Fuß gehen. Wir haben uns anhand des GPS auf unseren Handys orientiert. Und plötzlich kam uns ein Polizistenpaar entgegen. Sie kamen uns auf dem Weg genau entgegen. Wir liefen ihnen sozusagen in die Arme. Meine Güte, die waren sehr unfreundlich, wollten zunächst von uns allen die Personalien aufnehmen. Das Verhandeln hat einige Zeit gedauert, doch am Ende war es nicht so schwierig. Jeder von uns gab ihnen 20 Euro und dann sind sie abgezogen.«

Mit dem Kunden Flüchtling lässt sich Geld verdienen

Bei 23 Personen haben die zwei Polizisten auf Streife also auf die Schnelle 460 Euro eingenommen. An den Migrantenströmen, die sich durch Europa ziehen, verdienen viele mit – nicht nur diese serbischen Polizisten, die den ungeplanten Zuverdienst gerne annahmen. Im Unterschied zur Drogenkriminalität ist das Schleusergeschäft eines, an dem sich nicht nur einige wenige, sondern viele bereichern – von korrupten Polizisten und Grenzbeamten bis zu Bus- und Speditionsunternehmen oder den Taxifahrern an der ungarischen Grenze. Bis heute ist Mohammed erstaunt, welches Geschäft dort gemacht wird:
»An der ungarischen Grenze warteten auf uns jede Menge Taxis. Flüchtlinge zahlen horrende Preise für eine kurze Strecke. Für die Fahrt nach Budapest, die etwa zwei Stunden dauert, soll-

te jeder der Fahrgäste 100 Euro zahlen. Das sind bei einem vollen Taxi 400 Euro! Ein stattlicher Preis für ein Land, in dem Taxifahrten wirklich billig sind.«

Von den 4000 Euro, die Mohammeds Familie in seine Flucht investiert hatte, war nicht mehr viel übrig. »Die restlichen 700 Euro musste ich für die weitere Strecke bis nach Bayern aufwenden. Als ich die Grenze nach Deutschland überschritt, hatte ich gerade noch 100 Euro.«

Mohammed reiste direkt nach Berlin, weil er hier einen Onkel hat und andere entfernte Verwandte. Gute Gründe sprachen für Deutschland: »Kein anderes europäisches Land kam für uns infrage. Und ich bin mir sicher, hier kann ich Architektur studieren oder Ingenieur werden. Das ist mein Ziel!«

»Syrien ist zur großen Tragödie dieses Jahrhunderts geworden, einer empörenden humanitären Katastrophe«, betonte Flüchtlingskommissar António Guterres. Seit 2011 herrscht dort Bürgerkrieg. 220 000 Menschen wurden getötet. Über vier Millionen Syrerinnen und Syrer haben ihr Land verlassen. Auch von den minderjährigen Flüchtlingen in Deutschland kommen die meisten aus Syrien.

Viele Syrer wollen nach Deutschland. Rund 310 000 sind nach Europa geflüchtet, mehr als ein Drittel davon nach Deutschland, wohin es inzwischen viele Verbindungen gibt, weil viele syrische Familien bereits Familienangehörige hier haben. Mehr als 160 000 syrische Bürger leben in Deutschland. Für die Familien meiner Gesprächspartner war Deutschland das erste Ziel – nicht zuletzt, weil in Syrien wie ein Lauffeuer bekannt wurde, dass Flüchtlinge aus Syrien in Deutschland nicht abgeschoben werden.

Ammar aus Aleppo

Wie Mohammed stammt auch Ammar aus einer palästinensischen Familie, die Ende der Sechzigerjahre vor dem Nahost-Konflikt in das damals friedliche Syrien geflohen war und sich dort eine Existenz aufgebaut hat. Und wie bei Mohammed war auch für Ammar Deutschland von Anfang an das Ziel seiner Flucht. Ammar will Mathematik studieren. Er stammt aus Hanano, einem Stadtteil von Aleppo. Das Haus seiner Familie liegt direkt auf der Frontlinie zwischen den im Westen gelegenen und durch die Regierungstruppen kontrollierten Stadtteilen – und denen der Rebellen. »Unser Haus wurde schon früh durch den Krieg zerstört, da konnten wir nicht bleiben.«

2012 kam der Krieg nach Aleppo. Die zweitgrößte Stadt Syriens, Wirtschaftszentrum und kulturelle Metropole einer ganzen Region. Sie war und ist von strategischer und auch symbolischer Bedeutung – sowohl für die Regierungstruppen als auch für die Rebellen, welche die Stadt als Geisel nahmen. 2010 zählte man hier noch 2,5 Millionen Einwohner. Inzwischen sind weite Teile der Stadt entvölkert und zerstört. Häuser stehen leer, weil die schweren Kämpfe ein Leben dort unmöglich machen. In Aleppo wird deutlich, dass sich der Krieg gegen die ganze Bevölkerung im Land richtet. Dutzende Fassbomben – Fässer voll mit Benzin und Sprengstoff – werden von Hubschraubern über der Stadt abgeworfen. Manchmal zwei oder drei Mal stündlich, Tag und Nacht. Schutz gibt es keinen, denn die Häuser sind nicht unterkellert. Heckenschützen nehmen auch Kinder und Jugendliche ins Visier. Als am 2. September 2015 das Bild des dreijährigen Aylan Kurdi, der mit seinem Bruder und seiner Mutter beim Fluchtversuch vor der türkischen Küste ertrank, weltweit für einen Aufschrei sorgte, starb in Syrien auch der achtjährige Abdul Rahman Nasr Allah. Er war Opfer eines Angriffs der syrischen Luftwaffe auf die Stadt Duma. Sein Tod machte keine Schlagzeilen. Abdul war nur eines von unzähligen Opfern unter Kindern und Jugendlichen in diesem Krieg. Von Abdul Rahman zeugt nur ein Eintrag in der Statistik des Violation Documentation Center, einer syrischen Menschenrechtsorganisation. »Wenn die Staatschefs der Welt es nicht schaffen, diese Kinder zu retten«, twitterte kürzlich ein Aktivist aus Aleppo, »sollten sie sich besser einen anderen Planeten zum Regieren suchen.«[17]

---

17 Zitiert nach: Andrea Böhm »Mit Bomben und Chlorgas« http://www.zeit.de/

Ammar ist wie Mohammed Teil einer kleinen Gruppe von jungen Syrern, die nach ihrer Ankunft in Berlin miteinander Freundschaft geschlossen haben. Er war bis kurz vor seinem Abitur in Syrien. Neun Jahre Schule haben aus ihm einen wendigen und selbstbewussten jungen Mann gemacht, der seine Anliegen eloquent und lebendig vertritt. Der 17-Jährige ist um Wörter nicht verlegen: »Drei Brüder von mir sind in der Türkei. Das hatten meine Eltern schon 2012 entschieden, damit sie in Sicherheit sind. Mein Weg nach Deutschland war der gleiche wie der von Mohammed. 3000 Euro hat mich das gekostet.«

In Aleppo gibt es keinen Schutz – weder vor den Scharfschützen noch vor den Bomben von oben. Und auch die Versorgung mit Lebensmitteln ist fast nicht möglich, da die Rebellen Schutzgebühren verlangen, wenn man in den Westteil der Stadt will. Über Monate haben sie so den Westen der Stadt abgeriegelt, um den Druck auf die syrische Armee zu erhöhen. In der Stadt sind inzwischen nur noch die Ärmsten der Armen übrig geblieben. Zu ihnen zählte auch die Familie von Ahmad Chaed, der mein Gespräch mit Mohammed und Ammar aufmerksam und schweigend verfolgt hat. Im Unterschied zu seinen Freunden, deren Familien aus Palästina stammen, lebt Ahmads Familie schon seit mehreren Generationen in Aleppo. Und im Gegensatz zu ihnen konnte Ahmad die Schule nur kurz besuchen, denn das Geld der Familie reichte nicht, der Junge musste dazuverdienen. Arbeiten, nicht lernen.

Ahmad kann nicht lesen und schreiben

»Ich musste meiner Mutter immer helfen und in jungen Jahren anfangen zu arbeiten, denn mein Vater starb schon früh und ich habe noch zwei Geschwister. In Aleppo habe ich Wagen repariert, Kinderwagen, Karren, Fahrräder – oder ich fand Arbeit auf dem Markt als Träger oder Packer.« Ahmad ist ein geduldiger,

2015/37/buergerkrieg-in-syrien-islamischer-staat-baschar-al-assad-fluechtlinge, 10.09.2015 ernster Junge. Er wirkt erwachsener, aber auch stiller und weniger wendig als die beiden anderen. Man merkt dem blonden 17-Jährigen, der auch etwas älter sein könnte, an, dass er schon früh Verantwortung trug für seine Mutter und die Geschwister. Und dass er diese Verantwortung auch hier in der Ferne noch spürt. Seine Hände sind immer in Bewegung – sie waren sein Arbeitswerkzeug in Syrien.

Während seine Freunde zuversichtlich in die Zukunft blicken, und selbstbewusst davon ausgehen, dass sie vieles mitbringen, das ihnen beim Leben in Deutschland helfen wird, wirkt Ahmad da sehr viel zurückhaltender und unsicherer. Englisch spricht er nicht. Er hat die Schule nur knapp drei Jahre besucht.

»Das Haus meiner Familie liegt unweit der Zitadelle von Aleppo, und damit an der Frontlinie. Irgendwann hat meine Mutter für mich entschieden, dass das so nicht weitergeht. Sie war da fest entschlossen. Ihr Urteil war für mich entscheidend. Darüber habe ich gar nicht lange nachgedacht, ich verehre meine Mutter sehr und sie hat bestimmt recht. Sie hat sich dann von unserer Verwandtschaft Geld geliehen, um meine Flucht zu finanzieren. Alles in allem bekam sie 1900 Euro zusammen, mehr nicht. Aber mit dieser Summe habe ich es in 25 Tagen nach Deutschland geschafft.«

Ahmad nahm dieselbe Route wie Ammar und Mohammed, über Griechenland nach Deutschland. »Weil ich nicht so viel Geld hatte, musste ich natürlich immer wieder verhandeln. In Ungarn hatte ich Sorge, dass ich scheitern würde, denn dort musste ich meine Fingerabdrücke hinterlassen. Also habe ich mich dagegen entschieden, mich einfach in einen Zug zu setzen, sondern einen Schleuser gesucht, der ständig Flüchtlinge mit dem Auto bis nach München bringt. Der wollte ursprünglich 500 Euro für diese Passage, aber das konnte ich nicht bezahlen. So habe ich ihn gefragt: ›Wenn ich Ihnen drei oder vier Leute bringe – was zahle ich dann?‹ Also sind wir dann schließlich bei 300 Euro gelandet. Und das war immer noch ein gutes Geschäft für ihn.«

Während alle seine syrischen Freunde hier in Berlin ein Handy haben, hat Ahmad keins. Weil er kein Geld dafür hat vielleicht. Doch er dürfte auch Schwierigkeiten haben, die Tastatur richtig zu bedienen. Denn: Ahmad hat nie wirklich Lesen und

Schreiben gelernt ... Wenn er Deutsch lernt, dann wird er ganz woanders anfangen müssen als Ammar oder Mohammed.

Es sind ungleiche Voraussetzungen, die die drei mitbringen. Ihre Chancen werden unterschiedlich sein – und es ist bereits in den Gesprächen erkennbar, dass Ahmad vor viel größeren Anstrengungen steht als seine Freunde, um sprachlich und sozial in Deutschland anzukommen. Gemeinsam ist den drei ungleichen syrischen Jungs der Auftrag, den ihre Familien ihnen mitgaben: »Holt uns nach, wenn ihr könnt.«

4 »Ich will Arzt werden und dann zurück nach Syrien« – Mohammed aus Idlib

Mohammed wäre heute Student in Deutschland – wenn nicht der Krieg nach Syrien gekommen wäre. »Mein Plan war es, parallel zum Abitur in Syrien Deutsch zu lernen, um dann hierherzukommen und Medizin zu studieren.« So hat es Mohammeds großer Bruder schon vor Jahren gemacht. »Allah ist 23 und studiert seit fünf Jahren Medizin in Mainz.« Nach Deutschland kam er mit einem regulären Visum. Dann kam der Krieg nach Syrien und machte Mohammeds Plan zunichte, es so zu machen wie sein großer Bruder. »Unsere Familie verließ Idlib, als die Rebellen von Jaish al-Fatah, einer Allianz islamistischer und terroristischer Gruppen wie Ahrar ash-Sham, Al-Nusra-Front und Jund al-Aqsa, die Stadt einnahmen. Das war im März 2015.«

Seit gerade einmal 40 Tagen ist der 17-Jährige nun in der Notunterkunft bei Ingelheim in Rheinland-Pfalz. Aufgebrochen war er im syrischen Sommer – angekommen ist er im September in Deutschland – und gefühlt im Winter: »Ich bin in kurzen Hosen und T-Shirt angekommen, ich hatte alle meine Klamotten zurückgelassen. Es war so kalt, als ich kam!« Es schaudert ihn immer noch. Und auch sonst ist ihm vieles fremd. »Obwohl mir mein älterer Bruder viel erzählt hat über Deutschland«. Er ist ständig mit ihm in Kontakt. »Er hilft mir dabei, mich hier zurechtzufinden!« Doch Zuhause nennt Mohammed seine neue Umgebung nicht: »Das ist da, wo meine Familie ist. Du kannst dich nicht an einem Ort zu Hause fühlen, wo sie nicht ist.« Die Familie, das sind Mohammeds Eltern, zwei Brüder und zwei Schwestern. Mohammed ist der mittlere, die ältere Schwester Dima schon verheiratet. Mohammeds Vater ist Richter gewesen. Er stammt aus Idlib. Mohammeds Mutter, die als Lehrerin für Chemie und Physik arbeitet, stammt ursprünglich aus Aleppo.

Wechselnde Allianzen – das Opfer ist das syrische Volk

»Am 26. März griff die islamistische Rebellenallianz Jaish al-Fatah Idlib an, das bis dahin von Assads Armee gehalten worden war – und in der Nacht vom 28. auf den 29. März nahmen die Rebellen das Zentrum unserer Stadt ein. Es ist schwer zu sagen, welche Rebellen es eigentlich waren. Für mich ist das kaum genau auszumachen, denn da gibt es wechselnde und immer neue Allianzen. Es gibt inzwischen so viele Gruppierungen bei uns in Syrien.«

Die Rebellen gegen Präsident Baschar al-Assad bestehen aus Dutzenden unterschiedlichen Milizen – moderaten wie radikalen. Sie sind mit dem Regime und dem IS verfeindet. Das gilt auch für eine der stärksten Gruppen, die Al-Nusra-Front, einen Ableger des Terrornetzwerks Al-Qaida. Die moderaten Gruppen zählen sich zur Freien Syrischen Armee (FSA). Die Terrormiliz »Islamischer Staat« ist inzwischen jedoch die stärkste Kraft im Land und kontrolliert im Norden und Osten riesige Gebiete und 80 Prozent der Öl- und Gasreserven Syriens.

Wenn Mohammed von den Islamisten des IS spricht, dann nennt er sie DAISH – dies ähnelt dem arabischen Wort für niedertrampeln. So steht der Begriff auch für die beispiellose Zerstörung, die der IS in Syrien anrichtet. Die in den westlichen Medien oft als gemäßigt bezeichneten Rebellen der Freien Syrischen Armee (FSA) konnten bisher keine einzige syrische Großstadt kontrollieren.

Die Lage in Syrien ist nicht nur von außen schwer zu durchdringen, sondern auch für die Syrer selbst. Die Armee kontrolliert noch immer die meisten großen Städte wie Damaskus, Homs, Hama; Teile Aleppos sowie den Küstenstreifen um Latakia und Tartus. An der Seite der Regime-Anhänger kämpfen die libanesische Schiiten-Miliz Hisbollah und der Iran – und seit Ende September 2015 fliegt Russland im Auftrag des syrischen Regimes Luftangriffe.

In der Region Idlib, aus der Mohammed stammt, operiert vor allem die »Armee der Eroberung«, zu der Salafisten und Islamisten gehören.[18] Diese formierte sich wenige Tage vor den Angriffen auf Idlib. Die Organisation datiert ihr Gründungsdatum auf den 24. März 2015. Am 28. März 2015 eroberte sie die Heimatstadt von Mohammed. Und von hier aus vertrieb sie in den kommenden Monaten die regierungstreuen Assad-Truppen aus dem umliegenden Regierungsbezirk.[19] Finanziert wird diese Allianz von Saudi-Arabien und Katar. Wo die Islamisten die Macht übernehmen, da werden Schulen und Krankenhäuser geschlossen. Eine strenge Sittenpolizei überwacht das Einhalten aller muslimischen Vorschriften.

Hat man in Mohammeds Familie beraten, ob man fliehen sollte? Gab es eine Diskussion oder gemeinsame Planungen? »Nein, es war unausgesprochen klar: Wenn der Krieg auch unsere Stadt erreicht, dann werden wir gehen. Denn wir wussten ja längst, nach welchen Regeln sich der Krieg in unserem Land verbreitet. Sobald eine Region oder eine Stadt in die Hände der Rebellen fällt – und damit nicht mehr unter der Kontrolle der syrischen Regierung ist –, wird diese Stadt oder Region angegriffen mit Helikoptern und Flugzeugen. Das passiert in der Regel direkt am nächsten Tag. Genauso war es auch in Idlib. Wir haben die Stadt am Morgen des Tages verlassen, als die Rebellen unsere Stadt einnahmen. Und am nächsten Tag wurde sie beschossen.«

Die meisten von Mohammeds Schulkameraden und Nachbarn sind aus der heftig umkämpften Provinz geflohen. Mohammed hat nur noch einen Freund, der in der Region Idlib geblieben ist – Hassan. Von ihm erhält er regelmäßig Nachrichten über Facebook und WhatsApp: »Ich zeige dir, was er mir in der ver-

---

18 Die größte Gruppe der Jaish al-Fatah (Armee der Eroberung) ist die islamistisch-salafistische Bewegung »Harakat Ahrar ash-Sham al-Islamiyya«. Das bedeutet: Islamische Bewegung der freien Männer der Levante, sie wird vor allem von der Türkei unterstützt. Außerdem gehören ihr die Islamisten und Terroristen der Al-Nusra Front, Jund al-Aqsa und die Muslimbrüder an – an einigen Orten kämpft die Gruppe auch mit Teilen der Freien Syrischen Armee zusammen.

19 Idlib Governorate

gangenen Woche geschickt hat«, sagt er zu mir und sucht in seinem Handy ein aktuelles Foto heraus.

Mohammed zeigt mir ein Foto der Stadt Dschisr al-Schughur, etwa 45 Kilometer westlich von Idlib. Über der Stadt steht eine riesige Wolke aus Staub und Asche von den Einschlägen der russischen Raketen und Bomben. Mohammed sagt: »Dort sind vor wenigen Tagen 500 Menschen gestorben bei einem Angriff der russischen Flugzeuge.« Vorher lebten in der konservativen islamischen Stadt rund 40 000 überwiegend sunnitische Syrer. Die Provinz Idlib im Nordwesten Syriens gehört wie Homs, Hama und Latakia zu den Zielen der russischen Luftangriffe. »Ich sage meinem Freund immer wieder: Du musst die Stadt verlassen, das ist viel zu gefährlich. Doch er bleibt dort. Obwohl es keine Schule mehr gibt, keine Arbeit.«

Bei den Bombardements auf Dschisr al-Schughur am 1. Oktober seien rund 30 Ziele der islamistischen Miliz Dschaisch al-Fatah angegriffen worden, ließ Moskau später wissen. Die Angriffe seien mit dem syrischen Militär abgesprochen gewesen und hätten auf mehrere bekannte terroristische Gruppierungen abgezielt, erklärte der Kreml. Die Vereinten Nationen schätzen die Zahl der Vertriebenen in den umkämpften Provinzen Aleppo, Hama und Idlib seit Anfang Oktober 2015 auf mindestens 120 000. Durch die Angriffe russischer Militärflugzeuge hat sich die Lage der Menschen in der Region dramatisch verschlechtert. »Die Situation ist hoffnungslos in den überfüllten Lagern«, sagte ein Sprecher des Norwegischen Flüchtlingsrates in Amman. Aktivisten berichteten zudem von Regen und zunehmend schlechtem Wetter in Nordsyrien, Zelte der Geflohenen würden zerstört. Neben Unterkünften fehle es an Nahrung und Medizin.

»Auch vorher war im Alltag zu merken, dass das Land im Krieg steht und dass die Armee misstrauisch ist und Idlib unbedingt kontrollieren will. Bis März war das Leben für uns normal.« Was auch immer Normalität in einer syrischen Stadt, die von der Regierungsarmee kontrolliert wird, bedeutet. »Dann war überall und an jeder Ecke in unserer Stadt die Polizei zu sehen. Es gab viele

Straßenposten und Streifen. Und du weißt nie genau, was dich dort erwartet. Es kann dir passieren, dass sie dich auf der Straße anhalten und festsetzen. Dass sie dich in ein Auto packen und mitnehmen. Viele sind einfach so verschwunden – wurden verschleppt. Ohne dass ihre Familien wussten, wohin. Das kann dir ohne jeden Grund passieren. Einfach so. Mir oder irgendjemand anderem. Wenn die Soldaten der syrischen Armee ihren Spaß haben wollen, dann nehmen sie einfach Jugendliche, junge Männer mit. Die werden verprügelt, gefoltert, manchmal vergewaltigt.«

Auch Mohammed hatte unangenehme Begegnungen mit der Armee: »Meine Familie hat zuvor längere Zeit in der Stadt Benish gelebt.« Diese Stadt stand von Anfang an im Widerstand gegen Assad. »Und als die Revolution nicht mehr friedlich war, haben sich die Menschen in Benish radikalisiert und bewaffnet. Sie haben sich Rebellengruppen angeschlossen, um sich gegen die Angriffe der syrischen Armee zu wehren. »Wer aus Benish stammte, der zog deshalb bei den Straßensperren das Misstrauen der Assad-loyalen Polizei auf sich: »Wenn du in einen Straßenposten oder eine Straßenkontrolle der syrischen Armee oder Polizei geraten bist und hattest einen Ausweis, aus dem hervorging, dass du ursprünglich aus Benish stammst, dann haben die Polizisten abfällig oder aggressiv reagiert. Mir ist das öfters passiert: Sobald sie meinen Ausweis sahen, waren sie alarmiert und sehr misstrauisch. Ich hatte Glück; aber Freunden von mir ist es passiert, dass sie verprügelt wurden oder mitgenommen und geschlagen.«

Die ungleichen Regeln im syrischen Krieg

Lange hat die Familie von Mohammed dem Krieg Normalität abgetrotzt – und an ihrem Alltag in Idlib festgehalten. »Denn schließlich hatten meine Eltern dort Arbeit und meine Schwestern und ich gingen dort zur Schule.« Und solange ihre Stadt zu den von Assad kontrollierten Gebieten zählte, war ein Leben dort möglich, meint Mohammed – im Unterschied zu anderen Regionen: »Dieser Krieg hat seine eigenen Regeln. Wenn du in den Assad-Gebieten lebst, dann gibt es dort soziales Leben. Es gibt Elektrizität, Wasser. In den Regionen, die unter der Kontrolle der Rebellen stehen, ist das nicht so, und du lebst in der ständigen Angst, dass dich die Angriffe von Assads Armee treffen.«

Was das bedeutet, wissen die Syrer. Bei den Angriffen der syrischen Luftwaffe kommen auch sogenannte Fassbomben zum Einsatz – sie sind deutlich preiswerter als Raketen und verheerender in ihrer Wirkung. Die »Fässer« sind mit Sprengstoff und Benzin gefüllt, dazu kommen Nägel oder Metallstücke, gelegentlich auch noch ein Brandbeschleuniger. Sie explodieren bei ihrem Aufprall am Boden. Diese Bomben richten größtmögliche Zerstörung bei der Zivilbevölkerung an. Aktivisten in Aleppo bezeichnen die Waffen wegen ihrer verheerenden Wirkung als »Blutfässer«.

Diesem Krieg wollte Mohammeds Familie entfliehen. »Nur ein paar Stunden nachdem die Rebellen nach Idlib kamen, verließ unsere Familie die Stadt und ging zunächst zurück nach Benish. »Dort mussten wir warten, denn die Grenze in Richtung Türkei war geschlossen. Wir waren zwei Monate dort und sind dann im Mai 2015 in die Türkei gegangen. Wir hatten eine offizielle Genehmigung, in die Türkei einzureisen, und eine dauerhafte Aufenthaltsgenehmigung. Denn mein Vater hatte gute Kontakte in die Türkei. Er besitzt einiges an Land und hat Getreide verkauft – auch an türkische Geschäftspartner. Und über diese Kontakte sind wir an eine offizielle Aufenthaltsgenehmigung für die Türkei gekommen – unsere ganze Familie. Die Region Hatay mit ihrer Hauptstadt Antakya im äußersten Süden der Türkei wurde zum neuen Wohnort.

Antakya liegt gerade einmal 20 Kilometer hinter der syrischen Grenze, mehr als 60 000 Flüchtlinge leben dort. Hatay gehörte bis Ende der 1930er-Jahre zum französischen Protektorat Syrien – viele der Einwohner sind Alawiten und gehören derselben Glaubensgemeinschaft an wie der syrische Präsident Baschar al-Assad. Sie leben hier seit langer Zeit zusammen mit sunnitischen Muslimen. Sunniten und Alawiten mit türkischen, teilweise mit arabischen Wurzeln, Armenier, Juden und Christen. Doch unter dem Ansturm der syrischen Flüchtlinge wird auch hier die Toleranz überstrapaziert – es sind nicht nur Tausende in der Stadt, sondern Zehntausende in den Lagern, die vom türkischen Halbmond zwischen Antakya und der Grenze errichtet wurden. Immer wieder kommt es deshalb zu Auseinandersetzungen.

2,5 Millionen Syrer sind seit dem Beginn des Krieges in Syrien 2011 in die Türkei geflohen. Mindestens, denn es dürfte noch weit mehr nicht registrierte Flüchtlinge im Land geben. Wie Tausende andere syrische Flüchtlinge führte die Reise von Mohammeds Familie bis kurz hinter die Grenze. Die türkischen Städte Urfa, Antakya und Reyhanli wurden zu syrischen Städten. Kein anderes Land hat so viele Syrer aufgenommen. Es wurden Zeltstädte entlang der Grenze errichtet und Flüchtlingsunterkünfte mit Gebetsräumen und Familienzimmern in mehreren Städten gebaut. Sechs Milliarden Dollar steckte die türkische Regierung seit 2011 in die Bewältigung der Flüchtlingskrise. »Unsere Türen stehen diesen Menschen offen. Niemand, der um sein Leben fürchten muss, wird zurückgeschickt«, betonte Premierminister Recep Tayyip Erdoğan. Er kritisierte die Europäer, die wegen ein paar Flüchtlingen politisch so hysterisch reagieren würden. Während die Türkei mehr als zwei Millionen Flüchtlinge aufgenommen habe, sagte Erdoğan bei seinem Treffen mit den europäischen Außenministern im Oktober 2015, »nimmt Europa als Ganzes weniger als insgesamt 250 000 auf«. Erdoğan hat erkannt: Europa braucht die Türkei beim Flüchtlingsthema und will, dass die Türkei mehr Flüchtlinge aus Syrien aufnimmt. Dafür wird sein Land rund drei Milliarden Euro an Hilfen von EU-Mitgliedsstaaten erhalten – und es soll Visaerleichterungen sowie eine Beschleunigung der Beitrittsverhandlungen mit der EU geben. Die Anzahl der Syrer in der Türkei wird damit weiter zunehmen. Und das, obwohl die Politik der offenen Tür inzwischen auf wachsende Ablehnung bei der türkischen Bevölkerung trifft. Die US-amerikanische Stiftung German Marshall Fund führte im Oktober 2015 eine Umfrage durch, bei der 70 Prozent der Befragten die Rückkehr der syrischen Flüchtlinge in ihre Heimat forderten. Eine Reaktion auf den Anschlag auf eine friedliche Demonstration in Ankara im Oktober

2015, bei dem 102 Menschen starben und mehr als 500 verletzt wurden. Es war der schwerste Anschlag seit Bestehen der Türkei. Die Staatsanwaltschaft von Ankara vermutet, die Tat sei vom Generalstab des IS in Syrien beauftragt und von einer türkischen »Schläferzelle« verübt worden. Längst ist der IS aus dem Nachbarland Syrien auch in die Türkei eingedrungen.

Dennoch ist das Leben für die Syrer in der Türkei schwierig. Rund 400 000 syrische Flüchtlinge sind in der Türkei illegal beschäftigt.[20] Mohammeds Vater fand dort als ehemaliger Richter keine Arbeit. Eine syrische Mittelklassefamilie, die in der Türkei nun nur noch das Einkommen der Mutter hat. »Meine Mutter kann dort als Lehrerin in einer syrischen Schule arbeiten«, sagt Mohammed. »Mein Vater aber nicht, Richter ist schließlich ein staatliches Amt; ein Beruf, den du nur in Syrien ausüben kannst. Er ist erst 55 Jahre alt und hat immer sehr gerne gearbeitet. Er ist ein liberaler und sehr aktiver Mann. Für ihn ist das sehr schwer.«

Politik wird in der Familie nicht diskutiert

Trotzdem kann sich Mohammed nicht daran erinnern, dass sein Vater offen auf das Regime oder die Rebellen schimpft. »Über Politik sprechen wir in unserer Familie eigentlich nicht. Vielleicht, weil die Lage in Syrien dafür viel zu kompliziert ist. Du weißt nicht, wer gut oder böse ist, alles ist völlig undurchsichtig. Und es gibt wechselnde Allianzen und viele aktuelle Entwicklungen, über die man in diesem Krieg gar keine Informationen hat. Wer zu wem hält? Wer welche Interessen verfolgt? Alles das ändert sich ständig und ist sehr kompliziert. Deshalb halten wir uns in meiner Familie von politischen Diskussionen fern.«

---

20 Vgl. »Ankara will Flüchtlingslager in Syrien bauen«, in: FAZ, 31. 12. 2015, S. 3, zitiert nach einem Interview mit dem ehemaligen Sprecher des UNHCR in Ankara, Metin Corabatir. Entlang der Landesgrenze zu Syrien hat die Türkei Ende September 2015 mit dem Bau eines drei Meter hohen Betonwalls begonnen.

Für Mohammeds Eltern ist das Leben in der Türkei mehr als schwierig – ihren Kindern wollten sie eine andere Perspektive bieten. »Es war meinen Eltern ebenso wie mir klar, dass es für unsere Familie erst einmal nicht nach Syrien zurückgehen würde. Und dass es für mich keine Perspektive in der Türkei gibt.«

Die Abschiedsworte seines Vaters sind Mohammed noch Wort für Wort in Erinnerung. Sie haben ihn über die Stationen seiner Reise getragen: »Du bist mein Sohn. Ich habe dich aufgezogen und du bist ein starker junger Mann. Du wirst diese Reise schaffen, daran glaube ich. Du schaffst das!« Es ist Mohammed anzumerken, wie wichtig ihm diese Worte seines Vaters sind. »Das war ein echter Vertrauensbeweis! – Und ein Auftrag, nicht aufzugeben während dieser Flucht, auch wenn es schwierig sein würde.« Mohammed hat seinen Vater von jeder Reisestation aus angerufen, um ihm zu sagen, wo er gerade ist und dass es für ihn gut weitergegangen ist. Er telefoniert auch heute noch jeden Tag mit seinen Eltern.

Mohammeds Eltern konnten die Reise bezahlen – alleine die Überfahrt nach Europa hat sie 800 Euro gekostet: »Ich bin in die türkische Küstenstadt Didim gefahren. Das liegt 150 Kilometer südlich von Izmir. Dort haben wir in der Nacht ein Schlauchboot bestiegen, es war gerade einmal dreieinhalb Meter lang. Wir waren eine Gruppe von elf Leuten – drei Jungs waren gerade einmal 14, einer 15, ich mit meinen 17 Jahren und einige Erwachsene. Unser Boot war klein, alles war sehr, sehr wackelig und die Wellen zu hoch für dieses kleine Boot. Ich hatte große Angst. Es war einer der Passagiere, der das Boot steuerte, kein Schleuser. Und als der nach etwa der Hälfte des Weges mitten auf dem Meer sagte: ›Ich habe völlig die Orientierung verloren, ich weiß nicht mehr, wo es langgeht‹, da dachte ich, diese Fahrt überlebe ich nicht. Ein GPS konnten wir nicht benutzen, denn die türkische Küstenwache würde das ausfindig machen und unser Boot stoppen. Unsere Fahrt dauerte unendliche vier Stunden, bis wir die griechische Insel Nera erreichten, die direkt vor der türkischen Küste liegt. Wir waren alle von Kopf bis Fuß nass, als wir dort ankamen, so viel Wasser war ins Boot gelaufen.«

Weil Griechenland seine Landesgrenze zur Türkei entlang des Flusses Evros (türkisch: Meriç) geschlossen hat, müssen Flüchtlinge wie Mohammed die gefährliche Überfahrt von der türkischen Küste zu den griechischen Inseln unternehmen. Selbst auf der kurzen Strecke, die Mohammed mit seinen Freunden nahm, ertrinken immer wieder Menschen. Nur wenige Wochen nach seiner Überfahrt ertranken innerhalb von zwei Tagen in der Ägäis 48 Flüchtlinge und Migranten, unter ihnen auch 31 Kinder. Und in den ersten zehn Monaten 2015 sind bereits 4000 Flüchtlinge im Mittelmeer ertrunken, meldet die Internationale Organisation für Migration (IOM). Mehr als im gesamten Jahr 2014. Nach IOM-Angaben flohen 2015 mehr als eine Million Menschen nach Europa. Die meisten von ihnen erreichten Europa über das Mittelmeer und landeten in Griechenland, Italien, Malta, Spanien, Zypern und Bulgarien.[21]

Wenn man sich überlegt, wie viel Geld Schleuser mit der Flucht der syrischen Mittelklasse verdienen – mehrere Tausend Euro pro Person –, dann geht man davon aus, dass diese mit ihren Kunden, den Flüchtlingen, gut umgehen. Besser vielleicht als mit Jugendlichen aus Afrika wie Ibrahim oder Ali. Doch meine Frage quittiert Mohammed mit Entrüstung: »Diese Schleuser sind Kriminelle, weiter nichts. Und wir sind eine Ware. Und wenn du tot bist, dann gibt es kein Geld. Deshalb haben sie ein Interesse daran, dass du überlebst. Denn nur, wenn du lebendig ankommst, bekommen sie ihr Geld. Genauso gehen sie auch mit dir um. In einem verachtenden Kommandoton sprechen sie dich an, wenn sie dich auf das Schiff setzen. Als ob sie sich in Gedanken sagen: Der ist 10 000 Euro wert, der auch, der auch … Und nun weiter auf das Schiff, über die Grenze!«

Weil bekannt ist, dass Schleuser ihre illegalen Passagiere erpressen oder unter Druck setzen, floh Mohammed gemeinsam mit anderen Jugendlichen aus seiner Heimatregion. »Wir waren eine Gruppe von insgesamt sechs Jugendlichen aus Benish. Wir

---

21 Vgl. Pressemitteilung der IOM vom 22.12.2015: Irregular Migrant, Refugee Arrivals in Europe Top One Million in 2015.

kennen uns, und wir haben uns bewusst zusammengetan, weil du dann mit den Schleusern besser verhandeln kannst und weil es einfach sicherer ist. In der Gruppe bist du stärker. Du bist ihnen nicht so ausgeliefert.«

In Griechenland ist diese Gruppe einige Kilometer zu Fuß bis zu einer Polizeistation gegangen. »Dort mussten wir zwei Tage und zwei Nächte bleiben, bevor wir Papiere bekamen. Anschließend haben wir ein Boot nach Samos genommen und dann ein weiteres nach Athen. Griechenland ist ein armes Land, sie halten die Flüchtlinge nicht wirklich auf. Sie sind froh, wenn sie ihr Land wieder verlassen.«

Mohammeds Beobachtung ist sehr treffend. Denn Griechenland leidet nicht nur unter einer Wirtschaftskrise, sondern auch unter dem rasant wachsenden Ansturm der Flüchtlinge: Die IOM spricht von einer Verdopplung der aus Syrien ankommenden Flüchtlinge im Vergleich zum Vorjahr. Ende Oktober kamen in fünf Tagen knapp 50 000 syrische Flüchtlinge in Griechenland an. Für die griechischen Behörden ist alleine deren Registrierung unmöglich.

»Deshalb war es für unsere Gruppe auch nicht so schwierig weiterzukommen. Dafür haben wir keinen Schleuser gebraucht. Wir hatten unsere Informationen, konnten Bekannte anrufen, und mit dem Handy kannst du deine Route leicht halten. So ging es von Griechenland nach Mazedonien, von Mazedonien nach Serbien. Da waren sehr viele Menschen unterwegs, oft sind wir in größeren Gruppen zu Fuß über die Grenze gegangen. Im Land selbst haben wir Taxis genutzt oder Busse. Aber über die Grenze gehst du immer zu Fuß.«

Vor der Einreise nach Ungarn jedoch wurden Mohammed und seine Freunde vorsichtig. Von Serbien aus musste die Reise über Ungarn weitergehen. »Ich wusste, dass Ungarn mit Flüchtlingen sehr schlecht umgeht, und wir haben deshalb in Serbien erneut Kontakt zu Schleusern aufgenommen.« Diese brachten die Gruppe in einem Haus außerhalb von Belgrad unter. »Die Schleuser haben in diesem Haus die unterschiedlichsten Flüchtlinge gesammelt. Das waren nicht nur Männer, sondern auch

Frauen und Kinder. Wir waren sehr viele. Es ist nicht ganz leicht abzuschätzen, aber ich denke, es waren 150 oder 200 Leute in dem Haus. Und eines Nachts ging es dann für uns alle weiter in Richtung Ungarn.«

Für diesen Schritt musste man die Schleuser erneut bezahlen – und die Einreise nach Ungarn ist teuer, denn das Risiko ist hoch und die Landesgrenze wird stark kontrolliert. Verhandeln lässt sich da nicht viel, der Preis steht fest, und der wird »Kunden« wie Mohammed vor Antritt der Reise gesagt: »›Das kostet dich 1000 Dollar. Du hast zehn Tage Zeit, mir das Geld zu bezahlen, wenn du in dem neuen Land angekommen bist.‹ Natürlich lässt du dich auf diesen Deal ein. Du willst ja weiterkommen.« Doch Mohammed war genau wie seine Freunde nervös – es wäre eine Katastrophe, wenn die Flucht ausgerechnet in Ungarn zu Ende wäre, weil man der Polizei in die Hände fällt.

»Wir sind zu Fuß über die Grenze nach Ungarn gegangen, damit uns keiner entdeckte. Wir waren eine sehr große Gruppe, ich schätze etwa 100 Personen. Und eines der kleinen Kinder fing an zu schreien. Da wurden die ungarischen Grenzer auf uns aufmerksam. Sie haben uns mit ihren Taschenlampen verfolgt. Ein paar Dutzend ungarische Sicherheitskräfte rannten hinter unserer Gruppe her. Ich bin in meinem Leben selten so gerannt wie da.« Nicht alle aus Mohammeds Gruppe schafften es zu fliehen.

»Für die, welche weiterkamen, hatten die Schleuser Kleinbusse organisiert. Eigentlich gibt es da vielleicht acht Sitzplätze. Doch wir wurden mit 25 Leuten hineingedrängt. Kannst du dir vorstellen wie wir gesessen haben? Wir waren gestapelt. Du hockst dich hin, verschränkst die Arme und sitzt aufeinander – so zwängen sie mehr Menschen in das Auto hinein. Und diese Fahrt dauerte sieben Stunden lang. Irgendwo in Österreich direkt hinter der Grenze hat der Fahrer uns dann aus dem Auto geworfen. Wir standen irgendwo im Nichts auf der Straße. Und die Polizei hat uns dann in dieser größeren Gruppe schnell aufgegriffen.«

Endlich in Europa, dachte Mohammed. Und doch erinnert er sich an seine Tage in Österreich als die vielleicht schlechtesten seiner Reise: »Sie haben uns in ein Lager in der Nähe von Wien gebracht. Dort bekamen wir zu essen und zu trinken.« Und dann ging es erneut in ein Auto der Polizei. »Die ganze Zeit über haben sie dir nicht gesagt, wohin es nun geht. Aber sie haben ihre Witze gemacht. Einer hat sich umgedreht und gesagt ›Na ja, wohin soll es schon gehen für euch? Es geht zurück nach Ungarn!‹ Sie brachten uns tatsächlich bis unmittelbar an die ungarische Grenze zurück.

Hier, im ehemaligen Zollhaus am Grenzübergang Heiligenkreuz im Lafnitztal hat die österreichische Polizei ein Erstaufnahmequartier für Flüchtlinge eröffnet. Hier werden Migranten kurzfristig untergebracht, wenn andere Erstaufnahmezentren belegt sind. Mohammed und seinen Freunden wurde dazu aber nichts erklärt – und auch nicht gesagt, was jetzt geschehen sollte. »Ich hatte eine Riesensorge, dass wir tatsächlich nach Ungarn zurück müssen. Dieses Lager ist nur 100 Meter von der ungarischen Grenze entfernt!« Damit wäre die Flucht nach Deutschland, zu seinem Bruder, für Mohammed zu Ende gewesen.

In Österreich gilt: Innerhalb von 48 Stunden nach einem illegalen Grenzübertritt muss die Identität der Flüchtlinge überprüft, Fingerabdrücke genommen, Personaldokumente geprüft werden, wenn sie vorhanden sind. Das alles aber wussten die Flüchtlinge nicht. »Es kamen Vertreter von den ungarischen Behörden dazu, und wir mussten alle zu einem Interview, vielmehr einem Verhör antreten. Da gab es einen Übersetzer aus Ägypten. Und ich kann ja ein kleines bisschen Deutsch und konnte verfolgen, was er übersetzt hat. Er meinte es nicht gut mit uns, er hat gelogen, falsche Zahlen genannt und nicht übersetzt, was wir gesagt haben. Und ich musste mein Mobiltelefon abgeben und auch meinen Ausweis aus Syrien. Und dann kam ein Beamter auf mich zu und sagte: ›Du musst hier Asyl beantragen oder wir schicken dich zurück nach Ungarn!‹ Ich war ratlos, denn ich wollte ja nach Deutschland, ich wollte kein Asyl in Österreich beantragen. So habe ich nicht geantwortet und bin einfach ein paar Schritte zurückgegangen. Der Beamte setzte mir nach und fragte noch einmal: ›Was willst du nun machen – Asyl beantragen in Österreich oder zurück nach Ungarn?‹ Ich habe ihm geantwortet: ›Ich möchte zu meinem Bruder nach Deutschland!‹ Und da hat er mich plötzlich bei den Oberarmen gepackt und mich an die Wand gepresst, mir zwei Schläge ins Gesicht verpasst.« Als Mohammed mir das erzählt, schaut er immer noch fassungslos. Am nächsten Tag hat er ein Foto von seinen Oberarmen gemacht, es sind Kratzspuren und Druckstellen zu sehen. Er kann mir das Foto auf seinem iPhone zeigen.

Mohammed ist immer noch erschrocken, dass es mitten in Europa dazu kommt, dass ihn ein Beamter schlägt. »Ich habe diesem Typen gesagt: ›Ich mache, was du willst. Aber hör bloß auf, mich zu schlagen.‹ Und dann haben sie meine Fingerabdrücke genommen und ich musste irgendwo unterschreiben. Was ich da unterschrieben habe, weiß ich bis heute nicht. Ich hatte vorher viel gehört über den schlechten Umgang mit Flüchtlingen in Ungarn. Doch die Erlebnisse in Österreich waren für mich persönlich schlimmer.«

Zwei Tage später bekam Mohammed zwar sein Telefon wieder, aber nicht den Ausweis, den er mit abgeben musste. »Stattdessen bekam ich ein Formular, auf dem stand, mein Ausweis würde bei den österreichischen Behörden verbleiben. Aber ich hatte noch einen Reisepass aus Syrien mit. Dieses Dokument habe ich dann hier in Deutschland bei den Behörden abgegeben. Anschließend haben sie uns nach Traiskirchen gebracht.«

Traiskirchen, das ist das größte Flüchtlingslager Österreichs. Auch dieses Lager hält dem Druck der Flüchtlinge nicht stand. Im August 2015 urteilte die Menschenrechtsorganisation Amnesty International, dass Flüchtlinge dort unmenschlich behandelt würden. Von den rund 4000 Flüchtlingen damals mussten bis zu 1500 im Freien schlafen, darunter Schwangere, Frauen mit Kindern. Die medizinische und psychologische Betreuung der Menschen in Traiskirchen sei katastrophal und unbegleitete minderjährige Flüchtlinge wie Mohammed seien im Lager sich selbst überlassen.

»Da konnte ich nicht bleiben. Ich bin aus diesem furchtbaren Lager einfach geflohen. Es war nicht so schwierig, über den Zaun zu klettern. Ich bin nach Wien gefahren zu einem entfernten Cousin von mir, und der hat gesagt: ›Du musst so schnell wie möglich in Richtung Deutschland weiterfahren und Österreich verlassen. Denn sie haben dich ja hier registriert und werden dich irgendwann suchen!‹ Und er hat mich in einen Reisebus gesetzt. ›Du musst den deutschen Behörden sagen, was hier vorgefallen ist. Dass du als Minderjähriger hier Gewalt erlebt hast. Erzähl deine Geschichte.‹« So kam Mohammed mit dem Zug in Mainz bei seinem Bruder an. »Wir haben uns zunächst im Flüchtlingslager hier in Ingelheim gemeldet, dann haben sie von dort das Jugendamt kontaktiert und jetzt bin ich hier in der Wohngruppe der Malteser.« Mohammed hat schon einige Befragungen beim Jugendamt hinter sich, bei denen geklärt wird, wie er in Deutschland weiter begleitet und betreut wird und ob er einen Anspruch auf befristeten Aufenthalt hat – und es sieht so aus, als ob sein Bruder sein Vormund werden kann. »Es wäre gut, wenn das alles glatt weitergeht. Denn im Moment habe ich nur Deutschunterricht, und ich muss mein Abitur nachmachen, wenn ich Medizin studieren will. Ich glaube, Medizin ist eine gute Sache. Wenn in meinem Land jemals wieder Frieden einkehrt, dann würde ich sehr gerne nach Syrien zurückkehren – als Arzt.«

5 »Ganz Kobane lief davon!« – der syrische Kurde Mohammed

»Die Daish-Kämpfer überfielen unser Haus, als wir schliefen. Es war vier Uhr, als sie die Tür aufbrachen und in unserem Haus standen.« Wenn Mohammed sich an die Nacht im Oktober 2014 erinnert, dann flackert sein Blick, seine Hände verknoten sich ineinander, er wird unruhig. Immer noch – mehr als ein Jahr später – wacht Mohammed jede Nacht um vier Uhr auf. »Dann bin ich allein, und die Erinnerung kommt zurück. Es ist schrecklich. Dann will ich eigentlich nur zu meiner Mutter und meinem Vater.«

Die aber sind weit weg. Sie leben mit Mohammeds Geschwistern im Irak. Mohammed hingegen hat sich nach Deutschland durchgeschlagen. Doch auch hier holen ihn die Erinnerungen ein. Mitte September 2014 drangen die Kämpfer des IS[22] – mit Panzern und bewaffneten Einheiten in die Region Kobane ein und brachten 300 Dörfer unter ihre Kontrolle. Im Oktober griffen sie dann die Stadt Kobane an und eroberten innerhalb von wenigen Wochen drei östliche Stadtteile. Mohammeds Familie harrte dennoch in Kobane aus. Bis die Extremisten sie überfielen: »Wir haben Schüsse gehört draußen vor dem Haus«, erinnert sich Mohammed. »Dort wohnten wir mit unserer Familie: mit meinen Eltern, meinem Onkel und meiner Tante. Die Kämpfer des Daish sind reingekommen. Es waren mehrere. Mein Onkel hat sie angefleht: ›Bitte lasst uns, tut uns nichts.‹ Doch sie haben

---

22 Seit dem 29. Juni 2014 nennt sich der IS selbst IS, »Islamischer Staat«. Das war der Tag, an dem sich Abu Bakr al-Baghdadi zum Kalifen ernannt hatte, der als Stellvertreter Gottes und direkter Nachfolger des Propheten Mohammed seine Ziele verkündet: 1. Die Wiedererrichtung des Kalifats im Irak und den historischen Grenzen Großsyriens (dem heutigen Libanon, Syrien, Jordanien, Palästina, auch Israel). 2. Die Befreiung Jerusalems. 3. Als mittelfristiges Ziel: Alle jene Länder, die jemals unter muslimischer Herrschaft standen, werden dem Kalifat unterworfen. Vgl. Schirra, Bruno, ISIS, Der globale Dschihad, Berlin 2015, S. 16 f.

meine Tante festgehalten und ihr die Kehle durchgeschnitten. Das war furchtbar. Und dann haben sie ihn ebenfalls vor unseren Augen ermordet. Sie wurden mit einem Messer abgeschlachtet.«

Das Bild kehrt immer wieder

Irgendwann rannte der damals 14-Jährige mit seinen vier kleineren Geschwistern durch die Hintertür aus dem Haus.

Diese Szene hat Mohammed mir immer wieder erzählt, eine Erzählschleife, immer wieder dasselbe Bild, immer wieder gesagt: es war entsetzlich, fürchterlich. Der IS zelebriert solche Tötungen wie Rituale. Einem Menschen die Kehle durchzuschneiden, ihm den Kopf abzutrennen, wie es in den Propagandafilmen geschieht, das dauert lange. Wie unvorstellbar ist es, dass die Familie diesem barbarischen Akt zuschauen muss. Diese Erinnerung wird keinen mehr verlassen. Sie lässt auch Mohammed nicht los. Das gehört zur Kriegsführung des IS – die Bilder der bestialischen Ermordungen sollen in den Köpfen der Menschen sein. Deshalb stellt der IS sie ins Netz, dreht über sie Videos. Der IS beruft sich bei diesem Abschlachten auf den Koran, die Sunna und die Hadithe. Er beansprucht, im Besitz der allgemein gültigen Wahrheit zu sein. Wer nicht in deren Besitz ist, ist Feind – und Opfer des Vernichtungsfeldzugs: Ungläubige, ketzerische Schiiten, Christen, Jesiden, Sunniten, die von der engen Auslegung des Glaubens durch ihren Lebenswandel abweichen, oder Kurden.

Kobane als strategisches und symbolisches Ziel des IS

Wie viele Menschen damals die Stadt Kobane verließen, darüber gibt es unterschiedliche Angaben. 130000 bis 200000 Menschen sollen vor Scharfschützen, Vergewaltigungen und Exekutionen geflohen sein. »Ganz Kobane lief davon«, berichtet Mohammed. »Die Kinder wurden von den Erwachsenen zur Eile angetrieben, einfach mitgezerrt.«

Während Mohammeds Familie aus der Stadt flüchtete, appellierte die UNO an die Weltgemeinschaft, die Zivilgesellschaft in Kobane zu schützen. Und auch der UN-Syrien-Vermittler Staffan de Mistura forderte, dass die Staatengemeinschaft die kurdischen Verteidiger der Stadt in ihrem Kampf gegen den IS unterstützen müsse: »Wir alle werden es zutiefst bereuen, wenn der IS in der Lage ist, eine Stadt zu übernehmen, die sich selbst mit so viel Tapferkeit verteidigt hat, das aber bald nicht mehr kann. Wir müssen jetzt handeln«, sagte de Mistura (laut Mitteilung der Vereinten Nationen) in Genf. Die kurdischen Kämpfer würden sich mit großem Mut selbst verteidigen, jedoch seien die Terroristen weitaus besser ausgerüstet. Mit modernen Panzern, Haubitzen und Granatwerfern griffen sie die kurdische Enklave an.

Kobane liegt ganz im Norden Syriens. Er ist der mittlere von drei kurdischen Kantonen, die sich an der Grenze zur Türkei befinden. Das Gebiet umfasst etwa 1000 Quadratkilometer und hatte bis Mitte 2014 etwa 180 000 Einwohner. In der gleichnamigen Hauptstadt lebten rund 55 000 Menschen. Mit Beginn des Bürgerkriegs in Syrien kamen mehr als 200 000 Binnenflüchtlinge aus anderen Landesteilen in die Region: Christen, Jesiden, Alawiten, die nicht in die Türkei fliehen wollten.

Für den IS war Kobane ein wichtiges strategisches Ziel. Die Extremisten wollten die Stadt erobern, um einen mehr als 200 Kilometer langen Grenzstreifen zum NATO-Mitglied Türkei vollständig zu kontrollieren. Deshalb feuerten die Dschihadisten ab Oktober 2014 Granaten und Panzerfäuste auf die Stadt und griffen sie aus drei Richtungen mit schweren Waffen an.

Die kurdischen Volksverteidigungseinheiten (YPG) und die aus dem Irak zu Hilfe geeilten Peschmerga-Kämpfer verteidigten die Stadt. Unterstützt wurden sie dabei durch Luftschläge der USA und ihre verbündeten arabischen Partner. Hier in der Region ist die kurdische Partei der Demokratischen Union (PYD) die stärkste politische Kraft, und die Einheiten der kurdischen Volkverteidigungseinheiten YPG sind ihr bewaffneter Arm. In Nordsyrien kontrolliert und verteidigt die PYD eine Zone, in der es vergleichsweise friedlich ist und demokratische Strukturen zu erkennen sind – die Region ist auch ein Labor für die kurdische Selbstbestimmung. Ihr Chef, Saleh Muslim, berichtete der Nachrichtenagentur Reuters von heftigen Kämpfen. »Die kurdischen Einheiten verteidigen sich mit allem, was sie in die Hände bekommen, um ein Massaker zu verhindern.« Doch wenn die IS-Kämpfer in die Stadt gelangen sollten, »werden sie alles zerstören und die Menschen abschlachten«, so Muslim.

Genau das war Mohammeds Familie passiert. »Der Daish hat die Stadt kontrolliert. Niemand durfte auf die Straße gehen, es gab Scharfschützen auf den Dächern. Und bewaffnete Männer, die direkt schossen, wenn jemand über die Straße ging.« Zugleich versuchten die Dschihadisten, sich für westliche Aufklärungssysteme möglichst unsichtbar zu machen. Sie versteckten sich in der Zivilgesellschaft, nutzten kleine Motorräder, um sich fortzubewegen und tarnten sich manchmal mit der Fahne der kurdischen Verteidigungseinheiten. Es war ein ungleicher Kampf, denn die kurdischen Selbstverteidigungseinheiten waren weit schlechter mit Waffen ausgestattet als die Dschihadisten, die Panzer und Artillerie, Nachschub an Waffen und Kämpfern aus Ostsyrien und dem Irak erhielten. Wer konnte, verließ das Schlachtfeld Kobane. Mitte Oktober befanden sich nach Schätzungen der UNO nur noch 12 000 Menschen in der Stadt Kobane – das heißt, zwei von drei Einwohnern waren geflohen. »Ich erinnere mich noch, dass wir bei unserer Flucht im Vorbeirennen Tote auf der Straße liegen sahen, einige meiner Cousins sind ermordet worden«, erzählt Mohammed. Die Familie brach hastig auf. »Meine Eltern haben nicht viel eingepackt. Sie haben uns – vor allem meine vier kleineren Geschwister, zwei Schwestern und zwei Brüder – einfach bei der Hand genommen und weggezerrt. Ich erinnere mich, dass meine kleinen Geschwister geschrien haben und meine Eltern sie scharf ermahnt haben, ruhig zu sein.« Unweit von ihrem Haus geriet die Familie unter Beschuss von Scharfschützen. Mohammed fing sich einen Streifschuss oberhalb es Knöchels ein. Die Narbe ist immer noch sichtbar. »Meine Eltern haben sich beeilt, mit uns wegzukommen. Es war ihnen völlig klar: Für den IS waren wir als Kurden Feinde – Kinder wie Erwachsene. Die wollten uns alle töten.«

Die Kurden bekennen sich seit dem 7. Jahnhundert zum Islam. Sie sind ein Volk ohne eigenen Nationalstaat und leben vor allem in der Türkei, im Irak, im Iran und in Syrien. Sie fühlen sich einander ethnisch und kulturell zugehörig. Doch sie sprechen unterschiedliche Dialekte, vertreten auch unterschiedliche Orientierungen. Längst kämpfen sie nicht mehr für einen einzigen großen kurdischen Staat – sondern für die Autonomie kurdischer Gebiete in den unterschiedlichen Ländern. Das gilt für die PKK in der Türkei wie für die PYD in Syrien. Die Kurden im Grenzgebiet zwischen Syrien und dem Irak verwalten sich selbst – in Nordsyrien seit dem Abzug fast aller Regierungstruppen 2011/12, im Nordirak seit dem Sturz Saddam Husseins.

Dorthin floh Mohammed mit seiner Familie. Im Flüchtlingslager von Süleymania in der Autonomen Region Kurdistan fanden sie Zuflucht – wie die meisten der rund 250 000 syrischen Flüchtlinge im Nordirak. Hier – in der Grenzregion zum Iran und unweit der Grenzen zu Syrien und der Türkei – hat die kurdische Regionalregierung 2012 mit dem UNHCR Flüchtlingslager aufgebaut.

Der Kurdenführer Massud Barsani ist seit 2005 Präsident der Autonomen Region Kurdistan im irakischen Staatsverband und regiert von Erbil aus. Sein Innenminister Abdul Karim Sultan Sinjari kritisiert, dass die irakische Zentralregierung zu wenig für die Flüchtlinge tue:»Wir brauchen alles Mögliche, das wir nicht haben: Zelte, Wasser, Schulen, Medikamente.«
In dieser Region – im dünn besiedelten Wüstengebiet des Irak – nahm die Vorgänger-Organisation des IS unter der Führung des Jordaniers Abu Musab az-Zarqawi[23] vor mehr als zehn Jahren ihren Anfang. Als sunnitische Terrorgruppe kämpfte sie unter verschiedenen Namen gegen die amerikanischen Besatzer im Irak. Vom sunnitischen Westen des Irak breitete sich der IS aus – dorthin, wo keine staatliche Ordnung herrschte oder der Krieg die sozialen, wirtschaftlichen und politischen Strukturen zerstört hatte. Dabei profitierte der IS von den Revolutionsbewegungen während

---

23 Der starb 2006 durch einen US-Angriff auf sein Quartier.

des Arabischen Frühlings und dem Beginn des Bürgerkriegs in Syrien. Ab 2012 gewannen in Syrien unterschiedlichste dschihadistische Gruppen an Boden und an Macht. Ohne Unterstützung der Türkei, der Monarchien am Golf und Saudi-Arabiens wäre dieser Aufstieg des IS nicht möglich gewesen.

Gegen den IS bildete sich in der zweiten Jahreshälfte 2014 ein internationales Militärbündnis. Diese Kern-Koalition umfasst die NATO-Mitglieder USA, Großbritannien, Frankreich, Deutschland, Italien, Polen, Dänemark, Kanada, die Türkei und den strategischen NATO-Partner Australien. Inzwischen gehören der Anti-IS-Koalition 60 Staaten an, darunter seit September 2014 auch zehn arabische Staaten.[24] Diese Koalition will den Vormarsch des IS im Irak stoppen. Die Ausbildung von kurdischen und irakischen Brigaden für geplante Bodenoffensiven gehört dazu.

In den vergangenen Monaten haben die Extremisten der Terrororganisation ein Drittel des Irak überrannt und etwa die Hälfte Syriens eingenommen. Ihr Ziel: Einen Staat aufbauen, in dem die Scharia gilt, die Regierungen in der Region stürzen, Amerika bekämpfen und Jerusalem befreien. In vielem gleicht der IS dem Terrornetzwerk Al-Qaida. Aber er ist eben nicht nur eine Terrorgruppe, sondern auch ein Pseudostaat, ein Kalifat. Dieses Kalifat will er auf dem Territorium der historischen Grenzen Großsyriens – das heißt dem heutigen Libanon, Syrien, Jordanien, Palästina, auch Israel – aufbauen. Im Unterschied zu Al-Qaida baut der IS pseudostaatliche Strukturen auf – wo er eine Region beherrscht, herrschen auch seine Sittenpolizei, seine Gerichtshöfe, seine Steuereintreiber – und sein sogenannter Sicherheitsdienst, der Geheimdienst. Die rund 30 000 Kämpfer des IS sind die Elite in diesem Kalifat, mindestens 10 000 stammen aus dem Westen, davon mehr als 700 aus Deutschland. Die Kämpfer des IS ermorden jeden, der sich ihnen in den Weg stellt. Enthemmte Gewalt, gerade auch gegen Schiiten, gehört zum mörderischen Plan der überwiegend sunnitischen Extremisten. Damit sind sie eine Gefahr für alle, die sich ihnen nicht bedingungslos unterwerfen.

---

24 Saudi-Arabien, Irak, Bahrain, Ägypten, Jordanien, Kuwait, Libanon, Oman, Katar, die Vereinigten Arabischen Emirate.

Zu Lasten der Kurden – die Türkei und der Konflikt in Syrien

Eine Rückblende: Für Mohammeds Familie war es das zweite Mal, dass sie Kobane verließ. Schon im Jahr zuvor war sie gegangen, um sich in der Türkei, in der mehrheitlich von Kurden bewohnten Stadt Van, niederzulassen. Dort erhoffte sie sich ein einfacheres Leben, gute Arbeit. »In der Türkei konnte ich mit meinem Vater zusammen arbeiten. Wir haben Metall gesammelt und verkauft, Metallwaren repariert. Es war wichtig, dass ich etwas zum Einkommen der Familie beisteuerte.« Mohammed konnte durch diesen Job rund 200 Euro pro Monat verdienen, sein Vater 500 Euro. »Davon mussten wir unsere Miete bezahlen und alles andere. Mit unserer großen Familie war das schwierig, denn das Leben in der Türkei ist teuer.«

Ein Jahr lang lebte die Familie in der Türkei. »Doch das Leben ist dort für Kurden schwierig. Viele Menschen in der Türkei unterstützen den IS. Auch die türkische Regierung hat den Daish immer unterstützt. Der Daish will uns Kurden vernichten. Also ist auch die Türkei für uns keine gute Umgebung.« Mohammed wiederholt das, was die Erwachsenen sich erzählen. Es ist das einzige Mal, dass er so politisch argumentiert. Aber es sind die Thesen, die in der kurdischen Erwachsenenwelt gesagt werden. »Solche Diskussionen habe ich zum Beispiel bei der Arbeit mitbekommen.«

Die Meinung, die Mohammed im Gespräch äußert, stimmt mit der offiziellen Position der kurdischen Bewegung insgesamt überein, denn diese beschuldigt Ankara einer direkten Unterstützung des IS in Syrien.
Obwohl die Türkei zur Anti-IS-Koalition gehört, zögerte sie noch bis zum Juli 2015, militärisch gegen den IS vorzugehen. Erst mit dem verheerenden Selbstmordanschlag im Grenzort Suruç an der Grenze zu Syrien änderte sich das. Dabei kamen 31 zumeist junge Leute ums Leben, die beim Wiederaufbau des fast vollständig zerstörten Kobane helfen wollten. Der Anschlag führte zum Politikwechsel: Seitdem bombardiert die Türkei Stellungen des IS. Diese ambivalente Politik Ankaras lässt sich leicht erklären: Die türkische Regierung will die Kurden weiterhin in einer schwachen

Position halten und eine politische Aufwertung und das Übergreifen der Unabhängigkeitsbestrebungen der syrischen und irakischen Kurden auf die Türkei verhindern. Der IS, der die Kurden militärisch bekämpft, sorgt mit dafür, dass die Kurden schwach bleiben. Der Feind meines Feindes ist mein Freund – das ist die Faustregel, nach der die Türkei über lange Zeit den IS gestützt hat. Immer wieder gibt es Berichte darüber, dass IS-Dschihadisten die Türkei als Rückzugs- oder Rekrutierungsort nutzen. Oder dass Waffen und Öl für die Dschihadisten über die Türkei nach Syrien und in den Irak gelangen, dass die Türkei lange Zeit dem IS Öl abgekauft habe.

In der Türkei haben die Kurden – mit etwa 18 Prozent die stärkste ethnische Minderheit im Land – ohnehin einen schwierigen Stand. Drei Jahrzehnte lang kostete der Konflikt zwischen der türkischen Regierung und der PKK Menschenleben und erschütterte mit seinen Anschlägen das ganze Land. 2012/2013 fingen beide Seiten an, vorsichtig aufeinander zuzugehen. Doch dieser Friedensprozess ist seit 2015 gescheitert. Hintergrund für die erneuten Spannungen war der Selbstmordanschlag in der türkischen Grenzstadt Suruç, für den der IS verantwortlich gemacht wird. Viele Kurden geben der Regierung in Ankara jedoch eine Mitschuld, sie verübten im Anschluss eine Reihe von Anschlägen auf türkische Polizisten.

Der Friedensprozess war am Nullpunkt – ein Wort gab das andere: »Es gibt kein Kurdenproblem und keine Verhandlungen«, ließ der türkische Staatspräsident Erdoğan während des Wahlkampfs wissen. Nach dem Wahlsieg seiner AKP erklärte die kurdische Arbeiterpartei PKK ihren Gewaltverzicht für beendet. Erdoğan hielt dagegen und antwortete nach Anschlägen: Der Kampf gegen die PKK werde fortgesetzt, bis auch der letzte Kämpfer »liquidiert« sei. Ende November konstatierte der operative Chef der verbotenen kurdischen Arbeiterpatei PKK, Cemil Bayik: »Wir Kurden befinden uns wieder in einem Bürgerkrieg mit der Türkei.«[25]

---

25 Dts Nachrichtenagentur zitiert nach http://www.finanznachrichten.de/nachrichten-2015–11/35 734 388-pkk-chef-kurden-befinden-sich-wieder-im-buergerkrieg-mit-der-tuerkei-003.htm

Das Überleben in Van war mehr als schwierig für die große Familie. »Schon nach einigen Monaten war klar, dass wir in der Türkei nicht wirklich lange bleiben konnten.« Die Eltern planten die Rückkehr ihrer Familie nach Kobane.

Mohammeds Familie war bei ihrem Aufenthalt in der überwiegend kurdisch geprägten Stadt Van 2013 mit einem Alltag konfrontiert, den die Familie kaum meistern konnte: ein teures Leben, schlecht bezahlte Arbeit – und für die Kinder keine Möglichkeit, die Schule zu besuchen. »Meine Schulzeit war in der Türkei zu Ende. Aber ich bin der Älteste, für mich war das nicht so schlimm. Ich habe in Kobane immerhin fünf Jahre lang die Schule besucht.« Mohammed und seinen Geschwistern ging es so wie den meisten der inzwischen 600 000 syrischen Kinder, die in die Türkei geflohen sind. Zwei von drei können in der Türkei nicht zur Schule gehen, meldet die türkische Regierung. Es gibt nicht genügend Schulen und nicht genügend Lehrer.[26]

Es ist schwer zu sagen, wie viel Schulbildung Mohammed mit nach Deutschland gebracht hat. Wenn ich ihn bitte, mir seine Telefonnummer und Mail aufzuschreiben, lässt er das andere für sich tun. Er spricht neben Kurdisch auch gut Arabisch, schreiben aber kann er auch das nicht. Die Sozialarbeiter, die ihn seit seiner Ankunft begleiten, gehen davon aus, dass er nicht alphabetisiert ist. Das wäre der erste Schritt, damit der 15-Jährige in Deutschland überhaupt eine Schule besuchen kann.

»Für meine jüngeren Geschwister war es natürlich noch schlimmer, nicht zur Schule gehen zu können.« Mohammed meint, für seine Eltern sei das der wichtigste Grund gewesen, um von Van nach Kobane zurückzukehren. »Dort hatte unsere Familie ein Haus.« Dorthin kehrten sie zurück, bis der IS im Oktober 2014 diese »Normalität« endgültig zerstörte.

---

26 Vgl. AFP Meldung vom 6. 1. 2016.

»Nach unseren Erfahrungen in der Türkei war klar: Dorthin wollten und konnten wir als kurdische Familie nicht. Deshalb blieb uns nur die Ausreise nach Kurdistan.« Die Autonome Region Kurdistan im Nordirak gilt als vergleichsweise stabil. Hier gibt es ein gewähltes Parlament, jeder darf seine Religion frei ausüben, die kurdischen Peschmerga sorgen für Sicherheit und dafür, dass der IS in dieser Region nicht Fuß fasst. Dabei werden sie von der Bundeswehr unterstützt.

Willkommen sind die kurdischen Flüchtlinge aus Syrien dort schon – doch geht die Hilfe und Unterstützung der autonomen kurdischen Regionalregierung nicht über eine Nothilfe hinaus. »Es gab dort Matratzen für uns, ein Dach über dem Kopf, eine kurdische Schule. Immerhin, denn in der Türkei konnten wir nicht zur Schule gehen, weil wir nicht registriert waren und weil es keine kurdischen Schulen gab.« Human Rights Watch nannte vor Kurzem die aktuellen Zahlen: Mindestens 650 000 schulpflichtige Kinder aus Syrien sind in die Türkei geflohen. Davon geht nur jedes dritte zur Schule, auf eine staatliche Schule sogar nur jedes zwanzigste.

Doch damit hörte die Hilfe auf. »Das Essen für unsere Familie mussten wir selbst kaufen. Wir mussten Geld verdienen, damit wir überleben konnten. Mein Vater hat sehr lange nach Arbeit gesucht, doch er konnte keine finden. Ich selbst hatte irgendwann einen kleinen Job in einer Bäckerei, dort wurden Baklawa und andere türkische Süßigkeiten produziert. Doch das war natürlich viel zu wenig Geld für die ganze Familie.«

Trotzdem ist Mohammed nach wie vor stolz auf diese Zeit in der Großbäckerei. Die Fotos, die ihn zwischen den großen Backöfen vor Bergen süßer türkischer Kuchen zeigen, trägt er immer noch auf seinem Handy mit sich herum. Er wird sichtbar größer, als er sie mir stolz zeigt: Von Kopf bis Fuß in weißer Kleidung steht der damals 14-Jährige neben gut gefüllten Blechen mit Backwaren, neben ihm einer der älteren Vorarbeiter. Während mir Mohammed diese Bilder zeigt, nimmt er dieselbe Haltung ein wie damals: Das Kinn leicht nach oben gereckt, kerzengerade, die Brust stolz nach vorn. Er hatte eine konkrete Aufgabe, es gab eine tägliche Routine – und man kannte ihn und wusste, was er konnte. Das macht ihn stolz – und diese Sicherheit, dieses Maß an Normalität ging mit seiner Flucht für ihn verloren.

Dass Mohammed fliehen sollte, entschied er nicht selbst. Es war sein Vater, der wollte, dass sein Sohn den Irak verlässt. Mohammed war krank: Eine Schuppenflechte überzog seinen ganzen Körper, von den Beinen bis zum Hals. Er kann sich nicht daran erinnern, wann er diese Krankheit bekam. »Mein Vater hat mir gesagt: ›Du musst diesen Ort verlassen, damit du gesund wirst. Geh nach Deutschland, dort hast du einen Onkel und dort haben sie gute Ärzte. Lass dich behandeln. Und dann verdiene dort Geld und hole deine Familie nach!‹« Ein Nachbar und Freund der Familie erklärte sich bereit, den Jungen auf seiner Flucht nach Deutschland mitzunehmen: »Man hat mich einem Nachbarn mitgegeben. Der hatte das Geld für seine Flucht beisammen. Und mein Vater hat ihn gefragt: ›Kannst du meinen Sohn mitnehmen nach Deutschland?‹ Das war ein Gefallen. Meine Familie hatte nicht sehr viel Geld, sie konnte ihm dafür nicht viel zahlen.«

Zurück an den Ort des Schreckens

Da die Türkei die Grenzen zur Autonomen Region Kurdistan im Nordirak geschlossen hielt, begann Mohammeds Flucht mit einem Umweg über Syrien: Über Qamischli, den mehrheitlich von Kurden beherrschten und von Kurden, Arabern, Armeniern und Aramäern bewohnten Distrikt im Nordosten Syriens musste er zurück in seine Heimatstadt Kobane. »Das ist ein schrecklicher Ort für mich«. Sein Bericht über die Reise-Etappe ist stockend. Mohammed zögert, wenn er davon erzählt. Zurück an diesen traumatischen Ort. Wer gesehen hat, wie Kobane nach den Schlachten zwischen IS und kurdischen Selbstverteidigungseinheiten aussah, der hat eine Vorstellung: Graue Ruinen und Mauerreste sind stehen geblieben – Kobane sieht aus wie das Skelett einer Stadt. Auch das Haus von Mohammeds Eltern wurde dem Erdboden gleichgemacht: »Von unserem Haus stand fast nichts mehr. Es war nichts mehr übrig.« Schlimmer noch waren andere Eindrücke, die er in diesen zwei Tagen aus Kobane mitnahm: »Ich habe in Kobane die riesigen Gräber von den getöteten Menschen gesehen, die dort zuvor gelebt haben. Das waren so viele. Mehrere Tausend Kurden waren durch den Daish getötet worden.«

Mohammed war während seiner Flucht nicht ganz unbegleitet – auch der Nachbar schaffte es bis nach Deutschland, und beim ersten Teil der Reise waren sie zu zweit unterwegs. Mit dem Auto gelangten sie bis ins türkische Izmir. Von hier aus sollte die Reise weitergehen nach Griechenland – organisiert von Schleppern. »Das Schiff war ein Schlauchboot. Vielleicht war es knapp zehn Meter lang – und wir waren viele Flüchtlinge, die meisten Araber. Viele Syrer waren darunter.« Etwa 50 Leute wurden auf das Schlauchboot geladen.

Mohammed konnte sich vor Angst kaum regen. »Am Tag zuvor war eine andere Gruppe mit dem Boot gestartet. Da war ein Nachbar dabei, mit dem meine Eltern befreundet sind. Deren Boot ist gesunken. Andere haben mir gesagt: drei Leute sind ertrunken. Und dieser Freund war dabei. Ich hatte schreckliche Angst.« Doch wie für die anderen Passagiere galt auch für Mohammed: »Ein Zurück gibt es nicht«. Er bestieg das Schiff. »Ein älterer Flüchtling hat das Boot gesteuert. Ich glaube, er wusste vorher, wie das geht. Und wenn ich mich richtig erinnere, hatte er auch GPS.«

Es wirkt so, als ob Mohammed die folgenden Stunden der unruhigen Bootsfahrt nach Griechenland ganz tief verdrängt hat. Nur einen Moment – den erinnert er genau: »Nach einigen, vielleicht vier Stunden fiel der Motor des Schiffes aus. Er war kaputt. Es war mitten in der Nacht. Wirklich ganz dunkel. Da mussten wir mit den Händen paddeln. Es gab nur zwei Ruder auf dem Schiff. Deshalb mussten alle, die an den Rändern des Boots saßen, gemeinsam, mit ihren Händen als Paddel, das Boot weiter vorantreiben.«

Fünf oder sechs Stunden dauerte das – dann erreichte das Boot eine griechische Insel. »Ich war so unglaublich erleichtert.

Ich habe nicht geglaubt, dass wir es schaffen würden! Das war wie eine Rettung.«

Wo genau er ankam, das weiß Mohammed nicht. »Den Namen der Insel kenne ich nicht. Ich weiß nur, dass es dort, wo wir ankamen, keine Häuser gab, nur Strand. Wir wollten eigentlich die Polizei finden, damit wir registriert werden.« Doch die gab es da nicht. »Wir mussten erst mal endlos laufen – einige Stunden, viele Kilometer. Dann haben wir ein kleines Dorf erreicht mit einer Polizeistation. Da haben wir uns registrieren lassen.« Aufgehalten wurden sie von den griechischen Polizisten nicht. »Für mich war ja klar, ich wollte nach Deutschland zu meinem Onkel, der in Weil am Rhein lebt. Der ist 40 und lebt schon seit 15 Jahren in Deutschland.«

Kinderträume haben die Flucht überstanden

Wie die anderen Flüchtlinge aus Syrien auch, schleusten die Schlepper Mohammed über die Westbalkanroute: über Serbien nach Ungarn. Dort wurde er erneut von der Polizei aufgegriffen. »Die waren sehr grob und haben mich angeschrien: ›Du bekommst hier nichts zu essen, wenn du nicht deine Fingerabdrücke hierlässt und Asyl beantragst.‹ Ich hatte Sorge, dass sie wirklich gewalttätig sind, dass sie mich schlagen. Das ist aber nicht passiert. Aber zu essen bekam ich wirklich nichts – nur Wasser mit Kohlensäure. Und davon bekomme ich Bauchschmerzen. Ich vertrage das gar nicht. ›Mehr bekommst du nicht‹, haben sie mir gesagt. Anschließend haben sie mich in ein Kinderheim gebracht – ich glaube, weil ich minderjährig war.«

Mohammed habe ich drei Mal gesehen. Direkt nach seiner Ankunft steckten ihm die Schrecken seiner Flucht noch in den Knochen. Er wirkte sehr erschöpft, zugleich aufgekratzt und mitteilsam. Er war neugierig – erzählte davon, dass er bei seinen Eltern im Nordirak nicht jeden Tag anrufe. »Meine Mutter weint eigentlich immer, wenn ich anrufe, weil ich nicht da bin. Und sie weint auch, weil es viele unserer Freunde aus Kobane nicht geschafft haben. Einige sind gestorben.« Ob die Mutter vor allem

Erleichterung verspürt, weil es ihr ältester Sohn nach Deutschland geschafft hat? Oder ob die Trauer größer ist, dass die Familie auseinander gerissen wurde? Die Antwort darauf weiß auch Mohammed nicht. »Aber es macht mich traurig, wenn ich mit ihr spreche, deshalb tue ich das nicht jeden Tag.«

Teil eins des väterlichen Auftrags hat Mohammed schon erfüllt: Während er bei unseren ersten Begegnungen noch schwer an seiner Schuppenflechte litt, ging diese in Deutschland durch Salben und Medikamente ganz zurück. Teil zwei des Auftrags – der Nachzug der Familie – wird sicher kaum zu erfüllen sein. Der Familiennachzug wurde mit den wachsenden Flüchtlingszahlen gestoppt. Diese politischen Debatten verfolgt Mohammed nicht. Er wird – wenn er in Deutschland bleiben darf, was sehr wahrscheinlich ist – erst einmal viel lernen müssen: Deutsch, Lesen und Schreiben, Rechnen. Darauf freut er sich. Und er freut sich auch über Freunde, die er in dem kleinen Dorf bei Mainz gefunden hat, in dem die Malteser-Wohngruppe der Flüchtlinge untergebracht ist. Genau genommen ist es ein Mädchen aus der Nachbarschaft, das ihm sehr gefällt. Mohammed, der eher klein und etwas gedrungen wirkt, streckt sich und macht sich größer, wenn er von ihr erzählt. Und dann erobert ein scheues Lächeln sein rundes Gesicht. Mohammed ist mit seinen fünfzehn Jahren der Jüngste in der Wohngruppe – und die deutsche Wirklichkeit ist auch nach ein paar Monaten noch weit weg. Noch hat Mohammed weder gemerkt, wie schwierig die neue Sprache ist, noch kann er zur Schule gehen. So ist für ihn gedanklich alles möglich, wenn er über seine Zukunft nachdenkt. Es ist wieder möglich, denn während seines Aufenthalts in der Türkei oder im Nordirak war für Kinderträume kein Raum. Er hat einen hochfliegenden fantastischen Plan, was er einmal beruflich machen will, und er strahlt mich an, wenn er davon erzählt: »Ich will Musiker werden!« – nicht irgendein Musiker, »sondern ein richtig cooler Hip-Hopper!«

6 »Jugendliche Flüchtlinge sind eine Chance für Deutschland« – Linas Weg von Kabul nach Deutschland [27]

Kabul – Dubai – Frankfurt am Main. So steht es auf dem Flugticket. Doch es kommt anders. Ungünstige Wetterbedingungen. Eine Flugplanänderung wird durchgesagt. Das Flugzeug landet in München, nicht in Frankfurt am Main. Lina ist verwirrt, sie hat Angst. Der Schlepper hatte ihr konkrete Anweisungen gegeben. Was soll sie jetzt machen? Ihr Sitznachbar bemerkt ihre Aufregung. Mit leiser Stimme fragt Lina ihn, ob München auch in Deutschland liege. Ja, sagt er. Durchatmen. Erleichterung. Egal welche Stadt, Hauptsache Deutschland.

»Ich wusste nichts über Deutschland. Nur einige Fernsehbilder aus meiner Kindheit waren mir in Erinnerung geblieben, doch die stammten aus einer anderen Zeit. Auf dem Discovery Channel lief einmal eine Dokumentation über die Nazi-Zeit und über die KZ-Lager. Diese Bilder waren das, was ich über Deutschland wusste. Sonst nichts«, erzählt Lina.

»Nach der Ankunft in Deutschland zerstörst du sofort deinen Ausweis!«, hatte ihr der Schlepper eingeschärft. Doch das tut sie nicht. Stattdessen gibt sie am Münchner Flughafen ihren gefälschten Pass dem ersten Polizisten, auf den sie trifft. »Ich konnte und wollte nicht mehr lügen.« Sie lassen sie warten. »Ich musste mich in eine kleine Kabine hinsetzen, weiß, ohne Fenster, sehr steril. Die Tür war leicht offen, es kam also etwas Licht von außen rein. Es war nur Platz für eine L-förmige Bank, auf die ich mich hingesetzt habe«, erinnert sich Lina. Wie lange sie dort gewartet hat, bis jemand kam, weiß sie nicht mehr. Nach einiger Zeit kamen mehrere Polizisten. Noch zwei Stunden solle sie warten, sagten sie ihr, »dann fliegt das nächste Flugzeug zurück nach Kabul«.

Laut Pass war Lina volljährig. 20 Jahre alt. Der Schutz, den minderjährige Flüchtlinge in Deutschland bekommen, galt in ih-

---

27 Koautorin dieses Kapitels: Rayna Breuer.

rem Fall also nicht. Tatsächlich war Lina 16. »Ich habe in dem Moment Panik bekommen. Ganz absurde Gedanken schossen durch meinen Kopf: Mein Onkel wird mich nie abholen, wenn sie mich wieder nach Hause schicken. Er hat mich schließlich weggeschickt. Wie komme ich dann vom Flughafen in Kabul nach Hause? Ich habe kein afghanisches Geld mehr. Ich habe auch keinen Hausschlüssel«, erinnert sich Lina.

Endlich ist auch eine Frau unter den Polizisten, die Lina Fragen stellt. Sie ist die Erste, die sie nach dem Alter fragt. Und Lina antwortet. Es werden weitere Fragen gestellt: auf welchem Weg sie nach Deutschland gekommen sei, von wo sie stamme. Ein Übersetzer hilft, Linas Geschichte ins Deutsche zu übertragen. »Sie waren sehr nett zu mir. Ein Polizist hat mit meinem Finger Flugzeug gespielt, als er meine Fingerabdrücke nehmen wollte. Als ich das Foto machen sollte und drei Mal das Gesicht waschen musste, weil ich voller Tränen war, haben die Polizisten Grimassen gemacht. Sie wollten mir ein Lächeln für das Foto entlocken. Es hat nicht ganz geklappt, aber ich war ihnen sehr dankbar.«

Papiere, Papiere, Papiere, Lina kann sich nicht mehr erinnern, wie viele Unterschriften sie setzen musste – auf Dokumente, die sie gar nicht verstanden hat. Und dann die Untersuchung. Für sie eine grenzwertige Erfahrung. Sie musste sich ausziehen, komplett. Dann die Beine breit machen. Eine Polizistin untersuchte sie auf Drogen im Unterleib. Angst und Scham mischten sich mit dem Gefühl, etwas Unrechtes zu tun: »Ich fühlte mich schuldig, dass ich illegal da bin.« Bei ihrer illegalen Einreise in München am 1. Juni 2008 stand Linas Reise von Kabul nach Deutschland erst am Anfang. Sie wusste es damals noch nicht, aber bis zu ihrem »Ankommen« in der neuen Heimat sollten noch mehrere Jahre vergehen.

Ankunft mit einem leeren Koffer und einem Rucksack

Lina kommt mit einem Rucksack an. Der Inhalt: zwei Jeanshosen und ein pinkes Polohemd mit kurzen Ärmeln. »Ich habe die Hosen immer noch, ich kann sie nicht wegschmeißen. Das ist mein

Backpack«, sagt sie und lacht. »Das waren damals meine neusten Hosen. Ich ziehe die nicht an – für draußen sind sie heute zu komisch, für zu Hause sind sie mir zu wertvoll.« Einen Koffer hatte sie dabei, doch der war leer. Lina trug ihn zur Tarnung, um am Flughafen in Kabul nicht aufzufallen. Auch den hatte ihr der Schlepper mitgegeben. Lina hat diesen Koffer nie abgeholt am Gepäckband in München.

Vom Flughafen wird sie zu einem Haus gebracht. »Ich wusste nicht, wohin wir fahren. Keiner hat mir etwas gesagt. Es war ein ringförmiges Gebäude, umzäunt, mit einem Wachdienst am Eingang und einem Innenhof«, erinnert sich Lina. Inmitten von nichts, am Rande der Stadt, irgendwo in der Nähe vom Flughafen. Mehr weiß Lina nicht. Die ersten Nächte verbringt sie dort. Ihre Zimmergenossen: zwei Männer, einer aus dem Irak, einer aus Somalia. »Ich habe drei Tage lang nur die Wand angeschaut. Und mein Handy.« Die SIM-Karte musste sie vor dem Abflug dem Schlepper geben, alle Kontakte musste sie löschen. Zu gefährlich, falls sie auf der Flucht geschnappt wird. Auf dem Handy blieben ihr nur drei Familienfotos. Das – und die Kleidung aus dem Rucksack – ist alles, was sie aus Afghanistan besitzt.

»Im Innenhof des Hauses gab es eine Sonnenuhr«, sagt Lina. Die Sonne, die Sonnenuhr, sommerliche Wärme – das waren ihre ersten Eindrücke in Deutschland. »In Afghanistan ist es um 19 Uhr schon stockdunkel. Ich habe auf diese Sonnenuhr gestarrt, es war 21 Uhr, 22 Uhr und noch hell. Es war ein schönes Gefühl«, erzählt Lina und lächelt, als sie sich daran erinnert.

Nach drei Tagen ging es für sie in die Erstaufnahmeeinrichtung für unbegleitete Minderjährige in der Baierbrunner Straße 14. Ein riesiges Gebäude mit vier Stockwerken, zahlreichen Zimmern und vielen Menschen. Lina war das einzige Mädchen aus Afghanistan, das unbegleitet nach Deutschland gekommen war. Es gab niemanden, mit dem Lina sprechen wollte, stattdessen viel Lärm, viel Hektik um sie herum. »Ich wollte mich verkriechen, einfach nur verstecken.«

Sie wohnte in einem kleinen 2-Zimmer-Apartment, das sie sich mit einem anderen Mädchen teilte: »Zuerst hatte ich ein somalisches Mädchen als Zimmernachbarin. Sie bekam regelmäßig

Besuch, das war auch okay für mich. Aber ihre Freundinnen haben mich immer wieder gefragt, wieso ich denn kein Kopftuch tragen würde. Sie waren eigentlich ganz lieb zu mir, wollten mir aber etwas vorschreiben, was ich ablehne. Ich bin in einer Kultur aufgewachsen, in der ein Nein fast schon eine Form von Unhöflichkeit ist. Deswegen war es mir unangenehm, etwas dagegen zu sagen«, sagt Lina. Sie schwieg. Ein Kopftuch hat sie in Deutschland nie getragen.

Die Tage und Wochen in der Erstaufnahme vergingen wie im Flug. Lina hatte Glück. »Meine Betreuerin ist mit mir in die Stadtbibliothek gegangen. Ich habe einen Ausweis bekommen. Ich wollte unbedingt lesen und habe mir als allererstes Harry-Potter-Bücher und einen Langenscheidt-Reiseführer mit CD ausgeliehen. Der CD-Recorder lief ohne Pause.« Lina wollte unbedingt Deutsch lernen – Aussprache, Grammatik, Redewendungen. Alles aufsaugen, wie ein Schwamm. »In der Einrichtung gab es einmal in der Woche einen Deutschkurs, aber wir haben nur die Basics gelernt. Apfel, Banane, Auto. Aber das hatte ich mir schon alleine beigebracht. Ich wollte mehr. Auf meinen Wunsch hin haben wir die Zahlen gelernt. Wir lebten in der Baierbrunner Straße 14. Da habe ich mir vorgenommen: Ich wollte unbedingt bis 14 zählen können!«

Für Lina stand bald der nächste Umzug bevor. Sie kam in eine Wohneinrichtung nur mit Jugendlichen und mit 24-Stunden-Betreuung. Sie war in der Jugendhilfe.

Diese Wohngruppen sollen eine familiäre, gemeinschaftliche Atmosphäre schaffen. Dort kümmert sich ein Team von Sozialarbeitern, die sich in der Betreuung abwechseln. Sie helfen bei Fragen des Alltags und haben auch die Entwicklung der Jugendlichen im Blick. Wenn jemand schwer traumatisiert ist oder gesundheitliche Probleme hat, wird er von den Betreuern an Ärzte oder Psychologen verwiesen.

Der 12. August 2008 war ein Samstag, Linas 17. Geburtstag – und der erste ohne ihre Familie. Erst wenige Tage zuvor war sie in die Wohngruppe eingezogen. Die Abläufe waren ihr noch nicht bekannt. Dass am Samstag alle gemeinsam frühstücken, wusste sie noch nicht. »Ich kam runter und habe gesehen, dass die Betreuerin einen Obstkuchen gebacken hatte, mit einer Kerze darauf. Alle haben für mich gesungen. Es war schön, aber zugleich auch traurig. Es war der erste Geburtstag ohne meine Familie«, erinnert sich Lina. In Afghanistan waren die Geburtstage immer ein großes Familienfest gewesen. Verwandte und Freunde wurden eingeladen. »Meine Schwester hat immer die Speisen dafür vorbereitet. Es gab typische afghanische Gerichte wie zum Beispiel *shami kebab*, Fleischbällchen mit Beilage, und zu trinken *qaimaq chai*, schwarzen Tee mit Sahne.« Es wurde viel getanzt, Musik gehört und vor allem Videos gemacht. »Das ist typisch afghanisch. Zu allen Feiern oder besonderen Ereignissen machen die Leute dort Videos. Besonders auf Geburtstagen«, lacht Lina.

Rückblende: schon als Kind auf der Flucht

Die Flucht war die einzige Konstante in den ersten Jahren von Linas Leben. Geboren wurde sie 1991 in Kabul. Als 1996 die Taliban die afghanische Hauptstadt eroberten und im selben Jahr der ehemalige Staatspräsident Mohammed Nadschibullah ermordet wurde, haben viele in Kabul gejubelt.

»Helikopter verstreuten Flugblätter mit der Aufschrift ›Willkommen Islamischer Staat!‹[28]. Die Menschenmenge war aufgeregt, alle haben gejubelt und geklatscht. Ich kann mich erinnern, dass hinter unserer Wohnung alle durchmarschiert sind. Ich habe mitgemacht. Es hat Spaß gemacht zu klatschen und herumzuspringen. Doch meine Mama hat mit mir geschimpft. Nicht sehr laut, aber in gedämpftem Ton zischte sie mir zu: ›Lina, wir jubeln nicht!‹ Mir war nicht klar, wieso. Mir war nicht klar, wie sehr sich mein Land verändern wird, mir war nicht klar, dass die Taliban es zerstören werden. Meine Eltern ahnten das.«

---

28 Zu dem Zeitpunkt gab es die Terrorbewegung IS (Islamischer Staat) noch nicht. Mit Plakaten wie diesen hieß man die Taliban willkommen.

Linas Eltern hatten die politischen Umwälzungen der Zeit erlebt: den Abzug der Sowjets 1989, den Zusammenbruch der politischen Ordnung in einem Bürgerkrieg. Sie hatten das Chaos erlebt, das die Warlords und das Nachbarland Pakistan mit den von ihm unterstützten Taliban anschließend nach Afghanistan gebracht hatten. Die damals fünfjährige Lina erlebt einen historischen Moment – ohne das zu ahnen. Die Taliban eroberten ab 1994 große Teile Afghanistans. 1995 standen sie kurz vor Kabul, ein Jahr später eroberten sie die Hauptstadt. Ihr Ziel: Aus Afghanistan einen Gottesstaat zu machen.

Lina selbst hat in ihrer Kindheit nichts vermisst. »Ich konnte mit den Puppen meiner älteren Schwester spielen.« Neues Spielzeug habe es selten gegeben, denn die Regale der Geschäfte waren leer. »Und wenn ein Geschäft für kurze Zeit aufmachte, war es doch zu gefährlich, dahin zu gehen, vor allem wenn es am anderen Ende der Stadt war«, erinnert sich Lina.

»Eines Tages ging der Knauf unserer Tür kaputt. Er war aus Kristall. Ich habe den genommen und mit ihm gespielt. Die Puppen gehörten mir ja nicht wirklich, die waren von meiner Schwester. Aber der Türknauf gehörte nur mir.« Und noch ein ganz besonderes Spielzeug hatte Lina: die selbst gemachten Puppen ihrer Oma, gebastelt aus einem Holzstock als Körper und altem Stoff für Kopf und Kleid. Jede Puppe – ein Unikat. Lina hatte alles, was sie brauchte. »Ich fand damals nicht, dass ich wenig hatte. Ich war die Jüngste in der Familie. Alle haben mich geliebt. Ich finde, ich hatte eine sehr schöne Kindheit.« Doch inzwischen ist Lina schon viele Jahre in Deutschland – hat die Perspektiven und Bewertungen ihrer neuen Heimat kennengelernt. Deshalb setzt sie erklärend hinzu: »Vielleicht würden Außenstehende sagen, dass ich ein eingeschränktes Leben hatte, aber ich selbst habe das eben nicht so empfunden.«

Doch es waren viele Umzüge, die Linas Kindheit geprägt haben. Nach dem Einmarsch der Taliban in Kabul musste Linas Familie fliehen und zog nach Masar-e Sharif.

Masar-e Sharif war zu diesem Zeitpunkt einer der wenigen Orte in Afghanistan, in dem die Taliban noch nicht die Kontrolle übernommen hatten. Die Stadt stand unter der Kontrolle von Abdul Raschid Dostum, derzeit Vizepräsident Afghanistans.[29] Er stammt aus einer armen Familie der usbekischen Minderheit in Afghanistan. Dostum, übersetzt »Jedermanns Freund«, hat es als eine der wenigen Figuren im öffentlichen Leben geschafft, über einen langen Zeitraum seinen Einfluss vor allem im Norden des Landes zu behalten und auszuweiten.

Innerhalb von Masar-e Sharif mussten Lina und ihre Familie mehrfach umziehen: zwei oder drei Mal. Sie überlegt. Oder waren es doch vier Mal? Linas Erinnerungen verblassen. Es waren einfach zu viele Ereignisse in zu kurzer Zeit. Zuerst haben sie in einem einzigen Zimmer geschlafen. Ihre Betten: Schlafsäcke auf dem Boden. Ein Freund des Vaters hatte Mitleid mit der Familie. »Wir sind dann irgendwann in sein Haus eingezogen. Wir hatten wieder nur ein Zimmer zur Verfügung. Aber wenigstens war es nicht dreckig und kalt wie im Hof davor«, erinnert sich Lina.

Ihrer Mutter geht es gesundheitlich schlecht. Sie klagt über Magenschmerzen. Und kein geeigneter Arzt weit und breit. Man kann Linas Mutter nicht gründlich genug untersuchen, am Anfang gibt es nur einen Arzt im Dorf, der sie mit einfachsten Medikamenten behandelt.

Linas Vater möchte seiner Frau helfen: Sie fliegen nach Peschawar, in den Norden Pakistans, wo bereits viele afghanische Flüchtlinge lebten. Dort wird sie im Krankenhaus behandelt, dann darf sie wieder nach Hause. Es geht ihr zeitweise besser, die Hoffnung kehrt vorsichtig zurück. »Sie musste zwar jede Woche zur Dialyse. Wir wussten, dass ihre Nieren nicht richtig funktionieren. Aber sie konnte sich bewegen, spazieren gehen. Ich kann mich sogar erinnern, dass sie einmal die Kraft hatte, auf eine Hochzeit zu gehen. Wir dachten, alles wird wieder gut.«

Doch dann wendet sich das Blatt. Die Krankheit, deren genaue Ursache die Familie nicht kennt, verschlechtert sich. Linas Mutter wird ins Krankenhaus gebracht. Dort stirbt sie. Die sechsjährige Lina erfährt das erst einige Monate später. »Ich glaube,

29 Stand November 2015.

Papa wollte mich beschützen. Deswegen hat er es mir nicht direkt gesagt. Er hat sie alleine, ohne uns, begraben.« Eines Tages klingelte eine Nachbarin an der Tür. Die kleine und schmächtige Lina läuft ihrem Vater hinterher, um zu öffnen, und versteckt sich hinter ihm. »Mein Beileid zum Tod deiner Frau!«, sagt die Nachbarin zu Linas Vater. So erfährt Lina vom Tod ihrer Mutter – ungeplant, unvorbereitet. In diesem Moment war Linas Kindheit zu Ende. »Als ich das gehört habe, bin ich in Tränen ausgebrochen. Ich habe geschrien. Da ist mein Vater mit mir in den Park gegangen. Er meinte, ich soll aufhören zu weinen, sonst würde Mamas Grab voller Tränen sein und sie würde nass werden. Ich habe aufgehört. Ich wollte nicht, dass Mama nass wird.«

Ihr Vater bedeutet Lina alles. Er ist Vorbild, Beschützer und Freund. »Papa war ein großer Mann, etwa 1,80 Meter. Er hatte dunkelgrüne Augen und ein markantes Gesicht. Die Wangenknochen habe ich von ihm«, sagt Lina und lacht. Vielleicht hat sie ihren Humor auch von ihm. »Mein Vater war gutmütig, er hat viel gelacht.« Ganz sicher hat der Vater seiner Tochter damals auch seine Einstellung zu Bildung, zur Religion, zur Rolle der Frauen in der Gesellschaft mit auf den Weg gegeben. »Für ihn war Bildung sehr wichtig. Er hat meine Mama ermuntert, eine Ausbildung zur Bankkauffrau zu machen und zu arbeiten. Er hat Geld verdient, damit wir Sprachkurse und Computerkurse besuchen konnten. Wir konnten auch Bücher kaufen. Die Liebe zur Bildung verdanke ich meinem Vater. Deswegen ist aus mir das geworden, was ich bin. Ich lerne, um meinen Papa stolz zu machen.« Die nächsten zehn Jahre allerdings wird Lina nicht ständig mit ihrem Vater zusammenleben. Er kehrte nach dem Tod seiner Frau zurück nach Afghanistan – um dort zu arbeiten. Lina blieb mit ihrer zehn Jahre älteren Schwester in Peschawar. Dort war es sicherer. Einmal im Monat kam der Vater für zwei, drei Tage seine Töchter besuchen. Das waren die schönsten Momente: »Wir sind dann spazieren gegangen oder haben viel Zeit zu Hause verbracht, einfach nur geredet. Normale Sachen eben.« Lina und ihre Schwester lebten allein im ersten Stock eines Mehrfamilienhauses in Peschawar. »Meine Schwester hat die Wäsche gemacht, sie hat mir das Kochen beigebracht. Sie hat auch immer wieder nach den Hausaufgaben gefragt, aber die hatte ich immer gemacht, fast immer ...«, erinnert sich Lina, »nur einmal nicht«.

Sie besucht eine afghanische Schule. Lina hatte an diesem Tag ihre Mathematikhausaufgaben nicht erledigt. Sie versteckte sich vor der Lehrerin zusammen mit zwei anderen Schülerinnen hinter einer Plane. »Jemand hatte uns verpetzt. Die Lehrerin hat uns an den Haaren herausgezogen. Das tat sehr weh. Mein Kopftuch ist verrutscht«, erinnert sich Lina.

Beten war wie Yoga

Ein Kopftuch trug Lina nicht aus religiöser Überzeugung, sondern weil es alle Frauen trugen. »Die anderen Frauen hatten große Kopftücher. Meines war klein. Ich hatte auch mal Kopftücher mit Löchern. Meine Kleider reichten bis zu den Knien, nicht länger. Ich hatte auch Schlitze an den Seiten, es war bequemer. Die anderen trugen weite Hosen, ich auch mal Leggings. Meine Schwester und ich mussten aufpassen, dass wir nicht zu sehr auffielen, denn unsere Bekleidung war hart an der Grenze des Erlaubten und Akzeptierten.«

In Linas Familie spielt Religion keine Rolle: Es wird nicht gebetet, Moscheebesuche sind eine Ausnahme. Sie wächst in einer Familie mit liberalen Ansichten auf. Sie darf sich frei für oder gegen den islamischen Glauben entscheiden. Sie entscheidet sich relativ früh dagegen. »In der 10. Klasse habe ich versucht, an den Islam zu glauben. Ich wollte mich anpassen. Ich habe versucht zu beten und habe das als eine Art Entspannung gesehen, wie Yoga oder so. In der Gesellschaft hieß es, wenn du betest, kontrollierst du die Dinge, die in deinem Leben passieren. Und wenn man betet, kriegt man Pluspunkte. Da Papa immer weg war, weil er in Afghanistan gearbeitet hat, habe ich eigentlich nur für ihn gebetet. Nicht für mich. Ich wollte ihn nicht auch noch verlieren.«

Diese Gebete wurden nicht erhört. Eines Morgens, als der Vater wieder zu Besuch ist und die Familie frühstückt, bricht er zusammen. Ihre Schwester bringt ihn ins Krankenhaus. Zurück kommt sie ohne ihn. Woran er genau gestorben ist, sagen die Ärzte den Mädchen nicht. So verliert Lina nun auch ihren Vater und damit ihr großes Vorbild.

Nach dem Tod ihres Vaters wird sie von der Familie ihres Onkels in Kabul aufgenommen. Dort prallen zwei Welten aufeinander. Die Welt des Onkels und seiner Familie: konservativ, traditionell, religiös. Linas Welt: liberal, offen, atheistisch. »Eines Morgens wurde ich geweckt: Ich sollte meine Sachen packen und noch am selben Abend abfliegen. Ich hatte keine Zeit zum Nachdenken. Der Schlepper hat mir meinen Pass und mein Ticket am Flughafen in Kabul übergeben, und meine Reise ging los«, erinnert sich Lina.

Lernen rettet – und hilft beim Ankommen

Bis zu ihrem 18. Geburtstag bleibt Lina in der Jugendhilfe. Es ist die Zeit des Ankommens, die Zeit des Erwachsenwerdens, die Zeit des Lernens. »Abends war das Licht lange an, weil ich gelesen habe. Meiner Zimmernachbarin gefiel das überhaupt nicht. Sie hat sich bei der Leitung des Jugendheims beschwert. Aber was sollte ich machen, das Lernen hat mich gerettet.«

Die Betreuer bemerken Linas Enthusiasmus fürs Lernen schnell. Sie melden sie an der »SchlaU-Schule« in München an. Lina machte den Einstufungstest. »Mathe und Englisch habe ich leicht bestanden. Deutsch habe ich gerade so geschafft. Ich hatte zuvor versucht, mir die Grammatik selber beizubringen. Ich hatte im Kopf die folgende Regel: Alles, was mit einem ›E‹ endet, ist feminin. Was bei ›Käse‹ völliger Käse ist«, sagt Lina und lacht aus vollem Herzen. »Mich irritiert es immer noch, dass die Wurst weiblich ist und der Käse männlich.«

Das Taschengeld, das sie monatlich bekam, hat sie gespart und bezahlte damit ihren Crash-Kurs, ein Monat nur Grammatik. »Ich habe mich geschämt, Deutsch zu sprechen, weil ich die Sprache nicht richtig beherrschte. Deswegen habe ich lange nicht laut gesprochen. Einmal haben wir mit der Jugendhilfe eine Reise an die Nordsee gemacht. Eine unserer Betreuerinnen dort wollte mich anspornen und sagte zu mir: ›Wenn wir miteinander reden, dann antworte ich nur, wenn du laut und deutlich auf Deutsch sprichst. Ich weiß, wie gut du es schon kannst. Hier hört jetzt kein anderer zu, niemand kommentiert, was du sagst. Also trau dich‹.« Linas Hemmungen fielen. Zum ersten Mal traut sie sich, laut Deutsch zu sprechen, ohne sich zu schämen. Heute spricht die gebürtige Afghanin akzentfrei und locker, ohne einen Gedanken an Grammatik zu verlieren.

Die SchlaU-Schule ist eine der Vorzeigeschulen für gelungene Integration in München. Der Name ist Programm und bedeutet: SCHuLAnaloger Unterricht für junge Flüchtlinge. Die Schule wurde im Jahr 2000 von Michael Stenger gegründet. Ziel ist, minderjährigen unbegleiteten Flüchtlingen im Alter von 16 bis 21 ein ganzheitliches Schulkonzept zu bieten. Denn sie »brauchen klare Ansprachen, klare Ziele, klare Perspektiven. In dem Augenblick, in dem man ihnen das bietet, kommt auch was ganz anderes zustande. Die negative Energie aus ihren früheren Leben kann sich in positive Energie umwandeln«, sagt Michael Stenger.[30]
Bis 2011 hatten Jugendliche, die bei der Einreise 16 Jahre alt waren, in der Regel keinen Zugang zum Schulsystem. Die SchlaU-Schule wollte diese Lücke schließen und den Jugendlichen eine Perspektive in Deutschland bieten. Mehr noch: Die SchlaU-Schule bietet Hilfe bei administrativen Angelegenheiten, bei der Suche von Wohnungen und unterstützt bei der Bewerbung auf Ausbildungsplätze.[31]

---

30 Zitiert nach dem Interview des ZDF mit Michael Stenger, http://www.zdf.de/ZDFmediathek/beitrag/video/2302444/Michael-Stenger-und-seine-SchlaU-Schule?setTime=349736#/beitrag/video/2302444/Michael-Stenger-und-seine-SchlaU-Schule. Das Interview ist inzwischen nicht mehr in der Mediathek einsehbar. Lesenswert der ausführliche Artikel in der ZEIT von Tutmann, Linda »Erste Lektion: Kopf hoch!« vom 18.10.2012 vgl. http://www.zeit.de/2012/43/Fluechtlinge-Schule-Michael-Stenger

31 Vgl. weitere Infos auf der Website der Schule: http://www.schlau-schule.de/

Bei Lina ging das Konzept der Schule sehr gut auf. Sie kam erst einmal in die 3. Klasse der SchlaU-Schule, wenige Wochen später wechselt sie schon in die 5. Klasse. Ein paar Monate später von der 5. Klasse in die 7. Sie lernt schnell. Dann kommt sie in die sogenannte »Qualiklasse«, die letzte Klasse vor dem Schulabschluss. Doch auch da ist ihr das Tempo zu langsam. Lina will mehr. Doch dafür muss sie mit dem Direktor sprechen. »›Gäbe es die Möglichkeit, dass ich vielleicht aufs Gymnasium gehe?‹, habe ich ihn gefragt. Meine Güte, was war ich damals aufgeregt. Ich war sehr nervös und brauchte ein wenig, bis ich mich getraut habe, ihn anzusprechen. Ich habe all meinen Mut zusammengenommen«, erinnert sich Lina.

Doch Mut allein genügt nicht, es gibt einige bürokratische Hürden. »Wenn ein Flüchtling in Deutschland ankommt und viel Glück hat, darf er die SchlaU-Schule besuchen. Dann holt er den Schulabschluss nach, kriegt einen Ausbildungsplatz und verdient etwas. Er wird dann nicht mehr von der Jugendhilfe unterstützt. Aufs Gymnasium gehen bedeutete, dass ich nicht arbeiten würde. Ich hatte damals den Eindruck, dass man das Risiko nicht eingehen wollte, in ein Flüchtlingskind wie mich zu investieren«, meint Lina.

Die Lehrer in der SchlaU-Schule standen aber hinter ihr. Auch die Direktorin des Gymnasiums hatte keine Bedenken, Lina diese Chance zu geben. Doch der Vormund stellte sich quer. Es folgten etliche Gespräche und Vermittlungsversuche. Es ging hin und her. Eine Zitterpartie für Lina. Das Gymnasium wäre das Tor zur Uni, zu einer besseren Zukunft. Sie wollte es unbedingt. Ohne die Hilfe des Direktors der SchlaU-Schule wäre das nicht gegangen. Er kämpfte so lange bis endlich das lang ersehnte o. k. kam.

Lina durfte zuerst als Gastschülerin die 10. Klasse besuchen. Danach hätte sie die Klasse wiederholen sollen – so war die Abmachung. Doch das war nicht notwendig. Sie schrieb die Prüfungen und durfte direkt in die 11. Klasse, dann in die 12. »Nur in Chemie hatte ich eine 4, aber das lag wohl daran, dass der Lehrer Bayrisch sprach«, lacht sie. »Viele haben nicht den Mut, das so zu machen, oder Menschen, die hinter einem stehen. Ich hatte großes Glück in den ersten Jahren in Deutschland.«

Sie schloss das Gymnasium 2011 ab, drei Jahre nach ihrer Ankunft, mit einer Note von 2,3. Für Zahnmedizin und Medizin hat es nicht gereicht. Der Numerus clausus war zu hoch. Die Enttäuschung war groß. Es dauerte lange, bis Lina diesen Rückschlag überwunden hat.

Deutschland sollte die jungen Flüchtlinge als echte Chance sehen

»Gerade wegen dieser Hürden ist aus mir diese kämpferische Person geworden. Ich bin jetzt das, was ich bin, wegen dem, was ich erlebt habe«, fasst Lina zusammen. Die aktuelle Flüchtlingspolitik sieht sie skeptisch. Deutschland begehe einen schwerwiegenden Fehler gerade bei der Integration von Jugendlichen, sagt die heute 24-Jährige. »Man kann so viel aus dem Menschen rausholen. Man darf nicht die Tür zumachen, vor allem vor jungen Leuten nicht. Jugendliche, die nach Deutschland kommen, egal aus welchen Gründen, sind wie ein leeres Buch. Die sind das, was du in dieses Buch schreibst. Sie werden das, was du aus ihnen machst. Warum diese Chance nicht nutzen? Es wäre dumm, wenn Deutschland sie verpassen würde«, sagt Lina fassungslos, irritiert und verärgert.

Nach dem Abitur macht Lina eine Ausbildung zur Zahnarzthelferin. Im Anschluss arbeitet sie in einer Praxis, doch sie ist nicht zufrieden: zu viel Hierarchie, zu wenig Mitsprache, schlechte Bezahlung. Zahnarzthelferin – das wird nicht ihr Beruf, merkt Lina schnell. »Ich wollte studieren.«

Im Oktober 2013 beginnt sie mit ihrem Physik-Studium an der Uni München. Sie ist jetzt im 5. Semester. Noch 6 stehen ihr bevor. Danach will Lina ihre Doktorarbeit schreiben, vielleicht im Bereich Physical Engineering oder im Bereich Kernteilchen und Astrophysik. In der Industrie arbeiten? Vielleicht später, meint Lina: »Wenn man nach dem Physik-Studium direkt in die Wirtschaft geht, ist das fast schon wie Fremdgehen.« Vor dem Lernen hat sie keine Scheu. Lernen sei wie eine Therapie, sagt Lina. »Wenn ich lerne, dann verschwindet alles andere. Ich

bin wie in einer Blase. Es gibt dann keine Gefahren, keine Grau-
bereiche.« Mit Bildung könne man etwas verändern. »Ich gebe
sehr gern mein Wissen weiter. Wissen, das sind Fakten. Da gibt es
keine Moral, kein Gut oder Böse, sondern nur richtig oder falsch.
Wenn ich etwas machen kann, dann Bildung weitergeben.« Seit
Kurzem lehrt sie Deutsch, ehrenamtlich, zwei Mal die Woche.

In ihrem Deutschkurs sind nur Männer, in unterschiedlichem
Alter, mit unterschiedlichem Bildungsstand, alle aus Afghanistan. »Die Kursteilnehmer können kein Deutsch, aber sie sind so
motiviert. Sie wollen die Sprache lernen. Sie respektieren mich,
auch wenn ich jung und weiblich bin. Ein älterer Herr hat auf
Dari »Frau Lehrerin« zu mir gesagt. Ich fühle mich dem Wort
nicht würdig. Er ist dankbar, dass ich ihm in meiner Freizeit
Deutsch beibringe.«

Sie will etwas weiterreichen, mehr noch: etwas zurückgeben.
Das, was ihr Deutschland gegeben hat: Bildung und Zukunft.
»Ich hatte so viel Glück. Ich will einen Teil davon weitergeben.
An die Neuen.«

7 »Ich will in einem Land leben, das einen Staat hat« – Ibrahim aus Somalia

Ibrahim freut sich darüber, seine Geschichte erzählen zu können. Der große schlaksige Junge, der mich um zwei Köpfe überragt, ist erst seit vier Wochen in Deutschland. Sein gutes Englisch hat ihm seine Mutter, die Lehrerin war, beigebracht. »Ihr war unsere Bildung sehr wichtig. Wir drei Geschwister sind alle zur Schule gegangen, das war für meine Mutter selbstverständlich. Meine Schwester ist sieben Jahre älter als ich und inzwischen verheiratet. Und mein Bruder ist ein Jahr älter.« Ibrahim konnte die Schule trotzdem nur ein paar Jahre besuchen. »Denn 2008 wurde die Schule in Halgan von den Islamisten geschlossen. Sie zerstörten das Gebäude. Sie wollten die Schule nicht.«

Fast ein Jahr dauerte Ibrahims Flucht aus seiner Heimat in Zentralsomalia. Der 17-Jährige kam Anfang September 2015 nach Deutschland. »In meinem Heimatdistrikt Halgan und in der umliegenden Provinz Hiiraan leben die Menschen fast alle von der Landwirtschaft.« Die Provinzhauptstadt Beledweyne – die nächste größere Stadt mit ungefähr 60000 Einwohnern, liegt etwa 70 Kilometer nördlich, unweit der Grenze zu Äthiopien. Beledweyne ist immerhin die viertgrößte Stadt des Landes – und sie hat eine Universität. »Unser Dorf Halgan liegt direkt an der großen Straße, die nach Beledweyne führt. Mein Vater lebte dort sein ganzes Leben lang, sechzig Jahre, als Bauer.«

Ibrahims Heimatregion – das ist trockenes, staubiges Land, das nur dünn besiedelt ist. Es ist nicht leicht, von der Landwirtschaft zu leben. »Meine Familie war auf das Einkommen meiner Mutter angewiesen, die lange Zeit als Lehrerin gearbeitet hat. Meine Eltern kannten sich bereits als Kinder, denn sie stammten beide aus Halgan. Später hat meine Mutter ihre Ausbildung in Mogadischu gemacht.«

Land ohne Staat

Halgan geriet ab 2006 – wie ganz Südsomalia – in den Machtkampf zwischen Staat und Islamisten. Zwei Jahre später hatten die Islamisten der Al-Shabaab-Miliz in der Provinzhauptstadt die Macht erobert. Erst 2011 gelang es der somalischen Übergangsregierung und der Armee, die Stadt zurückzuerobern. Doch das bedeutet nicht, dass für die Menschen in der Region Ruhe und Ordnung einkehrte – oder dass das Leben dort sicherer wurde. »Kämpfer der Al-Shabaab attackieren Militärbasen« – solche und ähnliche Nachrichten zeigen, dass der Konflikt anhält. Immer wieder greifen Islamisten oder andere Milizen staatliche Einrichtungen an oder verüben Selbstmordanschläge. Über die Lage in den Dörfern gibt es kaum Nachrichten – Somalia ist eines der gefährlichsten Länder für Journalisten. Reporter ohne Grenzen nennt das Land auf seiner Rangliste der Pressefreiheit auf Platz 172 von 180 Ländern weltweit – damit unter den Schlusslichtern. Wegen der hohen Sicherheitsrisiken sind Reisen und Recherchen im Land kaum möglich oder sehr gefährlich. Journalisten sind unmittelbar der Gewalt der Kriegsparteien ausgesetzt: Die Islamisten lassen in den von ihnen kontrollierten Gebieten nur ihre eigene politische oder religiöse Propaganda zu, sie verbieten sogar die Nutzung des Internets. Sie ermorden Jahr für Jahr Dutzende Journalisten. Auch Regierung und Behörden setzen Journalisten und Medien unter Druck. Auch deswegen sind unsere Informationen über das, was in Somalia wirklich passiert, so lückenhaft. Sie beschränken sich in der Regel auf Informationen zur allgemeinen politischen Lage und aus der Hauptstadt. Andere Krisen haben den Konflikt in Somalia aus den Schlagzeilen verdrängt. Ich frage Ibrahim, ob sich die Lage für die Menschen in seiner Region wirklich beruhigt hat, wie es manchmal heißt.

»Was politisch in Somalia entschieden oder verhandelt wird, das erreicht uns auf dem Land kaum.« Schon seit 2006 seien immer mehr Islamisten nach Halgan gekommen – und viele blieben. »Anfangs traf man nur vereinzelt auf Al-Shabaab-Kämpfer, doch ab 2008 waren sie überall zu sehen. Sie traten öffentlich auf,

116

sprachen junge Leute, insbesondere Männer, direkt auf der Straße an: ›Schließ dich uns an, wir kämpfen für die Scharia, für die Einhaltung der göttlichen Ordnung. Kämpfe für deine Religion!‹ Und sie haben auch Versammlungen organisiert, wo sie auf der Straße oder auf dem Versammlungsplatz alle jungen Leute zusammenriefen. Natürlich kennt man sich in einer solch kleinen Stadt, jeder kennt dort jeden. Du kannst dich nicht ducken oder verstecken – sie wollten, dass sich alle jungen Männer entscheiden: Bist du für uns oder gegen uns?«

Neutralität gibt es nicht in Somalia – seit 1991 steht das Land im Krieg. Clans, Milizen, Islamisten, Armee, Regierung – jeder kämpft gegen jeden. Somalia ist ein gescheiterter Staat, der seine Bürger nicht vor der Gewalt schützen kann.

»Somalia ist ein Land ohne Staat!«, so beschreibt das Ibrahim.

Wer nicht mitkämpft ist ihr Feind – die Al-Shabaab

Der Al-Shabaab geht es darum, neue Kämpfer für ihren Krieg gegen den somalischen Staat zu gewinnen. Deshalb gingen sie in Halgan, genau wie anderswo, in die Koranschulen, auf die Versammlungsplätze. Ibrahim fiel auf, dass zu Beginn die Führer der Al-Shabaab Araber waren. »Viele der Islamisten, die sich in Halgan niederließen, kamen aus anderen Regionen, auch aus der Hauptstadt Mogadischu. Doch inzwischen bekennen sich längst viele alteingesessene Bürger Halgans zu den Islamisten. Deren Einschüchterungstaktik und der Druck, den sie ausgeübt haben, haben gewirkt.«

Wer nicht für die Al-Shabaab war, der war ihr Feind – das galt für die Jungen wie für die Alten: »Kennst du das Prinzip der Ältesten? Für uns sind sie sehr wichtig. Die Ältesten bei uns sind Schlichter und Richter. Sie entscheiden bei Streit zwischen Familien um Land oder Vieh. Sie sind Ratgeber.« Die Ältesten ersetzen in Somalia wie in vielen anderen afrikanischen Gesellschaften manchmal staatliche Strukturen wie Polizei oder Gerichte. Sie sind Vorbilder, setzen Maßstäbe und regeln das Zusammenleben. Wer eine Gesellschaft beeinflussen oder ändern will, kommt an ihnen nicht vorbei. »Deshalb haben die Al-Shabaab auch bei den Ältesten angesetzt und ganz gezielt auf sie Einfluss genommen. Wenn sich ihnen aber ein Ältester in den Weg stellte und nicht einverstanden war, weil er sich zum Beispiel für die Bildung von Mädchen einsetzte, dann war er ihr Feind. Die Al-Shabaab wollten an die jungen Leute ran – und akzeptierten nicht, dass ihnen da Älteste im Wege standen. Wir konnten in Halgan mit eigenen Augen verfolgen, was das hieß: Wer den Islamisten nicht passte, wer widersprach oder sich nicht überzeugen ließ, der wurde ermordet – gleichgültig, wer er war, und was er zuvor für unsere Gemeinschaft geleistet hatte. Es ist ihr Prinzip, im ganzen Land Unruhe und Verunsicherung zu verbreiten. Halgan war bis dahin ein kleines friedliches Dorf, wo die Menschen von der Landwirtschaft leben konnten. Ich glaube, den Islamisten geht es auch darum, solche friedlichen und funktionierenden Orte und Gemeinschaften zu zerstören.«

Halgan war für die Islamisten aber auch aus sehr praktischen und kriegstaktischen Gründen wichtig, denn der Ort liegt direkt an der großen Straße, die von der Provinzhauptstadt Beledweyne in das 130 Kilometer entfernte Buulobarde führt. »Diese Straße ist für die Versorgung der ganzen Region wichtig und die Islamisten wollten sie kontrollieren. Denn über Straßensperren lässt sich Geld einnehmen und der Zugang zu einer Region blockieren.«

Für Ibrahim wurde die Luft dünner in Halgan. Denn wer 16, 17 oder18 Jahre alt ist, der muss sich entscheiden, auf wessen Seite er im Krieg kämpfen will. »Sie sprachen mich überall an. Und natürlich wollte ich nicht bei deren Dschihad mitmachen. Sie fragen dich: ›Bist du bereit, für dein Land, deinen Glauben zu kämpfen?‹ Wer auch immer darauf mit Ja antwortet, kann aus meiner Sicht selbst nicht viel wissen. Er ist ungebildet. Ich werde für meine Religion niemanden töten. Ich werde in diesem Krieg, der unser Land kaputtmacht, nicht mitkämpfen.« Ibrahim ist davon überzeugt: »Keine Religion der Welt gibt dir den Befehl oder gar das Recht, einen Menschen zu töten.« Doch er kennt auch viele Schulkameraden, die darauf eingegangen sind und heute zur Al-Shabaab gehören: »Alle jungen Menschen in Somalia fragen sich nach ihrer Perspektive, denn die meisten gehen nicht zur Schule. Und wenn dir dann jemand sagt: ›Du bekommst von mir monatlich Geld, wenn du für mich arbeitest‹, dann ist das verlockend.«

Wie also hat er selbst auf diese Anwerbeversuche reagiert? »Wenn du angesprochen wirst, dann antwortest du natürlich nicht ehrlich. Das wäre viel zu gefährlich. Ich hätte denen am liebsten geantwortet: ›Es gibt keinen Grund, mit Gewalt gegen andere zu kämpfen, das will keine Religion. Und ich sehe auch nicht, dass der Westen, die USA oder Deutschland, willkürlich Länder angreifen, wie ihr es behauptet. Ich glaube, dass es jeder Mensch selbst in der Hand hat, seinem Leben einen Sinn zu geben, sich um seine Perspektive zu kümmern. Das nimmt ihm die Religion nicht ab!‹ Doch das habe ich nicht getan. Denn wenn man ihnen widersprach, haben sie stets gesagt: ›Hör auf, solche Lügen zu verbreiten, das kann gefährlich für dich werden‹. Deshalb weichst du aus. Du sagst: ›Ich muss erst mit meinen Eltern sprechen und wenn sie einverstanden sind, dann mache ich bei euch mit.‹ Doch bei vielen unserer Nachbarn hat diese Form der Einschüchterung gewirkt. Sie sind heute Islamisten. Und kontrollieren die Lebensweise und die Gewohnheiten ihrer Nachbarn. Die meisten Frauen in Halgan tragen heute Burka, weil die Al-Shabaab das so wollen und weil man sonst nicht sicher ist.«

Al-Shabaab bedeutet »die Jugend«. Die Gruppe formierte sich nach 15 Jahren Bürgerkrieg zwischen 2004 und 2006. Die Al-Shabaab geht auf zwei ältere islamistische Organisationen im Land zurück, die Islamische Union und die Union Islamischer Gerichte. Die Deutsche Welle hatte Ende 2014 Gelegenheit, mit einem ehemaligen Al-Shabaab Kämpfer zu sprechen. Was Ibrahim über die Rekrutierung von jungen Menschen durch die Miliz schildert, bestätigt sich: »Die meisten einfachen Kämpfer machen es des Geldes wegen. Es gibt keine Arbeit im Land. Deshalb bietet Al-Shabaab eine der wenigen Möglichkeiten, wenn man eine Beschäftigung haben will. Es sind nur sehr wenige, die wirklich an die Ideologie glauben. Es gibt natürlich kein Büro, wo du dich bewerben kannst. ... Gewöhnlich kommen sie auf dich zu, oft über Menschen aus deinem Umfeld. Ich habe einige Verwandte, die sich Al-Shabaab angeschlossen hatten. Die haben mich dann überredet. ... Die Al-Shabaab geben vor, für die Verbreitung religiöser Traditionen zu kämpfen. Sie tun aber genau das Gegenteil. Sie töten Menschen völlig willkürlich. Es geht nur um ihre eigenen Interessen.«[32]

Ähnlich wie den Islamisten des IS in Syrien und im Irak oder denen der Boko Haram in Nigeria geht es auch Al-Shabaab darum, aus Somalia einen islamistischen Staat zu machen. Schon seit 1991 – seit fast einem Vierteljahrhundert – ist der Staat zusammengebrochen. Die Al-Shabaab übernehmen Funktionen und Aufgaben, für die eigentlich ein funktionierender Staat da ist: Sie sorgen für Sicherheit, schaffen eine Religions- und Sittenpolizei – und haben sogar Institutionen, die eigentlich zu einem Staat und einer Regierung gehören, wie Ministerien für Information, Gesundheit, Inneres und so weiter.

Die Al-Shabaab unterhält enge Kontakte zu anderen Islamistenorganisationen wie Boko Haram oder Al-Qaida. Auch darüber wusste der Al-Shabaab-Aussteiger den DW-Kollegen zu berichten: »Viele wichtige Leute von Boko Haram aus Nigeria wurden in Trainingscamps in Somalia ausgebildet. Von Al-Shabaab reisen immer wieder Kämpfer für Trainings in den Jemen und umgekehrt.« Und: Ähnlich wie der IS sieht Al-Shabaab Somalia nur als Ausgangspunkt für die Schaffung islamistischer Staaten weltweit. »Der ehemalige Informationsminister sagte immer: ›Solange wir nicht die islamische Flagge in Alaska hissen können, müssen wir weiterkämpfen.‹«

Für Ibrahim wurde es eng. »Das ist wie Gehirnwäsche. Sobald du zum Gebet kommst oder dich auf der Straße bewegst, kommen sie auf dich zu. Sie behalten dich immer im Blick. Ihre Botschaft ist einfach: ›Du lebst doch hier nur vor dich hin, dein Leben ist

32 http://www.dw.com/de/al-shabaab-aussteiger-afrikas-terroristen-sind-eng-vernetzt/a-18 126 014

sinnlos und unerfüllt. Du sitzt nur herum und gehst zur Schule. Du solltest vielmehr mit einer Waffe umgehen lernen und für deine Religion kämpfen. Dann bekommt dein Leben einen Sinn!‹ Diese Typen haben mir irgendwann ein Ultimatum gestellt und mir anderthalb Monate gegeben, um zu entscheiden, ob ich zu ihnen gehören will oder nicht. Und wenn nicht, dann würden sie mich töten. Und sie wussten viel über meine Familie, sie wussten von meiner Mutter, die sehr aktiv war, sich stark für Bildung einsetzte und als Lehrerin gearbeitet hat.«

Ich werde der Nächste sein, den sie umbringen

»Meine Mutter lehrte an der staatlichen Schule in Halgan. Als diese 2008 von der Al-Shabaab zerstört wurde, fuhr sie jeden Tag die 70 Kilometer bis nach Beledweyne, um dort zu unterrichten. Sie hat sehr viel auf sich genommen, um weiter arbeiten zu können. Sie nahm den Bus und ging dann noch weite Strecken zu Fuß.«

Die Islamisten der Al-Shabaab lehnen Bildung und Schulen grundsätzlich ab. »Für sie sind Lehrer, abgesehen von ihren eigenen Religionsgelehrten, Feinde. Und Frauen, die einen solchen Beruf ausüben, umso mehr. Wer immer aktiv ist, sich einbringt oder einmischt, der passt ihnen nicht. Und meine Mutter war eine solche Frau. Öfter wurde sie an den Straßensperren kontrolliert und befragt: ›Was unterrichtest du? Arbeitest du für die Regierung?‹ Sie antwortete: ›Nein, ich bin nur ein Mensch, der anderen hilft, sie unterrichtet.‹«

Ibrahims Mutter fiel auf – und sie hörte nicht auf die wiederholten Warnungen. »Die Islamisten kamen dann zu meinem Vater nach Hause und forderten ihn auf: ›Verbiete deiner Frau, arbeiten zu gehen!‹ Aber meine Mutter war eine sehr starke Frau. Sie wollte weiter unterrichten. Viele andere haben einem solchen Druck nicht standgehalten. Sie schon, denn sie war sehr selbstbewusst.«

Eines Tages wurde sie auf ihrem Weg nach Beledweyne gestoppt. »Ich habe mir vorgestellt, was sie meine Mutter damals wohl gefragt haben – genau weiß ich es nicht. ›Du gehst also weiterhin in die Schule, unterrichtest weiter? Du hältst dich nicht an das, was wir sagen?‹ Sie haben meine Mutter mitgenommen und sie war für zwei Wochen verschwunden. Mein Vater hatte große Angst, das haben wir Kinder gemerkt. Er hat sie überall gesucht. Er ist ein ganz normaler Mann und er hat sich sehr geängstigt. Ich liebe ihn sehr. Meine Mutter hat sich nicht gefürchtet, denn wenn du gebildet bist, dann fürchtest du dich nicht so schnell. Mein Vater war einzuschüchtern, weil er weniger gebildet war. Er hat alles Mögliche versucht, mit den Islamisten verhandelt, damit unsere Mutter freikommt. Doch die haben ihm entgegnet: ›Wir haben dich gewarnt, dir gesagt, du sollst mit deiner Frau reden. Und dafür sorgen, dass sie mit der Arbeit in der Schule aufhört – dennoch macht sie weiter.‹«

Die folgende Schilderung fällt Ibrahim schwer: »Wenn ich darüber spreche, dann geht es mir nicht gut. Ich möchte das deshalb nur kurz tun.« Zwei Wochen nach der Entführung brachten die Islamisten Ibrahims Mutter als Gefangene zurück in den Ort. »Sie brachten sie nicht nach Hause, sondern zu unserem Dorf- und Versammlungsplatz. Unsere Familie – meine Geschwister, meinen Vater – haben sie aus unserem Haus geholt und in Richtung Platz gestoßen: ›Ihr geht dorthin! Das geht euch an!‹«

Ab jetzt ist nichts mehr wie vorher

»Auf dem Platz war meine Mutter von mehreren bewaffneten Männern umringt. Dann haben sie geschossen. Sie haben uns als Familie, vor allem auch uns Kinder gezwungen, dabei zuzusehen. Dieser Moment hat mein ganzes Leben verändert. Danach war nichts mehr so wie vorher.« Ibrahim war damals elf Jahre alt.

Er weiß, dass genau das die Absicht der Extremisten war. »Sie haben meine Mutter zur Schau gestellt, sie hingerichtet. Vor den Augen der ganzen Gemeinschaft, der Nachbarn, der Schulkameraden. Und wollten damit öffentlich zeigen: Wir werden jeden anderen töten, der unterrichtet, der sich gegen uns stellt!«

Nach diesem Ereignis entschied Ibrahims Vater, dass Ibrahims älterer Bruder Somalia verlassen und nach Äthiopien ausreisen solle. Er wollte verhindern, dass die Familie weiter zur Zielscheibe wurde, dass auch er getötet wird, weil er nicht mitmachen will. Fünf Jahre später traf er diese Entscheidung auch für Ibrahim. »Mein Vater sagte Ende 2014, es war November, zu mir: ›Wir leben hier in Halgan nahe zur Grenze zu Äthiopien und du musst aus diesem Land ohne Staat raus. Wenn dich einer fragen sollte, dann sagst du, du willst deinen Onkel besuchen. Du wirst gehen und du wirst nie wieder zurückkehren. Verliere keine Zeit.‹«

Die Heimatregion von Ibrahim liegt unweit der Grenze zu Äthiopien. Der kürzeste Weg, um Somalia zu verlassen, würde also über Äthiopien führen. Doch wegen des Bürgerkriegs und der Islamisten kontrolliert Äthiopien die Grenze zu Somalia stark. Deshalb führte Ibrahims Weg zunächst in die somalische Hauptstdt Mogadischu. »Mitgenommen habe ich eigentlich nichts – keinen Koffer, keine Tasche. Denn das löst Fragen aus.« In das etwas mehr als 300 Kilometer nördlich gelegene Mogadischu fuhr Ibrahim mit einem der größeren Lastwagen, die regelmäßig Waren in die Hauptstadt bringen. »Da kannst du einfach hinten drauf steigen.« Nach 15 Stunden Fahrt kam er in Mogadischu an. »Es war klar, dass ich auch aus Mogadischu schnell wieder aufbrechen musste. Denn die Islamisten sind überall – und natürlich stehen sie miteinander in Kontakt.«

Ibrahim reihte sich ein in den gigantischen Flüchtlingsstrom aus Somalia. Knapp eine Million Somalier sind außerhalb ihres Landes auf der Flucht. Somalier stellen eine der größten Gruppen unter den Flüchtlingen auf dem afrikanischen Kontinent dar. Die Hälfte von ihnen lebt in Kenia, weitere große Flüchtlingsgemeinschaften finden sich in Uganda, Äthiopien, Burundi, im Jemen und in Ägypten. Auch wenn Europa unter dem Flüchtlingsdruck ächzt und stöhnt: Nirgendwo sind so viele Menschen auf der Flucht wie in Afrika. 15 Millionen Flüchtlinge zählte das UN-Flüchtlingswerk 2015 auf dem afrikanischen Kontinent. Und nur eine kleine Minderheit reist weiter in Richtung Europa. Die meisten von ihnen kommen aus Burundi, Nigeria, Somalia, dem Südsudan, Kongo, oder der Zentralafrikanischen Republik – das sind keine Wirtschaftsflüchtlinge, wie pauschal gerne über afrikanische Flüchtlinge gesagt wird, sondern in erster Linie Menschen, die vor physischer Gewalt, Rechtlosigkeit oder der Vernichtung einer ohnehin schon kargen Lebensgrundlage fliehen.

Somalia ist überall

»Mein nächstes Ziel war Kenia. Von Mogadischu aus fuhren wir mit einem Auto weiter. Wir haben die Grenze zu Kenia im Norden überquert, bei Mandera. Dort gibt es einen schmalen Fluss. Du kannst für wenig Geld einen Platz auf einem Schiff auf der somalischen Seite des Flusses bekommen, und dann legst du am kenianischen Ufer wieder an.« Das sei sehr einfach – viele Somalier würden diesen Weg nutzen, sagt Ibrahim. Für viele Somalier endet die Flucht hier, in Nordkenia. Immer noch lebt eine halbe Million registrierte Somalier in Kenia.

Viele von ihnen bleiben in einem der größten Flüchtlingslager der Welt, Dadaab, im nördlichen Kenia, nur 100 Kilometer von der somalischen Grenze entfernt. Von der Stelle, an der Ibrahim die Grenze überquerte, sind es noch 600 Kilometer bis zum Flüchtlingslager. »Einige der Somalier auf dem Schiff wollten dorthin.« Dadaab ist längst kein provisorisches Lager mit Zelten mehr, sondern eine Stadt, die weiter wächst. Längst leben hier mehr Somalier als nomadische Einwohner. Schon seit 1991 fliehen sie vor dem Bürgerkrieg und dem Hunger. Mit noch vor wenigen Jahren rund 650 000 Bewohnern war Dadaab lange Zeit das größte Flüchtlingslager der Welt.[33] Die Islamisten der Al-Shabaab nutzten die mangelnde Sicherheit und die gute Infrastruktur des Lagers

---

33 2014 waren es noch rund 350 000 Flüchtlinge. Zwischen der kenianischen und der somalischen Regierung wurde ein Abkommen über die Rückführung von Flüchtlingen geschlossen, nach dem sich die Zahl weiter verringern soll.

124

für ihre Zwecke: Sie operierten in den dortigen Krankenhäusern ihre Verletzten. Deshalb geriet Dadaab in die Schlagzeilen. Das Lager gilt als eines der gefährlichsten der Welt – selbst Hilfsorganisationen fahren nur mit bewaffneter Eskorte in das Lager und niemals im Dunkeln. Im Jahr 2011 wurden zwei Mitarbeiterinnen der Hilfsorganisation Ärzte ohne Grenzen aus dem Lager entführt und zwei Jahre lang als Geiseln gehalten. Welche Gefahr von diesem Lager ausgeht, wurde im April 2015 klar, als auf die Universität von Garissa ein Anschlag von somalischen Terroristen verübt wurde, bei dem 148 Menschen starben. Die Attentäter waren über Dadaab nach Kenia eingereist. Die kenianische Regierung bezeichnete diesen Anschlag als »9/11 Kenias« – und reagierte darauf, indem sie ankündigte, das Flüchtlingslager aufzulösen und die somalischen Flüchtlinge in ihre Heimat zurückzutransportieren. Inzwischen gibt es ein entsprechendes Abkommen zwischen der somalischen und der kenianischen Regierung, sodass Somalier aus Dadaab in befriedete Regionen ihrer Heimat zurückkehren können.

Ibrahim passierte die Grenze zu Kenia noch vor dem Anschlag von Garissa. Sonst wäre seine Einreise nach Kenia sicher schwieriger gewesen, denn Kenia kontrolliert seit dem Anschlag die durchlässige Grenze zum Nachbarland noch strenger als schon zuvor und baut einen 700 km langen Zaun, um die Somalier abzuwehren. Für ihn sollte Dadaab nur eine Zwischenstation auf seiner Flucht sein, denn es war noch viel zu nah an Somalia – und Ibrahim viel zu unsicher:

»Ich wusste, dass in Dadaab viele der somalischen Extremisten sind, und deshalb wollte ich dort nicht lange bleiben. Ich wollte möglichst schnell aus Dadaab weg. Einige meiner Mitreisenden sind in Dadaab geblieben. Für mich kam das nicht infrage, denn die Islamisten kennen sich und stehen miteinander in Kontakt – sie haben mit Sicherheit auch direkte Kontakte nach Halgan. Und wenn sie dich kriegen wollen, dann ist es für sie sehr einfach.« Mit dieser Einschätzung ist Ibrahim nicht alleine – nicht nur der Anschlag auf die Universität in Garissa, sondern auch das Attentat der Al-Shabaab auf das Einkaufszentrum

»Westgate« in Nairobi im September 2013 hatten gezeigt, dass die Al-Shabaab längst auch das Nachbarland Kenia als Operationsfeld nutzen. »Mein Vater hatte mir bei meinem Aufbruch eingeschärft: ›Du musst in ein Land gehen, das eine Regierung hat und das weit weg von Somalia ist.‹ Ich habe mich also von Garissa aus mit einem Reisebus auf den Weg nach Nairobi gemacht.«

Mit seinen paar Brocken Suaheli konnte sich Ibrahim durch manches einfache Gespräch schummeln. »Wenn sie dich gegrüßt haben: ›Jambo!‹ ›Hello!‹ – dann habe ich auch geantwortet ›Jambo!‹ Ab und zu wurde auch unser Bus bei Straßenkontrollen angehalten und ich wurde oft gefragt: ›Wo willst du hin?‹ Dann habe ich immer wieder geantwortet: Ich will meine Tante in Nairobi besuchen. ›Zeig uns deinen Studentenausweis!‹ – ›Den habe ich vergessen. Aber wollt ihr mich deswegen ins Gefängnis bringen?‹ Nach meinem Pass wurde ich nicht gefragt. Irgendwie war klar: Dieser Junge ist kein dicker Fisch und kein Terrorist, von ihm geht keine Gefahr aus.« Auch wenn viele somalische Flüchtlinge in Kenia davon berichten, dass Polizisten häufig gewaltsam gegen illegale Migranten vorgehen – Ibrahim hat das nicht erlebt: »Die kenianischen Sicherheitsleute haben mich gut behandelt – du merkst gleich: Sie arbeiten für einen richtigen, einen starken Staat. Sie achten deine Rechte. Das ist in Somalia anders. Dort machen sie keinen Unterschied zwischen kleinen Fischen und den Verbrechern – durch den Krieg und die vielen verschiedenen Clans, die sich bekämpfen, steht einfach jeder unter Verdacht. Und jeder wird behandelt wie ein Verbrecher. Und deine Rechte schützt niemand.«

In Nairobi ist Ibrahim dann bei Freunden aus Somalia untergekommen, die aus derselben Region stammen wie er selbst. Zusammen bewohnten sie eine Wohnung in Nairobis Stadtteil Embakasi, in dem Menschen mit unteren und mittleren Einkommen wohnen. Ibrahim ist in der Megacity untergetaucht – wie viele andere Somalier. »In Nairobi sind die Kontrollen streng. Manchmal klopfen sie sogar nachts an deine Tür. Es ist deshalb nicht einfach, dort zu überleben. Ich fand keine Arbeit. Mir gelang es nur, in Nairobi durchzuhalten, weil mich meine somalischen Freunde unterstützt haben. Ich konnte mich während der ganzen Reise immer auf die Unterstützung anderer Somalis verlassen. Somalier findest du überall. Überall in Afrika leben somalische Gemeinschaften. Die musst du nur finden.« Ibrahim blieb nur vier Wochen in Nairobi. Das Geld für das Ticket für den Reisebus nach Kisumu in Richtung ugandischer Grenze gaben ihm die somalischen Freunde in Nairobi.

Dem Vater verpfllichtet

Ich möchte von Ibrahim wissen, was ihn auf seiner Flucht bewegt hat und auch nach vorne getrieben hat. Er denkt nicht lange nach: »Das war vor allem der Wunsch, den mein Vater mir beim Abschied mitgab. Er hat gesagt: ›Ich wünsche dir, dass du es schaffen wirst, dass du weiterkommst, und dabei stets anderen hilfst.‹« Der Vater nimmt einen zentralen Platz in seinen Gedanken ein: »Ich vermisse meine Familie. Ich habe meinen Vater auch während meiner Flucht immer wieder angerufen – sobald es ging. Und ich tue das auch heute noch mehrmals in der Woche. Anfangs hatte ich große Sorgen. Ich fragte ihn: ›Wie geht es dir, Baba? Geht es dir gut?‹ Ich habe mich immer etwas vor der Antwort gefürchtet. Denn die Islamisten haben uns Jugendliche davor gewarnt, einfach wegzulaufen und gedroht: ›Wenn du fliehst, dann werden wir uns an deine Eltern halten. Wir kennen deinen Vater und werden ihn dann töten.‹ Doch mein Vater hat mir am Telefon nie davon erzählt, dass er Druck von ihnen bekommen hätte.«

Für Ibrahim geht es deshalb schon vier Wochen nach seiner Ankunft in Deutschland vor allem um eines: »Ich wünsche mir unbedingt, dass mein Vater und meine Schwester nach Deutschland kommen können. Mein Vater hat mich ernährt, mir ein Dach gegeben, mich von der Schule abgeholt. Er hat mich immer unterstützt, und nun sollte ich das für ihn tun. Ja, das wünsche ich mir sehr. Dass meine Familie aus Halgan rauskommt. Mein Vater ist ein Teil von meinem Herzen. Und ich vermisse ihn sehr. Wenn es mir gelänge, ihn nach Deutschlands zu holen, dann würde er sicher sagen: ›Ibrahim ist wirklich großartig!‹«

Die Grenze nach Uganda will Ibrahim in Busia passieren. »Ich habe mir diesen Weg ausgesucht, weil es hieß, dass dort weniger stark kontrolliert würde. Aber das ist nicht mehr so, inzwischen kontrollieren sie da wirklich streng die Pässe. Auf mich kam einer der Grenzer zu und fragte nach dem Pass und ich habe ihm gesagt: Ich habe keinen, ich bin ein Student und ich habe meine Studentenkarte vergessen. Ich will nur drüben bei den Geschäften auf ugandischer Seite etwas einkaufen. Dann komme ich zurück. Ich hatte nicht wirklich Angst. Wenn du Angst hast, dann merkt man, dass du lügst. Er hat mit mir auf Suaheli gesprochen und ich habe ihm auf Suaheli geantwortet. Ich hatte ja nicht einmal eine Tasche dabei. Trug nur eine Jacke. Es war offensichtlich, dass ich nichts hatte und von mir keine Gefahr ausging. Da hat er mich durchgelassen.« In Uganda stieg Ibrahim auf kleinere Autos um und fuhr bis in die Hauptstadt Kampala. »Weil die Somalis in allen Nachbarländern zu finden sind und weil sie so viele sind, kannst du sie leicht erkennen. Wir Somalis haben, glaube ich, überall auf der Welt unsere Treffpunkte, Orte an denen auf der Straße zusammen Tee getrunken wird. Wir erkennen einander sofort. In Kampala habe ich es deshalb genauso gemacht, wie immer, um die richtigen Kontaktpersonen zu finden: Ich habe mich einfach auf die Straße gesetzt, die Leute beobachtet und geschaut, wie sie sich verhalten. Irgendwann sah ich einen älteren Somali und habe ihn einfach gefragt: Kannst du mir helfen? Er hat mich gefragt: ›Hast du einen Pass? Du kannst hier nicht einfach irgendwo umherziehen. Uganda ist sehr streng.‹ Aber er gab mir etwas zu Essen und Geld und damit bin ich zur Tawhid-Moschee gegangen – dort beten viele Somalis – und habe dort geschlafen. Als Wachleute kamen und mich rausschmeißen wollten, habe ich ihnen gesagt: Ich habe nichts und suche nur ein Dach über dem Kopf. Ich durfte zwölf Nächte lang in der Moschee schlafen und sie haben mir geholfen.« Die Moschee steht im armen, aber zentralen Stadtteil Kisenyi. Der wird auch ›Klein Mogadischu‹ genannt, denn in Kisenyi leben geschätzte 4000 somalische Flüchtlinge – sie sind nicht zu übersehen.

Mit Dieben und Drogendealern im Gefängnis im Südsudan

An der Grenze zum Südsudan wurde Ibrahim der Grenzübertritt nicht so leichtgemacht. »Ich hatte ohnehin schon vorher viel gehört über die rücksichtslose Art der Sudanesen. Wie sie mit Menschen, vor allem auch Flüchtlingen, umgehen. Einer der Grenzer bei Nimule winkte mich zu sich heran: ›He du, komm her zu mir!‹ Sie fragten mich nach meinem Pass, ›Wohin willst du?‹ – ›Ich will nach Juba!‹ – ›Was willst du dort tun?‹ – ›Nur arbeiten!‹ – ›Ohne Pass kannst du nicht arbeiten. Du musst zurück!‹ ›Ich habe kein Geld, um nach Kampala zurückzukehren. Ich muss weiter!‹ Doch sie haben mich einfach abgewiesen. In der Nähe sah ich einen Alten, der an der Straße Fladenbrot buk und es verkaufte. Ich war wirklich verzweifelt und habe ihn angesprochen: ›Sag mir, ich muss wirklich über diese Grenze, wie stelle ich das am besten an?‹ Er antwortete: ›Warte in Ruhe ab. Jetzt am frühen Morgen ist ein schlechter Zeitpunkt. Warte, bis sie am Nachmittag etwas essen gehen. Und dann gehst du rüber.‹ Und dann gab er mir etwas Brot und ich habe mich hingesetzt und gegessen. Dann hat er mich losgeschickt: ›Jetzt ist ein guter Moment, los, geh!‹

Um es kurz zu machen – es hat nicht geklappt! Ich geriet an denselben Grenzer wie am Morgen: ›Ich hatte dir doch gesagt, du solltest zurückkehren!‹ – ›Dafür habe ich kein Geld! Gebt mir Geld, und ich kehre nach Kampala zurück.‹ – ›Du machst Witze, du kennst den Südsudan nicht, aber du wirst ihn kennenlernen!‹«

Ibrahim kam ins Gefängnis: »Das war der dreckigste Ort, den du dir vorstellen kannst. Sie packen dich nur einfach in dieses dunkle, staubige Loch und vergessen dich da. Außer mir saßen in dem Gefängnis Diebe und Drogendealer. Es waren etwa 30 bis 35 Personen in einem Raum ohne Fenster, völlig überfüllt, stickig. Keine Toiletten. Es stank furchtbar. Die anderen kamen aus dem Sudan oder aus Uganda, ein paar Somalis waren auch dabei. Die Diebe waren auf Geld aus, haben als Erstes meine Taschen durchsucht, mir die Jacke und die Schuhe abgenommen. Wehren kannst du dich nicht. Ich habe das alles geschehen lassen und abgewartet. Irgendwann nach 20 Tagen kam einer der Militärs, der wohl das Kommando hatte, und hat gefragt: ›Warum haltet ihr den Jungen fest? Er ist minderjährig.‹ – ›Er hatte keine Papiere!‹ – ›Bringt ihn her, ich will mit ihm sprechen!‹ Mein Arabisch ist nicht sehr gut, aber er konnte etwas Englisch. Ich habe ihn gedrängt: ›Ich bin nur ein Mensch, der arbeiten will, ich habe Eltern, die ich unterstützen muss. Und ich bitte dich nicht um Geld, um Wasser oder um Brot, ich bitte dich: Setz mich in ein Auto und lass mich nach Juba fahren. Nach Hause zurück kann ich nicht mehr, dort musste ich weg.‹ Ich habe ihm aber nicht gesagt, dass ich aus Somalia stamme. Als ich ein Papier ausfüllen musste, habe ich meinen Namen angegeben und als Herkunftsland Uganda. Wer weiß, wenn sie gelesen hätten, dass ich aus Somalia komme, dann hätten sie vielleicht ihre Meinung geändert! Und dann hat er gesagt: ›Okay, du kannst gehen. Aber komm nie wieder ohne Papiere an diese Grenze!‹ Ich bekam von ihm eine Art Ersatzpapier, in dem stand, dass ich meine regulären Papiere verloren hätte. Und dann hat er mir ein Auto organisiert.«

In Juba wurde es leichter. »Es gibt dort viele Unternehmen, die von Somalis geführt werden. Und ich habe meinen Vater angerufen: ›Ich bin in Juba! Ein erster Schritt ist gemacht!‹ Ich musste Geld verdienen für die Weiterreise, deshalb habe ich vier Monate gearbeitet – an einer Tankstelle. Dort habe ich Autos gewaschen, manchmal bekommst du dafür am Tag fünf Euro oder drei Euro. Das ist kleines Geld, aber es ist besser als nichts. Davon etwas zu essen zu kaufen, ist allerdings schwierig. Der erste Monat in Juba war für mich eine Katastrophe. Es reichte für nichts, denn irgendwo musst du wohnen, irgendetwas musst du essen – vor allem aber: Die nächste Etappe ist die Sahara. Diese Etappe ist teuer – sie kostet dich sehr viel Geld. Ich musste wirklich viel sparen.«

Sparen auf der Flucht, damit es weitergeht

»Deshalb habe ich mit meinem Chef gesprochen und ihn gefragt ›Was kann ich machen, um mehr Geld zu verdienen?‹ Und er hat geantwortet: ›Du kannst Reifen flicken, dafür bekommst du mehr.‹ Am Tag waren das 20 US-Dollar. Dann habe ich einen zweiten Job gefunden. Dort konnte ich von 7 Uhr morgens bis 11 Uhr in einem Laden sauber machen. Das Geld vom ersten Job habe ich gebraucht, um in Juba zu leben, die Stadt ist sehr teuer. Und das Geld von meinem zweiten Job habe ich für die Weiterreise gespart. Das war wirklich hart.«

Eines Tages wurde Ibrahim von einem Somali angesprochen, der draußen Kaffee trank: »›Hey junger Mann, was machst du da?‹ – ›Das ist mein Job!‹ antworte ich dem Mann und wollte das Gespräch eigentlich beenden. Doch der Mann hatte Zeit und wollte sich unterhalten. Ich war sehr einsilbig und habe versucht ihn abzuwimmeln: ›Ich habe zu arbeiten, ich habe keine Zeit, mich zu unterhalten!‹ Er fragte mich: ›Warum bist du so grob?‹ – ›Ich bin nicht grob, ich stecke in Schwierigkeiten und komme hier nicht über die Runden. Deshalb habe ich einfach keine Zeit zu schwatzen, weil ich meinen Job behalten will.‹ Doch der Somali ließ nicht locker: ›Du arbeitest hier schon seit zwei Monaten? Wie viel Geld fehlt dir denn noch?‹ ›Etwa 300 US-Dollar‹, habe ich geantwortet. Und da hat er gesagt: ›Du musst diesen Job hier aufgeben und weiterkommen. Denn irgendwann werden sie dich nach richtigen Papieren fragen. Du musst weg aus dem Sudan.‹ Und er gab mir die 300 US-Dollar.«

Zusammen mit den 200 US-Dollar, die Ibrahim mit den Jobs gespart hatte, kam er auf insgesamt 500 Dollar, mit denen er in die nächste Etappe startete. An die Schleuser kam Ibrahim über seine somalischen Freunde in Juba. »›Du musst aufpassen, an wen du da im Sudan gerätst, denn es gibt immer noch welche, die Afrikaner als Geiseln nehmen und sie erpressen.‹ Aber ich bekam die richtigen Hinweise.«

Khartum zu erreichen kostete Ibrahim 170 US-Dollar und 16 Stunden Autofahrt auf einem Pick-up – und um ein Haar seine Gesundheit. »Auf der Fahrt dorthin habe ich Malaria bekommen. Mir war heiß, ich hatte hohes Fieber, ich war völlig fertig. Deswegen bin ich in Khartum dann sofort in ein Krankenhaus gegangen. Ich wusste mir nicht mehr zu helfen. Dort habe ich den ganzen Rest meines Geldes verloren. Von den 500 US-Dollar war nichts mehr übrig. Ich habe dem Arzt gesagt: ›Das ist alles, was ich habe‹, und er hat diese Summe akzeptiert. Meine Güte, was war das teuer!«

Auch in Khartum tat Ibrahim, was ihm schon zuvor in anderen Städten geholfen hatte: »Immer, wenn du in ein neues Land kommst, musst du die Menschen genau studieren: Wie sie sich im Alltag benehmen, wie sie sich verhalten. Du musst dich unsichtbar machen. Ich habe mir Khartum erlaufen, habe Somalis gesucht, die mir helfen könnten.« So traf er auf eine Gruppe Eritreer, Somalis und Äthiopier. »Die haben gesagt: ›Komm, wir helfen dir. Du bist von so weit hergekommen. Und dein Ziel ist nun wirklich nah.‹ Das war toll. Sie haben mich einfach unterstützt, ich konnte bei ihnen wohnen. Unter ihnen waren auch einige, die relativ viel Geld hatten. Die hatten die Schleuser schon für die Etappe durch die Sahara bezahlt und ich konnte mich ihrer Gruppe anschließen.«

So ging es in die Sahara. »Wir sind mit etwa 30 Personen auf einen größeren Pick-up gestiegen. Du sitzt Schulter an Schulter mit deinem Nachbarn, umklammerst deine Beine und versuchst, bei dem Gerüttel auf den Pisten nicht von der Ladefläche zu fallen. Denn den Fahrern ist das völlig egal. Was mit uns passiert, interessiert sie nicht. Sie sind Händler. Und wir sind die Ware. Und so behandeln sie uns. Jeder von uns hatte ganze drei Liter Wasser.

In den ersten Tagen war die Fahrt wirklich schnell. Wir sind immer vom frühen Morgen bis abends um sieben gefahren. Danach haben wir geschlafen.« Doch am zehnten Tag änderte sich das: »Unsere Fahrer haben uns da mitten in der Wüste das Geld für die gesamte Fahrt abgenommen. Sie hatten Waffen und haben gesagt: ›Ihr müsst jetzt für die gesamte Reise bezahlen.‹ Das war gegen die Verabredung. Es war Diebstahl. Bei mir war da nichts zu holen – das Einzige, was ich bei mir hatte, war mein Wasser.«

Und in der nächsten Nacht sind diese Fahrer auf einmal verschwunden – und vier neue, sehr brutale Männer waren da. »Sie sprachen Arabisch und trugen Waffen. Ich glaube, das waren auch Sudanesen. Sie haben nur rumgeschrien. ›Los Leute, bringt mir alle eure guten Kleidungsstücke. Wer eine Uhr hat, gibt sie bei mir ab!‹« Ibrahim hatte nichts abzugeben, er hatte nur, was er am Leibe trug. Schlimmer aber war: Die Männer nahmen den

Flüchtlingen auch das Trinkwasser ab. »Stattdessen gaben sie uns Wasser aus einem Kanister, in dem zuvor Diesel gelagert wurde. Das hast du überall durchgeschmeckt. ›Ihr werdet dieses Wasser trinken!‹, sagten sie. Ich habe das nur tropfenweise gemacht und versucht, mir das Trinken so weit es geht zu sparen. Denn dieses Wasser vergiftet dich. Ich glaube, der Fahrer hat es darauf angelegt, dass wir mitten in der Wüste starben und er einfach zurückfahren konnte. Denn das Geld war ja weg – bezahlt an die Fahrer vorher. Er konnte mit uns kein richtiges Geld mehr verdienen – wir waren kein Geschäft mehr. Für uns war klar: Wir müssen aufpassen, dass er nicht einfach mit dem Auto verschwindet. Einer von uns musste immer die Augen aufhalten. Wir haben sehr nahe an dem Auto geschlafen, weil wir fürchteten, dass sie uns einfach in der Wüste liegen lassen würden.«

Tagsüber telefonierten die Schleuser ununterbrochen – und verhandelten. Offensichtlich versuchten sie, mit anderen Schleusern in Kontakt zu treten. Irgendwann kam ein zweites Auto hinzu, später weitere, bis es sechs Pick-ups waren. »Je mehr Schleuser es wurden, desto brutaler gingen sie mit uns um. Und wir waren dann wirklich viele Flüchtlinge: Äthiopier, Somalier, Einzelne kamen aus Westafrika und sprachen Französisch. Es wurden immer mehr. In der Situation war uns die Herkunft der anderen aber völlig egal. Ob aus Somalia oder aus Äthiopien – alle sind gleich und für alle geht es ums Überleben.

Der Weg durch die Sahara dauerte 18 Tage«, schätzt Ibrahim. »In den ersten fünf Tagen führte die Fahrt durch den Sudan, dann ging es vier Tage durch den Tschad. Die Reise durch den Tschad war wirklich eine Katastrophe. Die Fahrer waren sehr grob: ›Wenn ihr etwas zu essen haben wollt, dann bringt es doch selber mit!‹, sagten sie uns. Wir haben bestimmt fünf Leute auf dieser Fahrt verloren. Sie starben, weil sie keine Kraft mehr hatten. Sie waren ausgetrocknet oder hatten Durchfall und Erbrechen, und einige hatten auch Malaria so wie ich. Sie wurden einfach von den Autos gestoßen und in der Wüste liegen gelassen. Wir wollten sie beerdigen und haben unseren Fahrern gesagt: ›Warte, das ist einer von uns, ein Freund, wir wollen ihn begraben!‹ Dann haben sie nur geantwortet: ›Dann stirb doch mit ihm zusammen, bleib hier und beerdige ihn, wir fahren weiter! Wenn du mitkommen willst, dann solltest du ins Auto zurückkehren!‹ Und dann hast du deinen Freund ein letztes Mal angesehen und zu ihm gesagt: ›Dir kann jetzt nur noch Gott helfen!‹ Das ging natürlich nicht nur uns so. Ich weiß nicht mehr, an wie vielen menschlichen Skeletten oder Knochen wir vorbeigekommen sind. Und diese Verbrecher haben darüber noch Witze gerissen und uns gesagt: ›Jetzt seht ihr, wie es euch ergehen wird, wenn ihr euren Preis nicht zahlt!‹ Den Frauen unserer Gruppe ging es besonders schlecht. Sie wurden belästigt und ihnen wurde Schlimmes angetan. Die Schleuser haben die Frauen aus der Gruppe überfallen, sie mit Gewalt weggezerrt, obwohl sie geschrien und sich gewehrt haben. In der Wüste kannst du dich nicht wehren. Du bist nichts, wie ausgeliefert. Manchmal habe ich dann meinen Arm um eines der Mädchen gelegt und gesagt: ›Das ist meine Frau – lass sie in Ruhe!‹ Fahia konnte ich so einige Male davor schützen, dass die Schlepper sie mitnahmen. Zu ihr habe ich bis heute Kontakt, auch wenn sie in Finnland lebt. Was wir erlebt haben, das vergessen wir nie. Dann haben sie mich verprügelt: ›Du lügst. Das ist nicht deine Frau!‹ Ich habe dagegengehalten und gesagt: ›Doch, lasst sie in Ruhe, das ist meine Frau. Sie ist ein Mensch. Und ihr sollt uns schützen und nicht foltern.‹«

Höllentrip durch Libyen

»In Libyen mussten wir die Autos wechseln – und es gab wieder neue Fahrer, alles Libyer. Sie sprachen nur Englisch. Unseren Fahrer nannten sie Sam. Wir wussten sofort: Das ist ein echter Verbrecher. Der Fahrer nannte uns Rindviecher – ganz wörtlich, wenn er telefonierte oder mit anderen sprach: ›Ich habe acht Rinder, willst du sie übernehmen?‹ Er hat uns einfach verkauft an einen anderen. Das passiert irgendwo im Nichts der libyschen Wüste. Und wir konnten nichts dagegen tun. Als Flüchtling bist du nur eine Ware. Das ist wie auf dem Viehmarkt. Und so kamen wir nach Libyen. Wir wurden in Erdhöhlen gefangen gehalten. In meiner Erinnerung waren wir etwa 200 Menschen. Wir wurden miserabel versorgt – allen fehlte es an Flüssigkeit. Wir waren am Ende unserer Kräfte und völlig dehydriert. So sehr, dass du Wasser erst mal nur auf die Lippen nimmst und sie damit benetzt. Du kannst das Wasser kaum schlucken, so trocken ist dein Hals. Sie haben uns festgehalten, weil sie uns erpressen wollten. Von diesem Ort aus kannst du nirgendwohin weglaufen. Und sie haben uns gut bewacht. Dann haben sie Namenslisten gemacht und uns antreten lassen: ›Was hast du an Geld dabei, an wertvollen Gegenständen? Gib es ab und dann unterschreib auf dieser Liste, und du kommst weiter in Richtung Europa. Wenn du kein Geld hast, dann kannst du deine Verwandten anrufen und sie können es schicken!‹ Die Familien überweisen auf Konten, die sie dir nennen. Das Geld fließt direkt an den Big Boss dieser Mafia in Tripolis.« Ibrahim musste 600 US-Dollar zahlen. »Sie haben mir gesagt: ›Das ist das Mindeste.‹ Und sie gaben mir ein Telefon, damit ich meine Familie anrufen kann. Sie haben immer mitgehört, und wenn ein Besetztzeichen kam oder die Leitung nicht zustande kam, dann haben sie dich geschlagen.

Ich habe meinen Vater angerufen, und mein Vater hat es möglich gemacht, mich aus dieser Gefangenschaft zu befreien. Es war sein Erspartes. Er hat damals bei dem Telefonat gesagt: ›Ich will nicht, dass du dort stirbst und werde dafür sorgen, dass du dort wegkommst.‹ Und dann hat es etwas mehr als eine Woche gedauert, bis mein Vater das Geld wirklich zusammenhatte und überweisen konnte. 600 US-Dollar sind eine Riesensumme, er musste sich sicher Geld leihen. Genaueres hat er mir nicht gesagt. Aber ich bin ihm so dankbar, dass es ihm gelungen ist. Wirklich sehr dankbar!«

Den Augenblick überleben

Die Schleuser nahmen nur mit, wer bezahlen konnte, alle anderen mussten dableiben – auch Mitreisende von Ibrahim: »Ich weiß nicht, ob sie überhaupt noch leben, vielleicht sind sie tot.« Sieben Monate dauerte Ibrahims Aufenthalt in Libyen – sieben lange Monate, in denen jeder Tag von der Angst um das eigene

Überleben und das Überleben der Mitreisenden geprägt ist. Sieben Monate, in denen Ibrahim befürchten musste, dass er verdursten oder verhungern könnte, man ihn einfach auf der Strecke lässt. »Damals in Libyen war ich gar nicht in der Lage, an das Ziel meiner Reise zu denken, es ging irgendwie nur um das Jetzt. Darum, diesen Augenblick zu überstehen und den nächsten zu erleben. Du bist zwar sehr mit dir selbst beschäftigt, aber es hat uns geholfen, dass wir eine Gruppe von Somalis waren, so war keiner ganz allein. Diese Angst, diese Riesenangst hat mich durch meine ganze Reise in Libyen begleitet. Denn du weißt und du erlebst: Ein Mensch zählt hier nichts!

Die Schleuser haben uns in die Nähe von Tripolis gebracht. Dort mussten wir auf einen Lastwagen umsteigen, der voll beladen war mit Salz. Wir wurden aufgeladen, aufgeschichtet und mit Planen bedeckt. ›Wehe, wenn ihr sprecht, dann machen wir euch alle‹, haben die Fahrer zu uns gesagt. ›Ihr seid so gut wie in Europa, haltet die Klappe.‹ Sie waren bewaffnet. Du hattest ständig irgendwo ein Bein oder ein Knie von jemandem stecken. So sind wir wohl durch Tripolis gefahren, es war dunkel und genau gesehen haben wir das nicht. Sie haben uns in ein Waldstück in der Nähe des Ozeans gebracht. Dort war es sehr kalt.

In Tripolis warteten dann andere Schleuser auf uns, die für die Überfahrt mit dem Schiff zuständig waren. Und wieder mussten wir bezahlen. 500 US-Dollar diesmal. Das war eine Katastrophe. Ich steckte fest, in der Nähe von Tripolis und wusste: Ich muss Geduld haben. Ich wusste, wie schwierig das Ganze für meinen Vater sein musste, dass er dieses Geld nicht hatte. Ich konnte ihn nicht bedrängen. Ich musste abwarten.«

Drei Monate musste Ibrahim auf das Geld warten. Dabei wollte er nur eines: endlich weg aus dem gescheiterten Staat Libyen. »Natürlich habe ich meinem Vater beim Telefonieren nicht gesagt, wie schlecht es mir ging, dass ich völlig erschöpft war und nachts nicht schlafen konnte. Dass ich enorme Angst hatte, dass ich Libyen vielleicht nicht überleben würde, dass diese Libyer mich einfach umbringen. Ich habe ihm gesagt: ›Vater ich habe es geschafft, ich bin in Libyen direkt am Ozean, es ist nicht mehr weit nach Europa!‹«

Libyen – dafür findet Ibrahim auch heute noch unterschiedliche Begriffe des Schreckens: Albtraum, Gefängnis, Folterkammer. »Für mich steht fest: Die Libyer sind Rassisten, die die Not der afrikanischen Flüchtlinge zu Geld machen.« Als das Geld endlich ankam, war das eine gute Nachricht – doch die schlechte folgte umgehend: »Mein Vater rief mich an, als er das Geld überwies. Und er sagte mir: ›Ibrahim, du weißt, dass ich dir nur das Beste wünsche, aber wenn sie dich nochmals fassen und du zahlen musst, dann werde ich dir nicht mehr helfen können. Mehr Geld kann ich dir nicht mehr schicken, mehr kann ich nicht finden. Ich weiß nicht, wie ich alle diese Kredite zurückzahlen soll.‹«

Zwei Wochen später, im August 2015, legte das Boot mit Ibrahim ab. »Es war ein großes Gummiboot. Ich schätze, dass wir etwa 200 Menschen waren. Wir saßen Knie an Knie. Das Boot hatte einen Motor und es wurde von einem von uns gesteuert. Es gab mehre somalische Jungs, die Erfahrung mit Booten hatten. Die waren sehr in Ordnung – sie waren mutig und hatten Ahnung von Schiffen. Und sie waren auch klug und haben vorher den Libyern nie zu erkennen gegeben, dass sie Schiffe steuern konnten. Denn es besteht die Gefahr, dass diese dich dann ausnutzen und andere Schiffe mit Flüchtlingen steuern lassen. Sie machen dich zu ihrem Sklaven, wenn sie wissen, dass du das kannst. Auf unserem Schiff war das Hassan. Er hat als Fischer gearbeitet, ist vielleicht drei, vier Jahre älter als ich. Er war unser Glück. Hassan hat uns immer wieder außer Gefahr gebracht während der Überfahrt. Später ist er nach Schweden gegangen. Wir wurden in Italien getrennt. Er hat sich gut ausgekannt, wollte, dass wir alle die Reise überleben.

Wir waren sehr aufgeregt, als es losging. Für mich ist das vergleichbar mit einem Fußballspiel. Während du den Ball aufpumpst, weißt du nicht, wie dieses Spiel für dich und deine Mannschaft ausgeht. Das weiß nur Gott! Und als wir dieses weiche und wacklige Boot sahen, da hatten wir wirklich Angst – es war vielleicht für 30 bis 40 Leute gemacht, wenn überhaupt. Und nun sollten wir alle einsteigen. Es waren nur Somalier auf dem Boot. Für mich war aber nur entscheidend, endlich aus Libyen weg zu sein. Am Abend des nächsten Tages war es so weit. Das war eine Riesenerleichterung, dieses Land hinter mir zu lassen. Ich konnte an nichts anderes denken. Endlich hier raus aus diesem Gefängnis! Mir war es egal, ob ich mit diesem Schiff untergehen würde – nur zurück nach Libyen wollte ich nie wieder. Und Hassan sah das ähnlich. Er hat sich auf dem ersten Stück der Fahrt sehr beeilt, um die libyschen Gewässer hinter sich zu lassen. Er hat Vollgas gegeben mit dem Motor. Denn wir alle wussten: Wenn uns die Libyer hier in ihren Hoheitsgewässern aufhalten und festnehmen – dann geht es zurück. Dann beginnt der Albtraum von vorn.«

Lieber tot als nach Libyen zurück

Alles nur das nicht – dieser Gedanke bewegte Ibrahim. Vor allem auch wegen seines Vaters: »Wenn ich mit diesem Schiff untergehen würde und sterben, dann würde mein Vater das sicher erfahren. Aber er könnte mich eines Tages vergessen. Aber wenn ich tatsächlich erneut nach Libyen zurückmüsste, dann wäre meine ganze Flucht nutzlos. Dann wäre ich nutzlos und das ganze Geld umsonst gewesen. Das wäre schlimmer als zu sterben!«

Nach zwei Tagen und zwei Nächten habe er weit weg Lichter gesehen. »Das war ein Schiff. Unser Diesel ging langsam zu Ende, und wir wussten, wir würden bald nicht mehr weiterfahren können. Hassan hat den Motor immer wieder ausgemacht und uns treiben lassen. Wir haben gesagt: ›Hassan, wir müssen schneller fahren, da ist ein Schiff!‹ Aber er hat geantwortet: ›Nein, das tun wir nicht. Es kann schließlich auch irgendetwas anderes sein und dann haben wir nichts davon und niemand hilft uns.‹ Mir hat dieses endlose Wasser wirklich Angst gemacht – es hatte keine Grenze. Du hast kein Ziel vor Augen, nur diesen langen Horizont. Ich habe mich schrecklich gefürchtet.

Das Schiff, das wir gesehen haben, hatte uns nicht gesehen. Es war viel zu weit weg. Es wurde Nacht und wir hatten kein Licht – und du kannst dich auch nicht bemerkbar machen. Niemand von uns hatte ein Telefon, um Hilfe zu rufen. Die ganze Nacht haben wir uns bemüht, näher ans Land zu kommen.

Irgendwann begann Wasser in unser Boot zu laufen. Und eine ältere dicke Frau regte sich sehr auf und fing an, sich zu bewegen: ›Ich brauche endlich eine Toilette! Ich will mich bewegen, ich will hier runter!‹, hat sie immer wieder gerufen. Ich glaube, es ging ihr nicht gut, sie hatte einfach Angst. ›Ich werde die nächsten zwei Tage nicht überleben!‹, schrie sie immer wieder. Einige haben sie angeschrien: ›Bleib sitzen! Wir haben Angst zu sterben, und du fragst nach einer Toilette? Willst du, dass wir untergehen, dass wir alle sterben?‹

Unser Boot ging kaputt, es lief immer mehr Wasser hinein – es hatte ein Loch. Kasim, ein anderer Flüchtling, der heute in Finnland ist, versuchte, das Loch zuzuhalten. Und dann, endlich, hörten wir über uns einen Hubschrauber. Es war die italienische Küstenwache. Wir waren so froh, endlich Polizei zu sehen! In diesem Moment war das wie eine Erlösung.

Wir haben wie die Wilden mit unseren T-Shirts nach oben gewinkt. Und der Helikopter hat über Lautsprecher mit uns Kontakt aufgenommen. ›Bleibt sitzen! Alle sitzen bleiben. Wir wissen nun, wo ihr seid. Wir werden euch retten. Bewahrt Ruhe! Wir schicken ein Rettungsschiff zu euch. Das wird noch zwei Stunden dauern.‹ Diese Botschaft hat uns wirklich Hoffnung gegeben. Wir haben sie angefleht, dass sie in der Nähe bleiben, weil doch unser Boot kaputt sei und es in Kürze sinken werde. Aber offensichtlich gab es noch andere Flüchtlingsboote in der Nähe, und der Helikopter musste weiter. Doch die Schiffe, die dann kamen, die haben uns gerettet, und wir kamen am frühen Morgen in Italien in der Provinz Catania auf Sizilien an.

Viele von uns wurden erst einmal ins Krankenhaus gefahren, denn sie hatten sich etwas gebrochen, hatten schwere Probleme mit ihrer Haut oder waren zusammengebrochen. Sie wurden dort untersucht. Die Italiener gaben uns auch SIM-Karten für Mobiltelefone und so konnte ich sehr schnell meinen Vater anrufen: ›Baba, ich habe es geschafft. Ich bin in Italien!‹ Zu dem Zeitpunkt hatte ich nur die Idee, dass ich nach Schweden, Finnland oder Deutschland wollte – wohin genau, wusste ich nicht.«

Was Ibrahim aber ganz sicher wusste: Im Lager von Catania würde er nicht lange bleiben. »Das war ein großes Chaos. Die

Italiener waren sehr unfreundlich. Sie nahmen unsere Fingerabdrücke und waren sehr streng zu uns.«

Als Ibrahim im August 2015 nach Catania kommt, brechen die Aufnahmezentren in Italien unter dem anhaltenden Druck schier zusammen. Das Essen ist schlecht, die sanitären Anlagen dreckig, die medizinische Versorgung nicht ausreichend. Gerade Minderjährige wie Ibrahim müssen dort auch Übergriffe Erwachsener befürchten. Hier in Catania ist – genauso wie in der griechischen Hafenstadt Piräus – inzwischen eines der Aufnahme- und Registrierungszentren entstanden, wo Migranten im Eilverfahren registriert und auch gegebenenfalls abgeschoben werden, wenn ein Antrag auf Asyl keine Aussicht auf Erfolg hat.

Ibrahim wunderte sich, denn es war dort ähnlich korrupt wie in Afrika. »Als ich mich bei einem der Aufseher beschwert habe, dass es zu wenig zu essen gibt, da hat er mir geantwortet: ›Wenn du mir etwas Geld gibst, dann kann ich dir Essen besorgen.‹«

Freunde durch die Flucht

»Unsere Gruppe hatte sich auch im Lager in Italien wieder zusammengefunden, und wir haben beobachtet, wie stark die Eingänge in unserem Lager bewacht wurden. Wir waren im Stadion von Catania untergebracht. Das hatten sie zum Flüchtlingslager umfunktioniert. Doch es gab schmale Fensteröffnungen, in denen kein Glas war, da haben wir uns durchgezwängt. Wir waren bestimmt 20. Manche von uns hatten Familie oder Freunde in Italien, und auch ich bin zu einem Freund in Italien gegangen. Als wir im Zug nach Mailand kontrolliert wurden, da sind wir schnell weggelaufen und einfach hinten wieder im Zug eingestiegen, wo die Kontrolleure nicht waren. In Mailand haben sich unsere Wege getrennt.«

Heute ist Kasim in Finnland, wie auch Fahia, die Ibrahim den Schleusern gegenüber immer wieder als seine Frau verteidigte. »Ich liebe sie wie eine Schwester. Viele von uns sind nach Finnland gegangen und wir sind heute über Facebook miteinander befreundet.« Ibrahim lieh sich von seinem Freund in Italien Geld und fuhr nach Deutschland. Verwandte hat er hier nicht – aber immerhin hat er eine Bekannte getroffen, die er aus seiner Jugendzeit in Halgan kennt und die inzwischen mit einem Deutschen verheiratet ist. »Es gilt für Deutschland genauso wie für die Länder, die auf meiner Reise durchquert habe«, lächelt er mich an: »Somalis findest du überall! Unser Land schützt seine Menschen nicht. Es ist ein Land ohne Staat. Deshalb fliehen so viele Menschen.« 4325 Somalier stellten im Jahr 2014 einen Antrag auf Asyl in Deutschland.

8 Neue Heimat Oberhausen – Achmed aus Somalia ist in Deutschland angekommen

Die glänzenden Metallobjekte sind der Beweis seiner erfolgreichen Ankunft in Deutschland. Und er ist stolz auf sie. Wie in einer Galerie hat Ahmed Ali in seinem Wohnzimmerschrank die Werkstücke aufgebaut: einige riesige Schrauben, den handgroßen Nachbau des Düsseldorfer Funkturms aus schwarz lackiertem Metall. »Das sind alles Stücke, die ich in meiner Ausbildung gefertigt habe, schau mal!« Und er baut sie vor mir auf. Eines nach dem anderen wird mir erklärt. Ahmed liebt Mathe und Physik – und Metall. Er macht eine Ausbildung zum Zerspanungsmechaniker.

Ahmed hat mich zu sich nach Hause eingeladen – in eine helle Zweizimmerwohnung mitten in Oberhausen. Direkt unter dem Dach. Wenn man hineinkommt, dann empfängt einen das strahlende Himmelblau der Wände. Somaliablau. »Ich habe meine Wohnung so gestrichen, wie viele Wohnungen in Somalia aussehen.« Ein Vorhang trennt den Flur vom Wohnzimmer. Alles ist aufgeräumt. »Magst du einen Tee?«, fragt er mich.

Beim Tee habe ich viel gelernt über das Fräsen und Schleifen, die Oberflächen von Metall. Und über den langen Weg von der millimetergenauen Zeichnung bis zum fertigen Werkstück. Ahmed mag die Präzision seiner Arbeit nach Plan. »Jedes meiner Stücke musste ich vorher berechnen und zeichnen«, begeistert er sich und zeigt mir die Blätter. »Es ist toll, diese Arbeit macht mir großen Spaß!« Er ist im zweiten Jahr seiner Ausbildung – die dauert eigentlich dreieinhalb Jahre. »Aber ich werde abkürzen!« So, wie Ali vieles in seinem Leben abgekürzt hat, weil er sich anstrengte, schnell war, begabt: Seine Schulzeit in Somalia, in der er drei Klassen übersprang. Den Intensivsprachkurs in Deutschland, den er als Bester absolvierte. Den Matheunterricht im deutschen Gymnasium, bei dem die Lehrerin bei Fragen anderer sagte: »Frag Ahmed, der kann Dir das erklären!« Ahmed ist ein Erfolgsmensch. Ehrgeizig, zielstrebig, diszipliniert.

Und: Er kam vor fünfeinhalb Jahren aus Mogadischu, der somalischen Hauptstadt, als unbegleiteter minderjähriger Flüchtling nach Deutschland. Nur einmal hat es nicht ganz geklappt mit dem Überholen und schnellen Erreichen: Kurz vor dem Fachabitur, in der 12. Klasse, hat Ahmed die deutsche Schule dann doch geschmissen. »Damals wohnte ich in einem Asylantenheim und musste mein Zimmer mit zwei älteren Männern teilen. Die waren nachts natürlich wach und mussten morgens nicht raus. Das habe ich nicht gepackt! In Deutsch, Geschichte und Religion war ich nicht gut genug und habe mit der Schule, dem Gymnasium, aufgehört.«

Ahmeds Plan: ein normales Leben

Ahmed ist Somalier wie Ibrahim. Doch seine Geschichte ist eine vom Ankommen. Sie zeigt, was möglich ist in Deutschland, für jugendliche Flüchtlinge. »Wenn sie immer wieder die richtigen Menschen finden, die sie unterstützen!«, betont Ahmed. Die Liste der Menschen, die ihm geholfen haben, ist lang: Das Jugendamt[34], das ihn seit seiner Ankunft mit 16 bis zu seinem 18. Geburtstag begleitete. Die Diakonie in Düsseldorf, die bei den Hausaufgaben half, mit ihm und einer Gruppe weiterer Flüchtlingsjungs eine Bildungsreise in die Hauptstadt Berlin machte und ihm und den anderen auch den Landtag in Düsseldorf zeigte. »Du brauchst Menschen, denen du deine Fragen zu Deutschland stellen kannst, die dir das Leben in diesem Land erklären.« Und dann auch ganz normale Leute, die ganz praktisch helfen: eine Familie, die ihm half, die erste eigene Wohnung zu renovieren. Seine Chefs, die Ahmed als Azubi so sehr schätzen, dass

---

34 Nach der Einreise in Deutschland griff bei Ahmed die relativ gute Betreuung, die für minderjährige Flüchtlinge gilt. Er bekam einen Intensivkurs Deutsch, ging dann in eine Förderklasse und wohnte in einem Internat. Nachdem er die Schule abgebrochen hatte, schrieb er sehr viele Bewerbungen und konnte schließlich die Ausbildung zum Zerspanungsmechaniker beginnen.

sein Foto die Titelseite der Broschüre ziert, mit der seine Firma für die betriebliche Ausbildung wirbt. Deutschland ist für Ahmed ein bisschen wie seine Werkstücke: solide, präzise, sicher. Es bietet ihm, was in Somalia nicht zu haben ist: »Hier in Deutschland gibt es Regeln. Jeder weiß: das darfst du und das darfst du nicht. Und es gibt Gerechtigkeit. Hier bekommt jeder sein Recht, und er kann es sogar einfordern, das Recht wird geschützt.«

Vergangenen Monat hat Ahmed geheiratet – in Uganda. Seine Frau Mona ist auch Somalierin – und hat ihr Land vor einigen Monaten verlassen. Sie lebt in Kampala, er in Oberhausen. »Wir kennen uns schon seit der Schulzeit, sie hat im selben Stadtteil gelebt wie meine Familie. Und wir haben immer Kontakt gehalten.« Es war eine kleine Feier, niemand aus seiner somalischen Familie konnte dabei sein. »Das ist zu teuer. Und es ist für Somalier auch gar nicht einfach.« Am Flughafen in Uganda wurde Ahmed erst einmal an der Einreise gehindert. »Ich wollte die 100 Euro bezahlen, die das Visum kostet. So wie alle anderen Ausländer im Flugzeug. Aber mich haben die Ugander rausgezogen und mit anderen Somaliern weggesperrt und wollten mehr Geld von mir. Das ging so die ganze Nacht.«

So planvoll wie seine Werkstücke, so geht der 22-jährige Ahmed auch sein Leben an. Dazu gehört, dass er eine Familie aufbauen will – in Deutschland. »Ich will arbeiten, einen guten Job. Ich möchte mich weiterqualifizieren – aber auf jeden Fall erst mal keine Schule mehr, sondern lieber praktisch arbeiten!«

Ich bin gefangen von dem ruhigen und strahlenden Selbstbewusstsein, mit dem mir Ahmed seine Geschichte erzählt. Von der Zuversicht, mit der er ein erfolgreiches und glückliches Leben in Deutschland plant. Von dem Vertrauen, dass mein Land ihm diese Chancen geben wird, dass hier für ihn alles möglich ist. Wenn man so will, setzt Ahmed um, was ihm seine Eltern eingeschärft hatten. »Als mein Vater mich im April 2010 zum Flughafen in Mogadischu brachte, hat er zu mir gesagt: ›Sei fleißig, bau Dir ein Leben auf, werde erwachsen!‹« Das macht Ahmed nun.

Der Preis der Flucht

Es gab noch einen anderen Satz, den der Vater ihm mitgab: »Hilf deiner Familie!« 20 000 Dollar hatten Ahmeds Eltern bezahlt, damit der Älteste ihrer dreizehn Kinder nach Europa reisen konnte. Eine unvorstellbare Summe. »Sie haben ihr Haus verkauft, damit ich ausreisen kann!« Die Idee war ebenso einfach wie unrealistisch: »Du holst deine Familie nach, sobald du kannst!« Ahmed hat sechs Schwestern und sechs Brüder, er war der Älteste. Und er weiß inzwischen, dass das nicht gehen wird. »Das ist völlig ausgeschlossen. Wenn du deine Familie hierhin holst, dann musst du sie durch Arbeit finanzieren, und Deutschland ist sehr teuer.« Stattdessen überweist er von seinem schmalen Ausbildungsgehalt Geld für das Zimmer seiner Frau Mona in Kampala und – wenn er kann – auch an seine Mutter.

20 000 Dollar – damit lässt sich der lange Weg von Somalia nach Deutschland abkürzen. Ahmeds Flucht war ganz anders als die von Ibrahim. Seine Route war Mogadischu – Dubai – Athen – Düsseldorf. »Meine Eltern mussten die Hälfte des Geldes vor Beginn der Reise zahlen, den Rest erst nach meiner Ankunft.« Dafür erhielt Ahmed ein Flugticket und einen Kinderreisepass. Das Foto wurde ausgetauscht, das Geburtsdatum angeglichen. Das Dokument aus Papier lässt sich viel leichter fälschen als die digital lesbaren Reisepässe der Erwachsenen. »Der Pass gehörte einem Jungen, der aus Somalia stammte und die deutsche Staatsbürgerschaft hatte. Er hieß Liban. Als ich am 23. April 2010 in Düsseldorf einreiste und mich die Grenzpolizisten festhielten, haben sie diesen Jungen wohl auch in ihrem System gefunden – mit einem anderen Foto und anderem Geburtsdatum.« Die Polizisten hielten Ahmed fest. Gemeinsam mit einem Übersetzer musste er in seiner Muttersprache Somali sagen, woher er kommt und wer er ist.

»Zu Beginn des Gesprächs, als der Übersetzer noch nicht da war, wollte ich nicht zugeben, wer ich war. Das hatte Gründe. Denn ich wollte nicht nach Deutschland, ich wollte nach Schweden. Weil es dort viel einfacher ist, seine Familie nachzuholen. Das habe ich den Polizisten bei meiner Einreise hier am Düsseldorfer Flughafen auch direkt gesagt: ›Lasst mich weiterreisen nach Schweden!‹« Ahmed kam mit seinem Anliegen nicht durch. Und so blieb er in Deutschland, wurde vom Flughafen Düsseldorf direkt in das Erstaufnahmelager in Dortmund geschickt.

Ahmed hat Glück gehabt – seine Flucht nach Deutschland war unkompliziert wie eine Reise. Keine Schikanen, keine Gewalt, keine Geiselhaft, keine Erpressung. Keine monatelange Unsicherheit, keine Angst. Doch noch auf der Reise holen ihn die schlechten Nachrichten aus dem somalischen Bürgerkrieg ein: »Zwei Tage nachdem ich aus Mogadischu aufgebrochen war, ich steckte noch im Transit in Dubai, wurde die Wohnung, in der meine Familie inzwischen wohnte, durch eine Rakete zerstört. Der Krieg war auch in unseren bis dahin friedlichen Stadtteil Yakshid gekommen. Die Milizen traten Türen und Fenster ein, haben sich dort eingenistet und den Häuserkampf geführt. Sie haben auch Raketen abgeschossen.«

Als Ahmed noch keine Woche in Deutschland war, erreichte ihn die nächste Schreckensmeldung: »Meine Mutter rief an und sagte mir: ›Dein Vater ist bei einem Anschlag auf die Moschee getötet worden.‹ Dort gingen mehrere Bomben hoch.« Seitdem versorgt Ahmeds Mutter die zwölf Geschwister von Ahmed allein. »Meine Mutter konnte mit meinen Geschwistern erst vor anderthalb Jahren nach Hause zurückkehren, sie hatte bei meiner Tante gewohnt. Heute ist unser Stadtteil relativ friedlich, die Islamisten wurden verdrängt.«

Ahmeds Eltern müssen gewusst haben, dass sie mit ihrer Entscheidung das Schicksal der Familie auf eine Karte setzten. Warum war ihnen das so wichtig?, frage ich Ahmed. »Das lässt sich vielleicht aufgrund ihres Lebenswegs und ihrer Überzeugungen erklären«, meint Ahmed. »Mein Vater war eigentlich Bauingenieur. Doch mit dem Ausbruch des Bürgerkriegs in unserem Land 1991 brach das ganze Bauwesen zusammen. Meine Eltern haben deshalb beide als Händler gearbeitet. Sie haben Kleidung, die in Indien oder in Bangladesch gefertigt worden war, auf dem größten Markt von Mogadischu, dem Bakara Markt verkauft.« Dort ist alles zu bekommen: Zucker aus Brasilien, Reis aus Indien, Medikamente aus Pakistan – aber auch Treibstoff, Waffen aus aller Welt (trotz des offiziellen Waffenembargos gegen Somalia), gefälschte Dokumente. Der Bakara Markt ist der größte Markt Somalias. Anfang der Siebzigerjahre wurde er aufgebaut und galt auch während des Bürgerkriegs als sicherer Ort. Erst 2007 kam es hier zu Kämpfen zwischen Regierungstruppen und Milizen.

»Die Familie meiner Mutter hatte etwas Geld. Meine Mutter hatte vor meiner Geburt ebenfalls ein Studium begonnen. Für meine Eltern war Bildung extrem wichtig. Sie haben alle Kinder zur Schule geschickt. Die kleinen Kinder gehen zunächst auf eine Koranschule, eine Madrassa. Dort lernen sie auch ein bisschen Lesen und Schreiben. Und dann sind wir alle auf eine private Schule gegangen. Ich erinnere mich, dass das ungefähr zehn Dollar pro Kind im Monat kostet.« 13 Mal zehn Dollar, das sind 130 Dollar im Monat – heute muss Ahmeds Mutter dieses Geld alleine verdienen. »Unterstützung bekommt sie auch durch Angehörige. Ein Onkel von mir kehrte aus Ägypten zurück, wo er viele Jahre als Lehrer gearbeitet hat. Er finanziert das Schulgeld für drei meiner Geschwister.«

Opfer oder Täter – in Somalia kann keiner neutral bleiben

Ahmed wurde geboren, als der Bürgerkrieg sein Land seit zwei Jahren gefangen hielt. Niemand ahnte damals, dass er auch 2015 noch nicht zu Ende sein sollte. »Ich erinnere meine Zeit als kleines Kind durchaus unbeschwert. Unser Stadtteil war relativ sicher, wir konnten als Kinder sogar auf der Straße spielen. Ich habe es geliebt, Fußball zu spielen.« Das hörte 2009 auf, der Krieg rückte näher. »Meine Eltern fuhren immer aus unserem Viertel auf einen Markt, der in einem anderen Teil Mogadischus liegt. Dafür nutzten sie Sammeltaxis. Ich habe sie ab und zu bei ihrer Arbeit unterstützt. Irgendwann haben mich dann die Al-Shabaab angesprochen – in dem Stadtviertel, in dem der Markt liegt. Meine Eltern haben dann entschieden: ›Da gehst Du nicht mehr hin!‹«

Ahmed war 16 und er erlebt, was 16-jährige Jungs im Kriegsland Somalia erleben: »Ich wurde aber auch in unserem Stadtviertel angesprochen, vor unserer Moschee. Immer wieder. Mir wurde klar: Zu oft kannst du nicht ausweichen, sie abwimmeln, indem du sagst: ›Ich muss das erst zu Hause besprechen!‹ Sie zwingen dich zu einer Entscheidung. Oder du bist ein erklärter Feind.«

Ahmeds Familie hatte schon einmal ein Kind an die Al-Shabaab verloren: »Bei uns lebte der Sohn meiner Tante. Mein Vater hatte ihn aufgenommen. Der ist auf diese Anwerbeversuche reingefallen. Er hat sich darauf eingelassen und ist dann von einem Tag auf den anderen einfach verschwunden. Irgendwann hat mein Vater einen Anruf bekommen: ›Der Junge ist tot!‹ Das wurde ihm nur mitgeteilt. Wir durften nicht einmal seine Leiche abholen, um ihn zu begraben.«

Ahmed hat eine Vorstellung, warum sein Cousin damals mitgemacht hat: »Durch den Bürgerkrieg zirkulieren überall im Land Waffen. Es kann dir bei einem einfachen Streit oder auch ohne Anlass passieren, dass dich einer erschießt, weil er eine Waffe dabeihat. Da ist es natürlich gut, wenn du eine eigene Waffe hast. Und die bekommst du, wenn du mitmachst.« Ein attraktives Angebot – für eine Generation, die nie etwas anderes kennengelernt hat als den Krieg: »Sie lehren dich das Kämpfen, und zusätzlich zur Waffe bekommst du regelmäßig Geld, viel Geld für somalische Verhältnisse.«

»Natürlich hat man Angst, mit solchen Leuten zu sprechen. Sie sind bewaffnet, und es passiert ja oft in Somalia, dass man kurzerhand umgebracht wird. Einem Nachbarsjungen ist das passiert. Er war damals noch keine 15 Jahre. Ein anderer Junge hat ihn angesprochen und ihm befohlen: ›Komm mit!‹ Der hatte eine Waffe und hat unseren Nachbarsjungen einfach gezwungen mitzukommen. Der Grund war eigentlich ein sehr banaler: Unser Nachbar arbeitete in einem kleinen Laden und dort haben auch ab und zu Polizisten oder Regierungsbeamte eingekauft – offensichtlich hatte man diese Information weitergegeben. Und dann gerätst du schnell unter den Generalverdacht: ›Warum verkaufst du etwas an diese Ungläubigen? Du machst gemeinsame Sache mit denen!‹ Sie haben ihm die Augen verbunden und ihn einfach in ein Auto gesetzt. Nachbarn haben das zwar beobachtet, aber niemand konnte etwas tun. Dieser Junge ist nie wieder aufgetaucht.«

In diesem Krieg werden alle jungen Männer zur Parteinahme gezwungen. Diesem Schicksal wollte Ahmed entkommen – »denn es ist klar, wenn sie dich einmal gefunden haben und dir folgen, um dich anzuwerben, dann lassen sie dich auch nie wieder los. Viele meiner Klassenkameraden sind diesem Druck erlegen. Eine ganze Reihe hat sich den Islamisten angeschlossen. Wenn das passierte, dann ist der Kontakt zwischen mir und dem anderen eigentlich sofort abgebrochen. Es ist wie ein Lagerdenken. Und es gibt natürlich die Gefahr, dass sie ihren Leuten Bescheid sagen, dass man selbst noch nicht mitmacht.«

Die Eltern entschieden, dass Ahmed zu Hause bleiben und auch nicht mehr in die Schule gehen sollte. »Das habe ich ungefähr ein Jahr durchgehalten.« Dann entschieden die Eltern, dass er nach Europa gehen solle. »Ich weiß es nicht genau, aber ich glaube, sie haben lange nach einem zuverlässigen Schlepper gesucht, der mich nach Europa bringen konnte. Und sie haben versucht, einen Käufer für unser Haus zu finden. Das ist nicht so einfach in Mogadischu.«

Hauptsache Europa: Dort kannst du lernen und arbeiten

Ahmed hat diese Entscheidung seiner Eltern nicht infrage gestellt: »Ich war mir sicher, dass sie das aus Sorge um mich so entschieden haben. Deshalb habe ich das natürlich akzeptiert. Ich habe mir gedacht: Sie tun sehr viel für mich, sie verkaufen sogar ihr Haus. Und ich habe bis heute das Gefühl: Ich muss meinen Eltern, meiner Mutter etwas zurückgeben dafür, dass sie mich damals so unterstützt haben.« Ahmeds zwölf Geschwister werden diese Chance nicht bekommen. In den Wochen vor der Reise schärften ihm seine Eltern ein: »Bleib in Europa. Es ist nicht wichtig, in welchem Land. Dort kannst du lernen, vielleicht studieren, arbeiten – und du kannst auch etwas für deine Familie tun.«

Dann brachten sie Ahmed zum Flughafen. Beim Start in Mogadischu war die Gruppe um den Schlepper zu viert. »Er hieß

Abdullahi. Bei der Zwischenlandung in Dubai trennten sich unsere Wege – Abdullahi und ich flogen weiter nach Athen, der Rest woandershin. In Athen sind der Schlepper und ich in getrennte Flugzeuge gestiegen. Er ist nach Frankfurt geflogen und ich nach Düsseldorf. Wir wollten uns dann später in Frankfurt treffen, um gemeinsam nach Schweden zu reisen. Und er hat mir Geld gegeben, damit ich mit dem Zug von Düsseldorf nach Frankfurt fahren kann, sodass wir uns dort treffen. Aber das hat nicht funktioniert, weil ich in Düsseldorf gestoppt wurde. Ich habe ihn nie wieder gesehen.«

Ahmed hat inzwischen auch deutsche Freunde. Und er ist viel mit einer Gruppe Somalier zusammen. »Da muss man nicht zu viel nachdenken, wenn man sich unterhält. Das ist irgendwie spontaner. Probleme hatte ich, wenn überhaupt, dann eigentlich nur mit türkischen Jungs. Die schauen schon mal auf Afrikaner herab. Aber denen habe ich klar gesagt: Wenn das nochmal vorkommt, dann bin ich beim Betriebsrat! Und seitdem ist Ruhe.«

In Oberhausen fühlt sich Ahmed wohl. »Klar gibt es hier auch manchmal komische Nachbarn, die andere kontrollieren. Doch das Wichtigste: Hier in Deutschland gibt es Regeln. Und an die musst du dich halten. Da gibt es keine Ausnahmen und keine Extras. Diese Regeln gelten. Das ist für mich Sicherheit. Und diese Sicherheit gibt es in Somalia nicht.«

Schlüssel für die Integration der Jungen: Bildung und Arbeit

Ich frage mich: Ist Ahmed nun das, was man einen Wirtschaftsflüchtling nennt? Natürlich entfloh er auch der Armut. Und natürlich verbanden seine Eltern mit der teuren Flucht ihres Sohnes eine bessere wirtschaftliche Perspektive für ihre Familie. Doch zugleich war sein Leben in Gefahr, es ging um seine Sicherheit und Perspektive. Ahmeds Weg zeigt, dass dieser Begriff die Fluchtursachen nicht wirklich trifft. Sicher ist: Ahmed wird sich in Deutschland eine Existenz aufbauen – mit allem, was dazugehört: eine Familie gründen, seine Kinder auf eine deutsche Schule schicken, einen guten Job machen, sich weiter qualifizieren, anderen etwas vermitteln. Ahmed wird auf jeden Fall zunächst ein guter Facharbeiter – schon heute gilt er in seinem Lehrbetrieb als einer der Vorzeige-Azubis.

Ahmeds Geschichte vom Ankommen zeigt, wie es gehen könnte – wie Integration erfolgreich ist. Dass es vor allem von der guten und individuellen Begleitung abhängt, ob man viele der mehr als eine Million Flüchtlinge, die 2015 in unser Land kamen, produktiv und an den richtigen Stellen in den Arbeitsmarkt bringen wird. Bildung und Arbeit waren der Schlüssel für Ahmeds erfolgreiches Ankommen in Deutschland – und sie werden der Schlüssel sein, wenn uns die Integration der neuen Flüchtlinge gelingen soll.

Im Augenblick gelingt das nur mäßig: Selbst nach vielen Jahren Aufenthalt arbeiten nur 55 Prozent der erwerbsfähigen Asylbewerber und Flüchtlinge. Das hat das Institut für Arbeit ermittelt. Viele bringen nicht den nötigen Bildungs- und Ausbildungsgrad mit – nur jeder Zehnte kann unmittelbar in eine Arbeit oder Ausbildung vermittelt werden. Doch die Hälfte der Zuwanderer in Deutschland ist jünger als 35 Jahre – ein Drittel sogar noch minderjährig. So wie Ahmed, als er nach Deutschland kam.

Aufmerksam verfolgt Ahmed die Diskussion um den islamistischen Terror. »Ich finde es verkehrt, den Islam überhaupt mit dem Terrorismus in so enge Verbindung zu bringen, wie das im Moment hier in der Diskussion in Deutschland geschieht. Ich bin davon überzeugt: Terrorismus ist mit dem Islam nicht vereinbar. Ich verstehe meine Religion als eine, die andere akzeptiert. Der eine geht eben den einen Weg, der andere geht einen anderen Weg. Und es geht nicht darum, andere zu bekehren oder zu bekämpfen oder sie zu Ungläubigen zu erklären. Vor allem aber: Der Islam verbietet, andere zu töten.«

In Ahmeds Heimatland Somalia sind die Menschen seit einem Vierteljahrhundert dem Terror der Islamisten ausgeliefert. Deren Gewalt sorgte dafür, dass inzwischen mehr als eine ganze Generation verloren ging. Und dass die Generation der unter 25-Jährigen nur den Krieg kennt. Die Mitglieder dieser Generation sind entweder Kämpfer oder Geiseln oder Opfer, eine persönliche Perspektive auf ein normales Leben haben sie nicht. Deshalb ist

Ahmed in seinem Urteil auch ganz klar: »Ich glaube, dass diese Terrorgruppen den Islam nur vorschieben, dass sie ihn ausnutzen. Was der IS oder die Boko Haram[35] tun, das hat mit Religion nichts zu tun. Das ist Politik – und es ist ein Verbrechen!«

---

35 Islamistische Terrorgruppe, die vor allem in Nordnigeria Anschläge verübt.

9 »Im Iran kann ich als Christ nicht bleiben« – Hassan aus Teheran

Der 16-Jährige Hassan kommt gleich auf den Punkt: »Ich bin wegen meines Glaubens aus dem Iran geflohen.« Ein wendiger Junge mit einer markanten schwarzen Brille. Hassan bewegt sich viel, während er spricht, wippt mit den Beinen, untermalt, was er sagt, mit den Händen und redet sehr schnell. Er will die Abkürzung nehmen. Direkt auf den Punkt kommen: seine Religion. »Ich bin zwar als Muslim geboren, doch ich habe schon vor einigen Jahren angefangen, mich für das Christentum zu interessieren.«

Mir geht das alles zu schnell. Ich versuche, ihn zu bremsen. Durch eine einfache Bitte: »Erzähl mir von Deiner Familie!« »Meine Eltern wurden vor zehn Jahren geschieden. Mein Vater war drogensüchtig. Meine Mutter lernte dann später einen neuen Mann kennen. Mit dem hat sie auch ein Kind. Schon als kleiner Junge habe ich an Gott gezweifelt. Ich habe nicht daran geglaubt, dass es einen Gott gibt. Denn wenn es einen Gott gibt, warum hilft er mir nicht? So habe ich früher gedacht.«

Hassan ist noch kein Christ. Doch er will sich hier in Deutschland taufen lassen. Er beschreibt das als logische Folge eines Prozesses, der vor langer Zeit einsetzte: »Schon als Kind konnte ich mit Allah und seiner Religion nichts anfangen, zum Islam wollte ich schon als Kind nicht gehören. Natürlich mussten wir beten in der Schule oder auch zu Hause, in der neuen Familie meiner Mutter. Das mussten alle mitmachen, ich auch. Aber mir haben diese Gebete nicht viel gesagt.«

Vor allem konnte Hassan nichts anfangen mit den vielen Regeln des Islam für sein tägliches Leben. »Man kann sich im Islam nicht einfach in ein Mädchen verlieben. Man kann nicht einfach mit einem Mädchen zusammen sein und diese Liebe ausleben. Wenn ein Junge oder Mädchen nicht verheiratet sind und miteinander gesehen werden, dann werden sie hart bestraft. Und ich finde es unnötig, dass Frauen sich verschleiern.« Ich bin mir nicht sicher, ob Hassan mir die Wahrheit erzählt oder das, was ich in seinen Augen hören möchte. Ich hake nach und möchte erst einmal verstehen, wie er aufgewachsen ist. »Wo hast du gelebt?« »Nach der Scheidung meiner Eltern war ich nirgendwo wirklich zu Hause. Ich war eigentlich bei meinen beiden Elternteilen unerwünscht.« Gerade der Vater fehlte ihm: »Mein leiblicher Vater war schwer drogenabhängig – und das bestimmt seit 20 oder 25 Jahren. Er nahm Heroin und Kokain, alles, was ihm in die Hände fiel. Er lebte in Shahre-Rey in Teheran. Das ist ein armer Stadtteil, dort leben viele Menschen, die mittellos sind, die Probleme haben oder Drogen nehmen. Mein Vater war arbeitslos. Meine Mutter hat ihn unterstützt, aber er hatte überhaupt keine Existenzgrundlage.«

Die Beziehung zu seinem leiblichen Vater war nicht gut – der konnte für seinen Sohn nicht sorgen: »Ich habe ab und zu mal bei meinem Vater geschlafen, aber öfter bei meiner Mutter und ihrem neuen Mann oder bei meiner Großmutter. Oft habe ich auch einfach im Park geschlafen auf einer Bank.« Hassan ist zehn Jahre lang in die Schule gegangen, erklärt er mir. »Eigentlich hätte ich in diesem Jahr mein Diplom bekommen. Ich habe mich in der Schule in Computeranimation spezialisiert. Das wollte ich unbedingt machen. Mein Stiefvater war dagegen. Er wollte immer, dass ich Arzt werde. Aber das war nicht mein Ding.«

Nicht nur in dieser Frage stritt sich Hassan mit seinem Stiefvater: »Für ihn spielte der Glaube eine große Rolle. Er war da sehr streng, strenger als meine Mutter oder mein leiblicher Vater. Mein Stiefvater ist ein überzeugter Muslim. Er konnte mit meinen christlichen Überzeugungen nichts anfangen. Da gab es viel Stress.« Wenn Hassan den neuen Mann seiner Mutter beschreibt, dann entsteht das Bild eines erzkonservativen Muslims, der die Regeln seiner Religion auch im Alltag respektiert. So wollte er auch seinen Stiefsohn erziehen. Doch an Hassan prallten solche Forderungen ab. Der muslimische Glaube hatte in seiner Kindheit kaum eine Rolle gespielt, denn für seine leiblichen Eltern, hatten dessen Regeln und Gebetszeiten keine Bedeutung. Mit dem neuen Mann seiner Mutter zogen nun andere Regeln ein. »Ich war so etwa zehn Jahre alt und sollte mich auf einmal an die

Regeln meines Stiefvaters halten. Der hat viele Regeln aufgestellt und mich immer wieder in die Moschee geschickt, mir befohlen, mich an die Religionsgesetze zu halten und zu beten.«

Es ist etwas mehr als zwei Jahre her, dass Hassan sich endgültig vom Islam ab- und dem Christentum zuwandte. Der Stiefvater versuchte, Hassan wieder auf den aus seiner Sicht richtigen Kurs zu bringen: »Er hat meine Entscheidung nicht verstanden, immer wieder darauf beharrt, dass ich beten müsse, dass ich die Gebetszeiten einhalte, alles mitmache und die Vorschriften respektiere.«

Konvertiten gelten als unrein

Es muss für Hassans Stiefvater eine große Schande gewesen sein, dass sich sein Stiefsohn vom muslimischen Glauben abwandte. Denn dessen Abwendung vom Islam musste vor Nachbarn, Arbeitskollegen, Bekannten auch bedeuten: Hassan achtet die Autorität seines Stiefvaters nicht.

Eine doppelte Blamage. Denn hinzu kommt die soziale Stigmatisierung, die Konvertiten in der iranischen Gesellschaft trifft: Wer sich wie Hassan einer anderen Religion zuwendet, gilt in ihren Augen als unrein. Er tut unrecht. Denn im Iran ist der schiitische Islam Staatsreligion – das heißt: Perser müssen Muslime sein, alle Regelungen des Islamischen Rechts, der Scharia, stehen über denen des Staates. Gesetze müssen mit der offiziellen Auslegung der Scharia konform gehen. Wer sich dem Christentum zuwendet gilt als – »vom Glauben abgefallen«[36]. Konvertiten müssen strenge Strafen befürchten, 2012 rollte eine Verhaftungswelle über das Land. Vor allem aber treffen sie auf tiefe soziale Ablehnung.

---

36 Formell stellt das iranische Strafrecht das Verlassen des Islam nicht unter Strafe. Doch nach der iranischen Verfassung ist das gar nicht nötig, erklärt die IGFM. Laut Artikel 170 der Verfassung stehen im Konfliktfall die Regelungen des Islamischen Rechtes immer über denen des Staates. Vgl. http://www.zenit.org/de/articles/konvertiten-im-iran-verfolgt

Seit der Islamischen Revolution haben Christen keinen leichten Stand im Iran. Offiziell gibt es rund 600 christliche Kirchen im Land – doch werden sie streng kontrolliert, und es ist ihnen streng verboten, Missionsarbeit zu machen.

Hassan hatte diesen Schritt, zum Christentum zu konvertieren, im Iran noch nicht vollzogen. Doch er habe kurz davorgestanden, erzählt er mir.

Ganz offensichtlich befürchtete Hassans Stiefvater, dass durch die Abwendung seines Stiefsohns vom Islam die ganze Familie in Gefahr geraten könne. »Im Sommer kam er zu mir und sagte: ›Du wirst hier verfolgt. Du weckst Misstrauen. Du bringst Dich in Gefahr und uns gleich mit.‹«

Keine Akzeptanz für den Glauben, kein Rückhalt in der Familie

In Hassans Geschichte gibt es zwei Erzählstränge: Das zentrale, wichtige Leitmotiv ist die Religion. Er fühlt sich als Christ – und darf diese Religion im Iran nicht praktizieren: »Es gibt häusliche Kirchen, aber das Ganze findet mehr im Geheimen statt.[37] Öffentlich kannst du diesen Glauben nicht praktizieren.« Das ist die Botschaft, die er übermitteln will.

Der andere Erzählstrang bezieht sich auf seine Familie. Wer Hassan zuhört, erkennt leicht, dass seine Familie unter chronischem Geldmangel litt, dass sie im teuren Teheran nur knapp über die Runden kam. »Mein Stiefvater hat in einer Molkerei gearbeitet. Aber er hat nicht sehr viel verdient. Es reichte nicht für meinen Unterhalt.«

Noch gewichtiger ist, dass der Junge zu Hause keine Fürsorge und elterliche Zuwendung bekam. »Seitdem meine Eltern sich getrennt hatten, wollte mich eigentlich keiner von beiden mehr richtig haben. Bei meiner Mutter war ich zumindest willkommen. Bei meinem Vater gar nicht. Meine Großmutter, die hat sich im-

---

37 https://www.opendoors.de/verfolgung/news/2015/september/iran_ver-haftungen_in_hauskirchen/

mer mal wieder um mich gekümmert, die Mutter meiner Mutter. Bei ihr konnte ich übernachten. Sie hat mich in Ruhe gelassen und mich nicht so drangsaliert mit ihren Spielregeln.«

Viel Streit und viel Konflikt – das hat die Beziehung zum Stiefvater geprägt. Ganz offensichtlich war er für Hassan kein Vorbild. Mich interessiert, wer ihm Orientierung gab oder Halt. »Mein Onkel Majid. Er ist Doktor der Mechanik. Er hat einen guten Job.« Hassan zeigt mir ein Foto, das den Onkel mit seiner Familie zeigt. Auf dem Arm hat er ein kleines Kind. »Mein Onkel ist auch Christ.«

Als Christ darf man sich öffentlich nicht zeigen

Hassans Onkel lebt nicht mehr im Iran. Er hat einen Lehrauftrag an einer Universität in der Ukraine – und pendelt zwischen Weißrussland und der Ukraine hin und her. Er wohnt in Kiew. Doch auch Onkel Majid hält den Jungen auf Distanz. »Auch mein Onkel wollte mir nicht wirklich helfen, er wollte mich nicht unterstützten. Er hat mir gesagt: ›Mach doch deine Schule, da wo du bist.‹ Er hat mir immer nur gesagt: ›Lerne, bilde dich weiter, dann kommst du auch weiter.‹ Auch als ich ihm geschrieben habe, dass ich den Iran verlassen werde, da hat er mich nicht unterstützt. Er hat mir für die Reise kein Geld gegeben.«

Persönlich gesehen hat ihn Hassan erst zweimal in seinem Leben. Der Kontakt beschränkt sich auf Mails, die hin und her gehen. Dabei waren Glaubensfragen wichtig: »Mein Onkel ist selbst Christ. Und wir haben uns dazu ausgetauscht. Wenn ich Fragen hatte, dann konnte ich sie meinem Onkel stellen. Und der hat dann auch immer betont: das ist der richtige Weg für dich!«

Christen sind im Iran eine religiöse Minderheit. Die kirchliche Nichtregierungsorganisation Open Doors schätzt ihre Zahl auf 450000, von denen der Großteil Konvertiten aus dem Islam sind. Da viele von ihnen und auch Christen aus ethnischen Minderheiten das Land verlassen und zudem Untersuchungen im Land praktisch unmöglich sind, liegen keine exakten Zahlen vor.

Zu den Christen gehören als größte Gruppe die vor 100 Jahren eingewanderten Armenier, gefolgt von den Assyrern – diese beiden Gruppen dürfen ihre Religion ausüben. Das gilt nicht für die kleine Zahl von Katholiken, Anglikanern und weiteren Protestanten. Kirchen dürfen nicht gebaut werden. Auch Missionieren ist den christlichen Glaubensgemeinschaften streng verboten.

Verfolgt werden Christen von Regierungsbeamten oder radikalen Gruppierungen. Sie werden häufig auch in ihrem familiären Umfeld nicht verstanden, abgelehnt oder verstoßen, leben in ständiger Furcht vor willkürlicher Gewalt durch islamische Revolutionswächter. Werden sie denunziert, so droht der Verlust von Arbeits-, Ausbildungs- oder Studienplatz, Haft, Misshandlungen und Folter.[38]

Hassan ist mit einer der evangelikalen Kirchen in Kontakt gekommen. »Es gab eine Frau, die bereits in Kontakt zu einigen aus meiner Freundesclique stand. Sie gab mir eine Bibel und einige Bücher zum Christentum. An so etwas kommst du in unserem Land nur über persönliche Kontakte. Was die Frau, die Hassan die Bücher gab, tat, ist im Iran strikt verboten. In Farsi das Evangelium zu verbreiten und Muslime zu evangelisieren, steht unter Strafe. Zudem gibt es ein starres Versammlungsverbot. Deshalb traf sich die Gruppe auch spontan: »Wir haben uns über Telefon verabredet, und die Orte haben gewechselt.« Auch solche Zusammenkünfte mit mehr als zwölf Leuten stehen unter Strafe. Hassan wurde oft eingeschärft, dass er sich als Christ nicht wirklich öffentlich zeigen dürfe. »Das geht alles nur unter der Hand.« Im Iran treffen sich christliche Gemeinschaften überwiegend zu Hause bei einzelnen Angehörigen. Die Gruppe, der Hassan angehörte, traf sich draußen: »Wir haben uns mit einer Gruppe von Jugendlichen im Park getroffen, und dann haben wir Teile aus der Bibel gelesen oder uns dazu ausgetauscht.«

---

38 Vgl. http://www.zenit.org/de/articles/konvertiten-im-iran-verfolgt und Latschan, Thomas. »Irans verfolgte Konvertiten«: https://de.qantara.de/inhalt/christliche-minderheiten-im-iran-irans-verfolgte-konvertiten

Die Situation der Minderheiten im Land, auch der Christen, hat sich unter Ex-Präsident Ahmadinedschad verschlechtert. Der Iran hat zwar alle Resolutionen zur Achtung von Menschenrechten unterschrieben. Achten aber tut er sie nicht. So sehen das auch die Vereinten Nationen, deren Liste der Menschenrechtsverletzungen im Iran lang ist: »Folter und grausame, unmenschliche und erniedrigende Behandlungen oder Strafen, namentlich Auspeitschen und Amputationen, eine große Anzahl von Hinrichtungen, die unter Missachtung international anerkannter Garantien durchgeführt werden, namentlich öffentliche Hinrichtungen und Hinrichtungen von Minderjährigen. Zunehmende Diskriminierung und andere Menschenrechtsverletzungen gegenüber Angehörigen religiöser Minderheiten, ob anerkannt oder nicht, unter anderem Christen, Juden, Sufis und sunnitische Muslime und derjenigen, die sich für sie einsetzen, und insbesondere Angriffe gegen Bahá'ís und ihren Glauben.«[39] Die Regierung Rohani wird von der internationalen Gemeinschaft dafür kritisiert, dass seit der Regierungsübernahme am 03.08.2013 mehr als 800 Hinrichtungen durchgeführt wurden[40] und die Regierung ihr Versprechen auf eine politische Liberalisierung nicht einlöse.[41]

---

39 Zit. nach http://www.igfm.de/iran/iran-uno-menschenrechte/iran-uno-ueberblick/

40 Laut Zählung einiger EU-Botschaften wurden 2013 mindestens 500 Personen hingerichtet. Im Jahr 2012 lag diese Zahl noch bei 371. Im vergangenen Jahr wurden bis zum 04.09.2014 bereits 355 Personen hingerichtet. Es ist davon auszugehen, dass die Dunkelziffer an Hinrichtungen hoch ist und die bekannten Zahlen beträchtlich übersteigt. https://www.bamf.de/SharedDocs/Anlagen/DE/Publikationen/Herkunftslaenderinformationen/iran-blickpunkt-2015–03.pdf?__blob=publicationFile

41 Das ist so auch nach Feststellung von UN-Sonderberichterstatter Ahmed Shaheed. Vgl. https://www.bamf.de/SharedDocs/Anlagen/DE/Publikationen/Herkunftslaenderinformationen/iran-blickpunkt-2015–03.pdf?__blob=publicationFile

Ich mache jetzt mein Ding und werde Christ

»Leider habe ich den Kontakt zu den meisten in dieser Gruppe verloren, denn ich musste in der Türkei meine SIM-Karte durch eine türkische ersetzen. Später habe ich den ein oder anderen auf Facebook wiedergefunden.« Eine offene Gruppe: »Es gab einen festen Kern, und ab und zu kamen neue Leute hinzu. Es kam nicht darauf an, ob jemand reich oder arm war. Die meisten waren sehr selbstständig, so wie ich. Sie waren auf sich selbst gestellt und haben sich gesagt, ich mache jetzt mein eigenes Ding, ich werde jetzt Christ.«

Hassan holt mir die Bücher, die er von der persisch-christlichen Gemeinde in Mainz bekommen hat, die er regelmäßig besucht, seit er in Deutschland angekommen ist. Es sind Übersetzungen und Ausschnitte aus der Bibel in Farsi. »Zunächst wusste ich gar nicht, um was es da geht. Beim ersten Lesen hat mir das alles gar nichts gesagt, ich konnte damit nicht viel anfangen. Beim zweiten Mal war es mir schon vertrauter. Und beim dritten Mal, als ich es gelesen habe, hat es mich berührt. Es war sehr süß, ich habe eine große Zufriedenheit beim Lesen gespürt.«

Für seine Hinwendung zum Christentum mag das Treffen mit den anderen Jugendlichen wichtig gewesen sein – es gab aber auch andere ganz praktische Gründe. Hassan gefiel, dass das Christentum nicht so strenge Lebensregeln wie der Islam verordnet: »Im Vergleich zum Islam sagt das Christentum nicht: Du musst um die und die Uhrzeit unbedingt dein Gebet verrichtet haben. Es sagt nicht, dass du diese und jene Strafe bekommst, wenn du nicht nach den Regeln lebst. Es ist eine Religion, die ohne diese starren und dogmatischen Regeln auskommt. Der Islam hingegen ist für mich weit weniger tolerant, er engt Menschen ein.«

Hassan will sich in Deutschland taufen lassen und seine Entscheidung damit besiegeln. Damit kann er möglicherweise auch seine Chancen auf ein Bleiben erhöhen. Denn Schutz als Flüchtling erhält, wer als Person »aufgrund ihrer Rasse, Religion, Nationalität, politischen Überzeugung oder der Zugehörigkeit zu einer bestimmten sozialen Gruppe verfolgt« wird. So besagt es die Genfer Flüchtlingskonvention. Allerdings muss diese Verfolgung zielgerichtet gewesen sein und die Person selbst im Herkunftsland getroffen haben.[42] Wenn Hassan das glaubhaft machen oder belegen kann, dann dürfte es für ihn einfacher sein, hierbleiben zu dürfen. Eine Entscheidung steht noch aus.

Als ich ihn frage, ob er persönliche Verfolgung wegen seines Glaubens erlebt habe, verneint Hassan das.[43] »Für meine Freunde hat das keine große Rolle gespielt. Ich habe meine Überzeugung auch nicht allzu offensichtlich vertreten.« Hassans Mutter war die religiöse Neuorientierung ihres Sohnes gleichgültig. Anders war es bei seiner Großmutter: »Sie war sehr verärgert. Sie hat mich wirklich beleidigt. Es gibt auf Farsi eine Beschimpfung: ›Du hast Scheiße gegessen!‹ Das hat sie zu mir gesagt.«

Über Hassans Flucht entschied der Stiefvater

Die Konsequenzen allerdings zog der Stiefvater, vielleicht, weil er auf diese Weise den Unterhalt und die Versorgung des Jungen loswerden konnte. Er traf die Entscheidung, dass Hassan das Land verlassen müsse: »Er hat gesagt: ›Du musst raus aus dem Iran. Wenn du kein Muslim bist, werden sie dich verfolgen. Du musst hier raus. Du belastest uns nur.‹ Er hat mich einfach weggeschickt. Er hat gesagt, ›Du bist eine Belastung für uns und du wirst hier verfolgt. Hau einfach ab!‹« Im September 2015 brach Hassan in Teheran auf.

Ein Beweggrund, den fast erwachsenen Hassan auf die Reise nach Europa zu schicken, mag auch gewesen sein, dass der Jun-

---

42 Vgl. die Informationen der Flüchtlingsräte, z. B. Niedersachsen http://www.nds-fluerat.org/leitfaden/3-wer-bekommt-asyl/31-voraussetzungen-fuer-die-asyl-und-fluechtlingsanerkennung/

43 Die Einschätzung des Bundesamts für Migration zum Iran vgl. https://www.bamf.de/SharedDocs/Anlagen/DE/Publikationen/Herkunftslaenderinformationen/iran-blickpunkt-2015–03.pdf?__blob=publicationFile Vgl. außerdem: http://www.bpb.de/internationales/asien/iran/40105/iran-ist-anders

ge kaum Aussicht auf geregelte Arbeit und ein regelmäßiges Gehalt gehabt haben dürfte. Hassan steht für die gut ausgebildete Generation im Land, der aber die beruflichen Perspektiven fehlen. Und Hassans Familie war arm und konnte Hassans Lebensunterhalt nicht länger finanzieren.

2013 lag die Zahl der Arbeitslosen im Iran bei geschätzt 5 Millionen Menschen. Das Land stand kurz vor dem Kollaps. Die Wirtschaft kam auch im Jahr 2014 nicht richtig in Schwung. Die Erdölexporte sind von 2,8 Millionen Barrel pro Tag im Juli 2011 auf weniger als die Hälfte geschrumpft und die Einnahmen werden zusätzlich vom gesunkenen Ölpreis beeinträchtigt. In der Folge wird wenig investiert. Im zweiten Quartal 2015 mussten iranische Unternehmen starke Nachfragerückgänge hinnehmen. Millionen Menschen, auch Hassans Familie, leben immer noch in Armut, während die Reichen immer reicher werden. Die iranische Oberschicht genießt einen enormen Wohlstand, während die Regierung die monatlichen Hilfszahlungen für bedürftige Familien strich und reduzierte, welche die Staatskasse bisher mit 16,6 Milliarden US-Dollar pro Jahr belasteten.[44]

»Der Mann meiner Mutter hat meine Flucht finanziert. Wie viel ihn das gekostet hat, weiß ich nicht genau. Er suchte für mich einen Schlepper, den hat er bezahlt.« Hassans Flucht führte über den Landweg – zunächst mit dem Autobus über die Berge in Richtung Pakistan. »Unsere letzte Station im Iran war Urmia.« Die Stadt liegt bereits im Kurdengebiet des Iran. »Dann ging es zu Fuß weiter über die Grenze. Wir waren insgesamt drei Tage zu Fuß unterwegs mit einer gemischten Gruppe: 60 oder 70 Leute. Pakistaner, Afghanen, Iraner. Ich war der Einzige, der ganz ohne Begleitung war. Jungen und Mädchen, Frauen und Männer – auch eine Reihe von Kindern waren dabei.«

---

44 Vgl. de Bellague, Christopher, »In Wartestellung«, in: Internationale Politik »Blackbox Iran«, November/Dezember 2015, S. 25 f.

»Es ging die ganze Zeit durch bergiges Gebiet. Im Grenzgebiet wurden wir von maskierten kurdischen Sicherheitskräften aufgegriffen.« Kurdische Kämpfer durchsuchten die Menschen – und nahmen ihnen die Wertsachen ab. »Die Kurden wollen den IS bekämpfen, deshalb kontrollieren sie alle Menschen, die über diese Grenze in die Türkei wollen mit großer Härte. Zunächst einmal haben sie uns gedroht: ›Jeder, der es wagt zu fliehen, den werden wir umbringen!‹ Mir und den Leuten um mich herum haben sie Ihre Gewehre in die Rippen und in die Seiten gestoßen und haben gesagt: ›Setz Dich, setz Dich!‹ Anderen hielten sie direkt eine Waffe an den Kopf. Sie schossen auch in die Luft. Viele haben geschrien, viele hatten Angst.« Auch Hassan: »Ich habe wirklich gezittert und geglaubt, ich sterbe gleich. Aber ganz tief in mir drin war auch das Gefühl, dass ich diesen Weg hier gehen muss. Es macht keinen großen Unterschied, ob ich im Iran sterbe oder auf der Flucht. Ich muss auf jeden Fall versuchen, aus dem Iran herauszukommen.«

Den Kurden ging es vor allem um das Geld der Flüchtlinge: »Und natürlich um unsere Mobiltelefone«, ergänzt Hassan. Er lacht bei der Erinnerung, dass sie seines nicht fanden. »Ich hatte mein Handy und auch die Euro, die ich dabeihatte, gut versteckt. Die haben nur mein iranisches Geld gefunden, 50 000 iranische Rial, das sind keine 15 Euro. Nur das haben sie gefunden. Das konnten sie gerne haben!« Anschließend wurde die Flüchtlingsgruppe drei Tage festgehalten: »Die kurdischen Sicherheitskräfte haben uns in ein Haus gesteckt und dort befragt: ›Woher kommst Du? Was hast Du für eine Religion?‹ Ich habe ihnen das alles gesagt. Die Kurden haben nichts gegen Christen!«

Auch die Schleuser waren auf diesem Abschnitt von Hassans Flucht iranische Kurden – in der Türkei dann türkische Kurden. Der Fußweg durch das Grenzgebiet war noch an anderen Stellen gefährlich: »Da waren iranische Grenzsoldaten, die irgendwann Flüchtlinge herausgezogen haben. Das waren ja sehr viele Flüchtlinge. Wer am Ende der Gruppe war, den haben sie erwischt und ich habe gesehen, wie sie Einzelne mit ihren Waffen niedergeschlagen haben. Mit den Afghanen gingen sie besonders schlecht um, hatte ich den Eindruck.«

Vier Millionen Flüchtlinge aus Afghanistan leben im Iran zum Teil schon in dritter Generation. Sie sind Bürger zweiter Klasse, werden nicht akzeptiert. Mit der Flüchtlingswelle im Jahr 2015 machten sich viele von ihnen erneut auf den Weg, diesmal um nach Europa zu gelangen.

Hassan zeigt mir Videos auf YouTube. Videos, die ihm Freunde geschickt haben. Clips, die angeblich an dieser Grenze gedreht wurden. Sie zeigen, wie iranische Grenzer Flüchtlinge schlagen und erniedrigen. Schaulustige stehen herum, einer von ihnen hat dieses Video gedreht. Ein anderes Video zeigt, wie afghanische Flüchtlinge auf der Ladefläche eines kleinen Lkw langsam durch einen Ort gefahren werden. Einigen sind die Augen verbunden. Man hört, wie ihnen Anweisungen gegeben werden: »Mäht wie Schafe. Esst dieses Grünzeug!« Und ihnen werden Äste, Gras und Laub in den Mund geschoben. »Diese Videos zeigen, wie die dort mit den Flüchtlingen umgehen«, meint Hassan. Das deckt sich mit seinen Erinnerungen an den eigenen Grenzübertritt: »Der Anfang unserer Gruppe hatte die Grenze zur Türkei schon überquert, während auf das Ende der Gruppe, das noch nicht durch war, geschossen wurde. Es hat viele erwischt, die iranischen Grenzer schossen einfach auf die Letzten in dieser langen Reihe.« Hassan versteckte sich: »Mein Herz schlug wie wild, ich habe mich erst hinter einem Felsen versteckt. Und dann hat sich ein Teil der Gruppe irgendwann aufgerafft und ist einfach gerannt. Wir sind um unser Leben gerannt! Wir haben uns gesagt: Komm, es ist nur noch ein Kilometer, bis wir hier raus sind.«

An der Grenze wechselten dann auch die Schleuser. Hassan stieg um auf einen Lastwagen. »Wir haben uns zu fünft im Boden eines Lastwagens versteckt. Der hatte einen doppelten Boden. Man musste sich ganz flach hinlegen, den Kopf auf die Arme. Bewegen durftest du dich nicht. So fuhren wir anderthalb Tage durch die Türkei – vom Vansee im Osten bis nach Zeytinburnu im Westen des Landes.« Zeytinburnu, die Küstenstadt, liegt in unmittelbarer Nähe zu Istanbul. Heute leben dort 300 000 Menschen, darunter sehr viele Zuwanderer aus Kasachstan, Turkmenistan, Afghanistan.

Erpressung durch die Schleuser

»Wir haben dort etwa 20 Tage verbracht und waren eine Gruppe von ungefähr 30 Leuten. Der Vorteil von Zeytinburnu ist, dass du zu Fuß zum Meer gehen kannst, und das haben wir auch gemacht. Doch wir wurden beim ersten Mal von der Polizei abgefangen und sind wieder zurückgelaufen. Die Polizisten haben uns nicht verhaftet und sind uns auch nicht gefolgt. An einem der nächsten Tage sind wir dann erneut aufgebrochen. Doch dieses Mal kam nur ein Teil der Leute auf die Boote. Ich blieb mit einer Gruppe von etwa 25 Leuten übrig. Und wir mussten dann in einem Waldstück in der Nähe vom Strand übernachten. Uns ging es nicht gut, weil wir nicht wussten, wie es nun weitergeht. Und die Leute hatten Hunger. Es waren auch Familien dabei, Frauen und Kinder – alle hatten Hunger.«

Hassan hatte seine 400 Euro, die die Überfahrt kosten sollte, bereits an die Schleuser bezahlt. Das Geld war weg. Deshalb war er erpressbar. »Andere türkische Schleuser kamen auf mich zu und haben mir gesagt: ›Wir werden dich erst mal nicht nach Griechenland reisen lassen, denn du musst erst zahlen. Du kannst ja hier arbeiten. Dann kannst du die Überfahrt nach Lesbos bezahlen. Du bist doch ein junger Mann und für dich ist das kein Problem. Und außerdem kannst du damit gutes Geld verdienen.‹ Mein Job wäre es gewesen, die Leute in Gruppen zu sammeln und auf die Schiffe zu verteilen.«

Fantastische 5000 Dollar im Monat wurden Hassan angeboten. Am nächsten Tag kam er dann doch weiter. Was das Umdenken bei den Schleusern bewirkt hat, weiß er nicht, bezahlt hat er nicht dafür. »Es waren andere Männer als am Tag davor, vielleicht lag es daran.«

Das Schlauchboot, mit dem er nach Lesbos fuhr, transportierte 35 Menschen. Gelenkt wurde es von einem afghanischen

Flüchtling. Der Schleuser hat ihnen nur den Weg gezeigt. »Er hat gesagt, ihr müsst da geradeaus fahren, und dann werdet ihr schon in Griechenland ankommen. Aber er ist nicht mitgefahren.« Die Überfahrt dauerte drei Stunden und war ziemlich ruhig. »Ich hatte dazu eine klare Einstellung: Angst vor dem Tod habe ich nicht. Ob ich ankomme, liegt nicht in meiner Hand. Das liegt in Gottes Hand.«

Auf Lesbos lief Hassan der Polizei in die Arme, welche die Personalien aufnahm. »Die waren eigentlich freundlich. Doch ich habe vorsichtshalber einen anderen Namen und eine andere Nationalität angegeben. Ich hatte Sorge, dass sie mich direkt wieder in den Iran zurückschicken. Ich habe denen gesagt, dass ich aus Afghanistan sei, und mein Name war Mohammed Zachi.«

Weiter Umweg um Ungarn

Von Griechenland aus ging Hassans Reise über Mazedonien, Serbien, Kroatien, Slowenien und Österreich nach Deutschland – manchmal mit dem Bus, manchmal mit dem Zug. Auf seiner Flucht durch die Balkanstaaten musste Hassan einen sehr viel größeren Umweg nehmen als die Flüchtlinge, die Anfang des Jahres 2015 kamen. Mit ihm taten das Zehntausende andere Flüchtlinge, seitdem Ungarn seine Landesgrenze mit Stacheldraht geschlossen hatte. Ende Oktober erreichte der Flüchtlingsstrom dort Spitzenwerte. Das UN-Flüchtlingshilfswerk UNHCR sprach von 3000 Menschen[45] pro Tag an der Grenze zu Kroatien. Ähnliche Zahlen meldete Slowenien: Allein über das kleine Grenzdorf Rigonce im Osten Sloweniens mit nur 170 Einwohnern seien innerhalb von nur zwei Tagen rund 13000 Menschen eingereist, meldete die slowenische Nachrichtenagentur STA. Knapp 4000 Flüchtlinge warteten in der slowenischen Gemeinde Sentilj an der Grenze zu Österreich auf ihre Weiterreise gen Norden.[46]

---

45 Die Zahl bezieht sich auf den Stichtag 24. 10. 2015.

46 Zitiert nach https://www.tagesschau.de/ausland/fluechtlinge-balkanroute-105.html

Dass er nach Deutschland wollte, das entschied Hassan etwa auf halber Strecke seiner 45-tägigen Flucht zwischen Lesbos und Kroatien. »Im Iran war mir das noch nicht so klar, für mich wären auch die skandinavischen Länder denkbar gewesen.« Informationen, wie Europas Länder mit den unterschiedlichen Flüchtlingsgruppen umgehen, kursieren unter den Flüchtlingen. Aktuell dürfen in Deutschland etwa die Hälfte der Ankommenden aus dem Iran bleiben, weil ihre Asylanträge positiv entschieden werden. Wer aufgrund seiner religiösen Überzeugung verfolgt wird, hat bessere Chancen.[47] Doch für Deutschland sprach auch, dass dort mit den Flüchtlingen gut umgegangen wird, betont Hassan: »Alle anderen Länder – Schweden, Norwegen – sind im Vergleich zu Deutschland nichts, wenn es darum geht, wie sie sich um die Flüchtlinge kümmern. Das haben alle gesagt, und deswegen habe ich mich dann für Deutschland entschieden.«

47 Vgl. http://www.focus.de/politik/in-der-heimat-wuerde-ihnen-dann-religioese-verfolgung-drohen-um-ihre-chance-auf-asyl-zu-erhoehen-hunderte-muslime-konvertieren-zum-christentum_id_4931142.html

10 Boxen um zu überleben – Islam aus Tschetschenien

Deutschland muss sich um einen geeigneten Nachfolger für Wladimir Klitschko nicht mehr sorgen: »Ich werde dafür sorgen, dass Deutschland im Boxsport wieder Weltspitze ist!« Islam unterstreicht sein Versprechen, indem er seine rechte Faust mit Nachdruck in der linken Hand versenkt. Der 18-Jährige macht sich im Sitzen lang, streckt die Arme und Beine weit von sich, diagonal über seinen Stuhl. Wenn er von seinen Boxplänen erzählt, dann geht es ihm gut. Boxen hat ihn über die letzten Jahre gerettet, und es soll ihn auch jetzt hier in Deutschland retten.

Islam ist Tschetschene. Er ist Bürger der Russischen Föderation.[48] Und Russland ist kein Land im Bürgerkrieg. Kein Land, in dem in weiten Teilen Islamisten wüten. Er kam mit seinen kleineren Schwestern im Sommer 2015 nach Deutschland. Wie seine 12- und 13-jährigen Schwestern hat er Asyl beantragt. Um es gleich vorwegzunehmen: Seine Chancen stehen schlecht. Mehr als 90 Prozent aller Tschetschenen werden abgeschoben. Schutz bekommen Flüchtlinge aus Tschetschenien in der Regel nur, wenn sie politisch verfolgt werden und dies auch hinreichend belegen können. Die jüngeren Schwestern von Islam könnten eine Chance haben, weil sie noch nicht volljährig sind und deshalb unter die großzügigeren Bleiberegeln für minderjährige Flüchtlinge fallen. Ansonsten aber gilt: Russland ist für Deutschland ein wichtiger außenpolitischer Partner, auch wenn dort politische Freiheiten beschnitten, Andersdenkende unterdrückt werden. Auch darauf wird bei einer Entscheidung über Asyl Rücksicht genommen. Es wird für Islam nicht leicht werden, die eigene und persönliche Verfolgung überzeugend darzustellen.

---

48 In einer Volksbefragung in Tschetschenien am 23. März 2003 stimmten laut offiziellem Ergebnis 95,5 Prozent der Bevölkerung für den Verbleib in der Russischen Föderation.

Islam hat noch ein weiteres Problem: Vor wenigen Wochen ist er 18 geworden – und damit kommen ihm nicht mehr die Fürsorge- und Bildungsangebote der Jugendhilfe zugute, so darf er zum Beispiel keine Schule besuchen.

Das macht für jugendliche Flüchtlinge einen großen Unterschied. Denn wer in die Schule gehen darf, der hat einen festen Rhythmus, eine klare Aufgabe. Er lebt sich ungleich schneller ein. Das wird klar, wenn man Islams Schwestern sieht: quirlige und muntere Mädchen, mit Spangen in den langen Haaren. Sie tragen Armbänder, die Ältere hat ihre Fingernägel lackiert, die Augen dezent geschminkt. Sie sind aufgeschlossen und sprechen bereits furchtlos Deutsch. Die Mädchen dürfen täglich fünf Stunden die Schule besuchen und haben ein engeres Förderprogramm. Sie leben in einer Wohngruppe mit anderen Jugendlichen, von denen viele Deutsche sind. Von ihrem Bruder wurden die beiden getrennt, weil der nun zu den Erwachsenen zählt und in ein anderes Wohnheim für Erwachsene ziehen musste. Islam hingegen hat nur zwei Stunden Deutsch täglich und ansonsten viel freie Zeit. Leere Zeit, in der ihn seine Erinnerungen wieder einholen.

Politische Sippenhaft für Islam und seine Familie

Auch in Tschetschenien gibt es keine Opposition mehr, keine antirussischen Stimmen. Islam weiß das, denn sein Vater gehörte zu diesen Andersdenkenden – und er hat für seine Überzeugungen auch gekämpft: »Mein Vater hat in Itschkerien gedient für Dudajew gegen Russland. Vater hat die Familie verlassen, als die Probleme mit Kadyrows Leuten begannen. Da ist mein Vater abgetaucht. Wir haben ihn lange nicht gesehen. Eine Zeit lang hat er uns, seine Familie, besucht. Inzwischen tut er das kaum noch – es ist wohl zu gefährlich für ihn.«

Bereits 1990 hatte der erste tschetschenische Nationalkongress den legitimen Austritt Tschetscheniens aus der Sowjetunion beschlossen. Am 8. November 1991 wurde die Unabhängigkeit der Tschetschenischen Republik Itschkerien von dem ersten frei gewählten Präsidenten Dschochar Dudajew bekräftigt. Der 1992 gegründeten Russischen Föderation trat Tschetschenien nicht bei.

Wer in der tschetschenischen Republik Itschkerien in den Neunzigern für den ersten tschetschenischen Präsidenten Dschochar Dudajew kämpfte oder später zu seinem politischen Apparat gehörte – wie Islams Vater –, der kämpfte gegen Russland und für ein unabhängiges Tschetschenien. Als der junge Ramsan Kadyrow 2007 das Amt von seinem Vater übernahm, begann er einen regelrechten Feldzug gegen alle, die als Beamte, Berater oder Kämpfer auf Dudajews Seite gestanden hatten. Die »Itschkerier« – verstanden als Sammelbegriff für die Rebellenbewegung gegen Russland und die Regierung Kadyrow – seien die Zerstörer Tschetscheniens, mit dieser Botschaft betrieb Kadyrow deren Diffamierung, systematische Verfolgung und Vernichtung.

Nach dem ersten Tschetschenienkrieg von 1994 bis 1996 wurde unter der Ägide der OSZE Aslan Maschadow zum Präsidenten gewählt und ein Friedensvertrag geschlossen. Im zweiten Tschetschenienkrieg von 1999 bis 2003 wurde die Republik Itschkerien zerschlagen und der prorussische Ramsan Kadyrow eingesetzt, dessen Diktatur Land und Leute im Griff hat und Andersdenkende eliminiert.[49] In Itschkerien nicht – in dieser Region leisteten antirussische Rebellen großen Widerstand. Sie formierten eine militante Gegenbewegung zur tschetschenischen Republik und

---

49 Aufstände der Kaukasusvölker gegen Russland gab es bereits seit über einem Jahrhundert. Unter Stalin wurden im sogenannten »Kampf gegen die Kulaken« bei der Zwangskollektivierung und im Kampf gegen sogenannte »Volksfeinde« mindestens 10 Prozent der kaukasischen Bevölkerung ermordet. Tausende Bergbauern wurden gezwungen, sich in den Ebenen anzusiedeln. Der gesamte Adel und große Teile der Intelligenz wurden liquidiert. 1943/44 kam es zur Deportation der Karatschaier, Inguschen, Tschetschenen, Balkaren und der georgischen Muslime (Meschi) nach Mittelasien und Sibirien, zur Auflösung ihrer Gebiete und Umbenennung vieler Ortschaften, um die Erinnerung an diese Völker auszulöschen. Mehr als die Hälfte der Deportierten kam um. Vgl. http://www.d-k-g.de/geschichte.html

kämpften gegen Präsident Kadyrow – und weiterhin gegen Moskau. Die Kämpfe, die Islam erwähnt, stehen im Zusammenhang mit dem ersten Tschetschenienkrieg 1994–1996.[50]

Die sogenannten »Itschkerier« sind für das Kadyrow-Regime Feinde. Und auch wenn Islam, der 1997 geboren wurde, seinen Vater – wie er sagt – kaum gesehen hat, ist er in den Augen des Regimes in der Haftung. Das bekam er zu spüren. »Kadyrows Leute kamen immer wieder zu mir und haben mich zu Hause abgeholt. Sie wollten unbedingt erfahren, wo mein Vater ist.«

»Den Männern von Kadyrow ging es nicht um mich, denen ging es nur um meinen Vater. Und es ist kein Geheimnis, was passiert, wenn sie ihn finden: Sie werden ihn einfach umbringen. So machen sie das mit allen, die in Itschkerien kämpften. Wer gegen Russland, wer gegen Kadyrow kämpft, der wird dieses Regime nicht überleben.« Das russische Wort ist das gleiche wie im Deutschen – »liquidieren« – das sei das Ziel der Kadyrowzy, erklärt Islam. Dabei gebe es keine Prozesse, keine Anwälte und keine Richter. Auf meine Frage danach schenkt mir Islam ein Kopfschütteln. »Gerichte? Hinter diesen Leuten steht Kadyrow. Der Name ist Programm – der sagt etwas und dann wird es gemacht.«

Die Kadyrowzy sind bewaffnete Kämpfer, eine Art Privatarmee unter Befehl von Kadyrow.[51] Sie unterstützten die russische Armee seit 1999 bei der Niederschlagung des tschetschenischen Aufstands. Sie verhalfen ihr zum Sieg. Und auch, wenn der Krieg nun offiziell schon sechs Jahre beendet ist, bleiben sie an der Macht.

Und in Islams Worten: »Die Kadyrowzy, das sind Tschetschenen, keine Russen. Sie sehen aus wie Bären, riesig, breitschultrig. Ich glaube, die nehmen bestimmt viele Anabolika. Jedenfalls sehen sie so aus. Sie wirken absolut bedrohlich. Wenn sie in einer Familie nicht den Richtigen antreffen, dann nehmen sie eben jemand anderen mit. Denen ist wirklich alles egal. Die können

---

50 Dieser ging zu Ende, nachdem Dudajew am 21. April 1996 durch einen russischen Raketenangriff getötet wurde.

51 Sie gingen aus der Leibgarde des Präsidenten hervor.

machen, was sie wollen.«[52] Und Kadyrow zahlt seine Leute gut. Gehalt, Autos, Zugang zu Präsidentenklubs, Sporteinrichtungen, Bildung – wer ihm dient, kommt in den Genuss vielfältiger Vergünstigungen. »Man sieht das vor allem an den Autos dieser Leute. Sie bekommen gute Autos, wenn sie für ihn arbeiten.«

Dieses System der Vergünstigungen ist Teil der Regierungspolitik. Mit einem gut ausgebauten Netz von Spitzeln und der schon genannten Privatarmee kontrolliert Kadyrow das soziale Leben und die politischen Orientierungen seiner Landsleute. Das geht so weit, dass es einen Handzähler gibt, mit dem man die Zahl der pro Tag geleisteten Gebete dokumentieren soll – und den man vorzeigen muss, wenn man aufgegriffen wird.[53] In der tschetschenischen Gesellschaft, in der staatliche Strukturen vor allem Misstrauen auslösen, haben solche Kontrollen eine immens einschüchternde Wirkung. Über Jahrhunderte gab es dort keine staatlichen Strukturen. Tschetschenien – das war bis ins 19. Jahrhundert eine Stammesgesellschaft, deren zentraler Wert die Freiheit des Einzelnen war. Dieser Freiheitswillen hat auch sprachlich seine Spuren hinterlassen. Wenn Tschetschenen jemanden in ihr Haus einladen und begrüßen, sagen sie »Komm frei rein!« und wenn sie sich verabschieden »Gehe frei!«. Mit der Folter und Unterdrückung Andersdenkender setzt die Diktatur Kadyrow bei diesem Freiheitswillen an und will ihn brechen.[54]

Es gibt eine überbordende und überall greifbare Korruption. Begabte junge Leute müssen große Summen zahlen, um an einer Universität zugelassen zu werden. Und Islam erzählt mir von

---

52 Vgl. dazu das Interview mit der Menschenrechtlerin Swetlana Gannuschkina bei Spiegel online vom 6.9.2013, http://www.spiegel.de/politik/ausland/tschetscheniens-machthaber-kadyrow-sein-regime-ist-grausam-a-920274.html

53 Zitiert nach Interview mit Ekkehard Maaß, Deutsch-kaukasische Gesellschaft, 8.12.2015.

54 Interview mit Eckkehard Maaß, Deutsch-kauskasische Gesellschaft, 9.12.2015.

einer informellen Steuerkasse: »Jeder, der in Tschetschenien Geld verdient, muss da einzahlen.«

Aus diesem Fonds bezahlt Kadyrow gigantische Bauprojekte, Sportstadien, Hochhäuser. Symbole dafür, dass die Hauptstadt Grosny unter seiner Führung die Spuren des Krieges abschüttelt und Tschetschenien zu einem modernen Staat heranwächst. Der junge, erst 38-jährige Despot knüpft mit diesem Bauwahn an alte sowjetische Traditionen an. Denn die gigantomanische Bauwut erinnert nicht nur Islam an die architektonischen Megaprojekte Stalins, wie den Bau der Moskauer U-Bahn in den 30er-Jahren.

Folter beginnt im Kopf

Die Methoden der Kadyrowzy sind durch internationale Menschenrechtsorganisationen dokumentiert. Die Carnegie Stiftung für Internationalen Frieden schrieb 2005, dass die bewaffneten Kämpfer um Kadyrow »verantwortlich (sind) für außergerichtliche Hinrichtungen, für Entführungen und Folter«.[55]

Folter wird oft gleichgesetzt mit körperlicher Gewalt. Doch eigentlich setzt sie früher ein. Das wird klar, wenn man Islam aufmerksam zuhört: »Sie kamen immer zur selben Zeit gegen Abend. Manchmal haben sie laut geklopft, manchmal einfach mit Gewalt unsere Tür aufgestoßen. Dann musste ich mit ihnen nach draußen gehen und sie haben mich dort befragt. Auf der Straße. Sie haben mir gedroht: ›Du wirst dein ganzes Leben in einem Keller verbringen, wenn du nicht redest. Da kannst du sicher sein. Wenn du uns nicht sagst, wo dein Vater ist, dann wirst du sterben. Wir werden dich zum Reden bringen!‹« Und ein paar Tage später kamen sie wieder. Das passierte mehrmals im Monat.

Den damals 16-jährigen Islam wollten die Kadyrowzy nur mürbe machen: »Sie haben mich auf eine der Polizeistationen mitgenommen. Dort gibt es Keller und auch richtige Käfige. Dort

---

55 Fiona Hill et al., A Spreading Danger: Time for a New Policy toward Chechnya http://carnegieendowment.org/files/PB35.lieven.FINAL.pdf

haben sie mich auf einem Stuhl festgebunden und mir Strom-
kabel an meine kleinen Finger angeschlossen, als sie mich befragt
haben. Es war ihnen völlig egal, dass ich noch nicht erwachsen
bin. Sie haben meinen Fingern immer wieder Stromstöße ver-
setzt. Und immer wieder gefragt: ›Wo ist Dein Vater?‹«

Das wusste Islam nicht. Der Vater besuchte die Familie nur
sporadisch, unangekündigt – und war immer schnell wieder verschwunden: »Mein Vater ging seinen eigenen Geschäften nach.
Da gab's nicht viel Austausch zwischen uns. Über Politik haben
wir praktisch nie gesprochen. Jeder machte sein Ding. Er hat mich
nirgendwohin mitgenommen und auch seine politischen Überzeugungen nicht mit mir geteilt. Das war aus meiner Sicht auch
richtig. Es ist zu gefährlich.« Seinen Peinigern ist das egal: Was
Islam in den Folterzellen erlebte, taucht an verschiedenen Stellen
unseres Gesprächs auf. Er erzählt diese Passagen nicht am Stück.
Die Erinnerung belastet ihn stark, immer wieder wischt er sich
mit beiden Händen über das Gesicht, als ob er die Vergangenheit
mit ihren Bildern abstreifen möchte. Was genau passierte, bleibt
anfangs vage, wird später dann konkreter.

»Einmal haben sie mich in eines dieser Kellerlöcher gesteckt.
Das war dunkel, stickig und sehr eng. Ich bekam nichts zu essen
und nur Wasser. Niemand hat mit mir gesprochen. Sie haben mir
auch nicht gesagt, was sie mit mir vorhatten oder wie lange das
dauern sollte. Irgendwann, nach einer endlos langen Zeit, kam
mein Onkel. Er hat lange und sehr laut mit ihnen gestritten. Und
dann durfte ich aus diesem Keller raus.«

Ramsan Kadyrow: »In Tschetschenien sorge ich für die Einhaltung der Menschenrechte!«[56] Die mögen zwar universell sein – in
Tschetschenien gelten sie nicht. Die Büros von Nichtregierungsorganisationen werden überfallen oder angezündet, Menschen-
rechtler verhaftet und massiv eingeschüchtert.[57] Menschen ver-

---

56 Zitiert nach Weinmann, Ute: »Termingerechter Terror«, Jungle World,
Nr. 1, 2015. http://jungle-world.com/artikel/2015/01/51169.html

57 Zum Überfall auf die Büros der NGO Joint Mobile Group am 3.6.2015
gab es ein gemeinsames Statement von Human Rights Watch und Amnes-

schwinden, ohne dass ihre Familien etwas davon erfahren oder die Gründe kennen.[58]

Mit den Folgen seiner Folter hat Islam bis heute zu kämpfen, er muss deswegen im Moment sogar mit dem Sport pausieren und vielleicht operiert werden: »Einmal haben mich diese Riesentypen herausgefordert: ›Du bist doch ein Kämpfer!‹, haben sie gewitzelt. ›Dann kämpf doch gegen uns!‹ Ich habe gesagt: ›Lass uns das machen, Mann gegen Mann.‹ Und dann kamen drei und noch mal drei. Sie haben mich einfach zwischen sich hin und her geschubst, umgehauen, und als ich dann am Boden lag, haben sie weiter auf mich eingeschlagen. Sie hatten Gummiknüppel, die Elektroschocks abgaben.« Der Kampfsportler Islam ist zäh: »Das Bewusstsein verlor ich nicht. Aber ich sah alles wie in einem unscharfen Film. Danach hatte ich eine Woche lang überhaupt kein Gefühl in meinen Oberschenkeln.« Die Folter hört nicht auf, wenn die Prügelei zu Ende ist: »Nach diesem ungleichen Kampf haben sie dann einfach gesagt: ›Du bist frei, geh nach Hause.‹ Und hinzugefügt: ›Aber merke dir, wir kommen wieder und holen dich ab. Wir werden dich finden.‹« Und dann wurde Islam wieder in sein normales Leben zurückgestoßen – als ob nichts gewesen wäre.

Grosny – Glänzende Fassade auf faulem Grund

Ich frage Islam nach seinem »normalen« Leben. Er erinnert sich nur schwer daran, als ob er wie durch Watte erst dorthin vordringen müsste. Die Foltermomente sind präsenter als der Alltag.

ty International, vgl. https://www.hrw.org/news/2015/06/03/joint-statement-human-rights-watch-amnesty-international-and-front-line-defenders

58 Friedrich Schmidt, Flammen der Rache, 02.03.2015, http://www.faz.net/aktuell/politik/ausland/asien/ramsan-kadyrow-heizt-stimmung-in-tschetschenien-an-13452443-p3.html?printPagedArticle=true#pageIndex_3

»Bevor das alles losging, bin ich zur Schule gegangen und habe trainiert – in einem großen Boxclub, der von Kadyrow finanziert wurde. Ich habe vier Jahre lang ›Kampf ohne Regeln‹[59] trainiert, dann sieben Jahre geboxt. Das war ein toller Club, dort gab es auch internationale Trainer.«

Grosny hat nicht nur eine Reihe von Sportschulen, sondern auch prächtige Häuser. »In Grosny wird heute viel gebaut. Die Stadt glänzt, hat eine schöne Oberfläche. Sie wirkt wie eine normale Großstadt. Doch du musst hinter diese Oberfläche schauen, hinter den Bauboom und die Hochhäuser«, meint Islam. »Denn diese ganze schöne Oberfläche ist nicht echt.« Die moderne Skyline des wiederaufgebauten Grosny hatte mit dem Leben seiner Familie wenig zu tun. »Meine Mutter lebte mit uns Kindern allein. Und wir hatten nicht viel Geld. Direkt neben unserem Haus lag ein usbekisches Café. Da hat meine Mutter gearbeitet. Manchmal wurden wir als Kinder auch zu meiner Tante geschickt und haben dort gelebt. Ich erinnere mich, dass mein Vater früher ab und zu nach Hause kam. Dann hat er etwas zu essen mitgebracht und Geld dagelassen. Aber das ist lange her.« Sehr lange.

Noch vor wenigen Jahren lag das Stadtzentrum nach dem zweiten Tschetschenienkrieg in Trümmern – heute reckt sich das Hochhausviertel Grosny City in den Himmel und verspricht: Krieg und Zerstörung sind vorbei! Die Stadt erlebt einen Boom! Dem Land geht es gut! Die beiden Kriege, die das Land verheerten, werden totgeschwiegen – sogar im Museum.
Russische und tschetschenische Flaggen zieren öffentliche Gebäude und Straßen. Eine der Hauptstraßen ist nach dem russischen Präsidenten Wladimir Putin benannt, der den Bauboom durch Subventionen möglich machte. 1,6 Milliarden Euro lässt sich der Kreml die Unterstützung des tschetschenischen Präsidenten Kadyrow kosten – pro Jahr! Aus russischer Sicht lohnt sich diese Ausgabe, denn Kadyrow sorgt dafür, dass die Kauka-

---

59 Gemeint ist MMA, Mixed Martial Arts, eine Mischung aus verschiedenen Nahkampfstilen, bei der der Gegner auch noch geschlagen und getreten werden darf, wenn er am Boden liegt.

susrepublik nicht wieder in den Krieg taumelt, dass Islamisten mit allen Mitteln klein gehalten werden. Mit russischem Geld und russischer Unterstützung soll Kadyrow verhindern, dass tschetschenische Islamisten Anschläge in Russland verüben.[60] Terroranschläge wie im Oktober 2002. Damals, am 23. Oktober, besetzten 50 schwer bewaffnete tschetschenische Rebellen das Moskauer Musical-Theater. Während der Aufführung des Musicals »Nord-Ost« stürmten sie die Bühne und nahmen die mehr als 700 Besucher als Geiseln. Das Gebäude wurde vermint. Russische Spezialeinheiten stürmten das Theater drei Tage später, am Morgen des 26. Oktober. Bei der Befreiung setzten sie ein Gas ein, das die Menschen im Theater sofort betäubte. Alle Geiselnehmer wurden bei dem Einsatz getötet, viele Geiseln starben an den Folgen des Gaseinsatzes. Bis heute ist die genaue Zahl der Todesopfer nicht bekannt. Sie ist dreistellig. Die bekannte russische Journalistin Anna Politkowskaja wurde ermordet, weil sie herausgefunden hatte, dass ein Spitzel des FSB, des Geheimdienstes der Russischen Föderation, mit Namen Terkibaev, das Terrorkommando in das Theater gelenkt hatte. Er hat als Einziger der Terroristen überlebt.

Achmat Kadyrow und nach seinem Tod 2004 sein Sohn Ramsan Kadyrow[61] haben dafür gesorgt, dass Tschetschenien solche Schlagzeilen nicht mehr macht. Und dafür zollt der russische Präsident dem 38-jährigen tschetschenischen Machthaber viel

---

60 Dennoch kommt es immer wieder zu Anschlägen – zuletzt im Dezember 2014.

61 Ramsan Kadyrow regiert Tschetschenien seit knapp zehn Jahren. Sein Vater, Achmad Kadyrow, hatte Anfang der 1990er-Jahre als Mufti von Tschetschenien zum Heiligen Krieg gegen Russland aufgerufen – später wechselte er auf die Seite Russlands, unterstützte die russische Politik – und wurde 2007 mit Unterstützung des Kreml Präsident Tschetscheniens. Achmad Kadyrow kam 2004 bei einem Attentat ums Leben. Sein Sohn Ramsan war Chef der Leibgarde des Vaters, aus der die sogenannten Kadyrowzy hervorgingen, vgl. Eckkehard Maaß: »Ein talentierter Diktator? Ramsan Kadyrow in den Spuren russischer Zaren, Stalins und Putins.« In: Schinnerl, Herwig /Schmiedinger, Thomas (Hg.): Dem Krieg entkommen?, Wien, 2009, S. 1.

Lob: »Ein Volk, das so einen Sohn herangezogen hat, verdient Verehrung!«[62]

Auch Islam hatte anfangs keine schlechte Meinung von Kadyrow. Als sportbegeisterter Junge fand er es toll, wie viel der tschetschenische Machthaber für den Sport tat: »Damals investierte Kadyrow sehr viel in die Sportanlagen und Sportarenen in unserer Stadt. Ich war davon überzeugt: Das ist ein ganz normaler Mann, er tut was für sein Land.«

Kadyrow seinerseits zögert nicht, seine Unterstützung für Russland publikumswirksam unter Beweis zu stellen. Wenige Monate bevor Islam mit seinen Schwestern das Land verließ, erklärte er: »Wir sind die Infanterietruppen Wladimir Putins.« Jeden Befehl des »nationalen Führers« werden wir »an jedem Ort der Welt ausführen«.[63] Eine klare Botschaft an die westlichen »Feinde Russlands«[64]. Und diese Solidarität funktioniert zuverlässig: Kadyrow hat völlige Narrenfreiheit, und Putin kann sich sicher sein, dass Tschetschenien unter dieser Diktatur einigermaßen ruhig bleibt. Eine Win-win-Situation zulasten der Menschen im Land.

»Putin unterstützt Kadyrow, wenn es darauf ankommt. Und er setzt Putins Politik im Land durch.« So einfach sei das, betont Islam. Und ihm fällt ein aktuelles Beispiel ein: »Hast Du gesehen, dass es in Tschetschenien zu großen Demonstrationen kam, weil die Türkei das russische Flugzeug abgeschossen hat?«, fragt mich Islam. Nein, das konnte ich in den Medien nicht verfolgen. »Da kam es in Grosny im Nu zu Demonstrationen. Da wurden Trans-

62 Dornblüth, Gesine: »Ein Volk von Kämpfern«. http://www.deutschlandfunk.de/boxen-ein-volk-von-kaempfern.1346.de.html?dram:article_id=324522

63 Vgl. Friedrich Schmidt, Flammen der Rache, 02.03.2015, http://www.faz.net/aktuell/politik/ausland/asien/ramsan-kadyrow-heizt-stimmung-in-tschetschenien-an-13452443-p3.html?printPagedArticle=true#pageIndex_3

64 Ebd.

parente in die Luft gehalten: ›Das werden wir der Türkei niemals verzeihen!‹, stand da zum Beispiel drauf. Doch diese Demonstrationen, die waren politisch organisiert. Die Leute, die da demonstriert haben, die wussten gar nicht, was auf den Transparenten steht, das verstehen die gar nicht. Aber die werden ganz einfach zum Demonstrieren auf die Straße geschickt. Ihnen wird gesagt: ›Du verlierst deinen Job, wenn du das nicht machst. Also geh hin und demonstriere!‹«

Wie Islams Welt aus den Fugen geriet

Bis 2012 war die Welt für Islam einigermaßen in Ordnung. »Ich bin erst zur Schule gegangen, so etwa fünf Jahre. Dann hatte ich vor, Profiboxer zu werden. Ich habe jeden Tag viele Stunden in einem der großen Boxclubs trainiert. In Tschetschenien wäre ich heute Profiboxer. Dort müsste ich nicht mehr davon träumen, da wäre das nicht in weiter Ferne.« Hier in Deutschland ist es das – jedenfalls zunächst. Immerhin hat er einen Boxclub in Charlottenburg gefunden, in dem er trainieren kann.

Trotzdem dürften die Trainingsmöglichkeiten nicht so komfortabel sein wie in Tschetschenien, wo Kampfsport und Boxen weit mehr sind als ein schönes Hobby. Sie sind Volkssport – und Mittel zur patriotischen Erziehung. In der tschetschenischen Gesellschaft, die in den vergangenen zwei Jahrzehnten zwölf Jahre Krieg erlebt hat, steht Kampfsport hoch im Kurs.

»Kampfsportarten wie Judo, Boxen und Ringen sind bei den Tschetschenen sehr in Mode«[65], erklärt mir Ekkehard Maaß, der Vorsitzende der Deutsch-Kaukasischen Gesellschaft (DKG)[66], der

---

65 Interview mit Ekkehard Maaß, Deutsch-Kaukasische Gesellschaft, 8.12.2015.

66 Die DKG wurde 1996 gegründet und will Geschichte und aktuelle Entwicklung der nord- und südkaukasischen Länder und Völker als geschichtlich gewachsene, zu Europa gehörende kulturelle Einheit vermitteln. Sie initiiert zudem Projekte, die der friedlichen Konfliktlösung, dem

sich um tschetschenische Flüchtlinge in Deutschland kümmert. Er beschäftigt sich seit Jahrzehnten mit der Geschichte und den Besonderheiten dieses alten kaukasischen Volkes. Die Tschetschenen seien das einzige größere Volk im Nordkaukasus, welches nie feudale Strukturen hatte. Eine Unterordung unter staatliche Strukturen und Gesetze war ihnen fremd. Sie waren freie Bauern auf freiem Grund, deren Zusammenleben von ihren Traditionsgesetzen, dem Adat, geregelt wurde. Neben der Verehrung der Alten, der Frauen, der Kinder, ist jeder wehrhafte Mann verpflichtet, seine Familie, sein Dorf, sein Land zu verteidigen. Das war leider auch oft notwendig. Besonders tragisch war die Kolonialisierung durch Russland. Die Begeisterung für Waffen, Pferde, die Jagd, für Autos und den Kampfsport ist im ganzen Kaukasus verbreitet. Islam hofft, dass ihm der Kampfsport beim Überleben und beim Einleben in Deutschland hilft.[67]

In Tschetschenien kontrolliert das Regime die Gesellschaft auch über den Sport. Trainingseinrichtungen werden von Kadyrows Regierung massiv unterstützt und gefördert. »Auch meine Sportschule war eine Schule von Kadyrow. Dort wusste wahrscheinlich keiner etwas von meinem Vater, sonst hätte man mich sicher auch dort nicht in Ruhe gelassen. Da trainieren nicht nur Russen oder Tschetschenen, dort trainieren zum Beispiel auch Amerikaner, und jeder von denen gibt seine Erfahrungen an uns weiter. Angefangen habe ich in meiner Sportschule vor sieben Jahren und ich konnte dort so oft hingehen, wie ich wollte.«

Aufbau demokratischer Strukturen und dem Überleben der Menschen in Krisengebieten dienen. Vgl. http://www.d-k-g.de/dkg.html

67 Während des ersten Tschetschenienkrieges radikalisierte sich der Islam in der Region. Kämpfer aus Saudi-Arabien unterstützten die Tschetschenen in ihrem Kampf gegen Russland. Und sie brachten ihre fundamentalistischen wahhabitischen Überzeugungen mit. Viele junge Männer radikalisierten sich. Das erklärt, warum so viele tschetschenische Männer als Söldner oder Freiwillige in den Kriegen der Welt – auf beiden Seiten in der Ukraine, in Afghanistan und Syrien – kämpfen. Kadyrow seinerseits versucht, die Religion im Land zu »verstaatlichen« – die Imame sind dem Präsidenten ergeben, Moscheebauten sind staatlich finanziert.

Kadyrow selbst verlagert übrigens mitunter politische Auseinandersetzungen in den Boxring: So habe er den Sportminister Salambek Ismailow »mit einigen rechten und linken Haken erklärt, dass er seinen Kopf benutzen muss«, erklärte Kadyrow auf Instagram. Der Minister habe einen Kopfschutz tragen dürfen, »weil er morgen zur Arbeit muss«.[68]

»Probleme« kannst du schnell bekommen im streng kontrollierten Grosny, wo die Sicherheitsdienste vor allem die ins Visier nehmen, die islamistisch wirken. »Je nachdem, wie du aussiehst, kannst du eine Menge Ärger bekommen. Wenn du zum Beispiel einen längeren Bart trägst, kann es dir passieren, dass du beim Gang durch die Stadt verhaftet wirst.« Gegen vermeintliche Islamisten gehen die Sicherheitsdienste streng vor – und auch deren Familien stehen erst einmal unter Generalverdacht. Als am 4. Dezember 2014 der letzte größere Terroranschlag mit islamistischem Hintergrund verübt wurde und bewaffnete Kämpfer in der tschetschenischen Hauptstadt Grosny mehrere Regierungsgebäude anzündeten und dabei mindestens einen Zivilisten und 14 Polizeibeamte töteten, da kündigte Ramsan Kadyrow öffentlich an, die Verwandten der bewaffneten Männer des Landes zu verweisen und ihre Häuser zu zerstören. »Wenn ein Untergrundkämpfer in Tschetschenien einen Polizisten oder einen anderen Menschen ermordet«, schrieb Kadyrow am Tag darauf auf Instagram, »wird seine Familie sofort aus dem Gebiet Tschetscheniens deportiert und ihr Haus dem Erdboden gleichgemacht.«[69] Mindestens 15 Häuser mit Dutzenden von Bewohnern, darunter kleinen Kindern, wurden niedergebrannt oder zerstört. In der Folge wurde unter anderem auch das Büro der Menschenrechtsorganisation Joint Mobile Group zerstört.[70]

---

68 Zit. n. http://www.spiegel.de/politik/ausland/politik-in-tschetschenien-kadyrow-bittet-minister-in-den-boxring-a-896110.html

69 http://www.swp.de/ulm/nachrichten/politik/In-Tschetschenien-brennen-Haeuser-von-Verwandten-getoeteter-Terroristen;arT4306,2945857

70 Vgl. den Jahresbericht von amnesty international https://www.amnesty.de/jahresbericht/2015/russische-foederation#nordkaukasus

Verletzter Sportler

Im Laufe unseres Gesprächs fällt mir auf, dass Islam – je nachdem, über was wir gerade sprechen – unterschiedlich wirkt.

Es gibt den entspannten und in sich ruhenden Islam – vor allem beim Thema Boxen. Dann glätten sich seine Gesichtszüge, hier und da öffnet sich sein Blick kurz zu einem echten, großen Lächeln: Als ich ihn darum bitte, mir jetzt ein Autogramm zu geben, weil er übermorgen ein großer Star sein könnte. Oder als ich ihn frage, welchem Boxprofi er denn nun nacheifere. Die Klitschkos sind es nicht – »Ich habe alle Kämpfe von Mohammed Ali gesehen!«, erklärt er mir. Er streckt sich und erzählt mir mit einem Lächeln von den Probetrainings, die er vor Kurzem in Deutschland begonnen hat. Die Trainer sind angetan von Islams Talent – und ihre positiven Reaktionen tun ihm gut. Doch die Taktik, die ist ganz anders, wenn Deutsche boxen. Mich wundert das nicht, nach allem, was mir Islam über Tschetschenien erzählt hat. »Wenn wir in Russland kämpfen, dann geht es immer darum, den Gegner sehr schnell anzugreifen. Hier in Deutschland, da muss ich eher stehen bleiben und ausweichen. Da muss ich stärker vorausdenken, um die Taktik und die Schläge meines Gegners berechnen zu können. Das ist wirklich ein großer Unterschied.« Boxen, das soll auch in Deutschland seine Zukunft werden: »Wenn alles klappt, dann werde ich in Charlottenburg weiter trainieren und für Deutschland kämpfen. Das ist mein Ziel.« Wegen seines Alters kann er nicht zur Schule gehen, aber daran hat er ohnehin kein großes Interesse: »Ich glaube, es ist für mich zu spät für so etwas. Aber meine Betreuer haben mir erzählt, dass ich ein Praktikum machen könnte in einer Autowerkstatt. Und das möchte ich versuchen.«

Und dann gibt es Momente, in denen Islam in sich zusammensinkt. In denen ich nicht vermuten würde, dass er Leistungssport macht. Augenblicke, in denen er nicht zäh und motiviert wirkt, sondern erschöpft und verloren. Das sind die Momente, in denen er über seine Probleme mit den Schlägern des tschetschenischen Regimes spricht – oder darüber, dass er sich Sorgen macht um seine Familie.

Seine Mutter ist mit dem kleinen Bruder, der erst vier Jahre alt ist, in Grosny geblieben. »Das Geld hat nicht gereicht für uns alle«, erklärt mir Islam. »Die Entscheidung, dass ich mit meinen Schwestern das Land verlassen soll, die hat meine Mama getroffen. Sie hat sich Sorgen gemacht, weil mich diese Typen so oft abgeholt haben. Sie hat mich nicht gefragt. Eines Tages sagte sie: ›In der nächsten Woche ist es so weit. Ihr werdet wegfahren!‹ Da habe ich ihr entgegnet: ›Ohne dich fahre ich nirgendwohin. Ich will gar nicht weg. Ich will nicht dorthin. Ich will bei dir bleiben!‹ Doch Sie hat das gar nicht hören wollen und geantwortet: ›Ich habe entschieden, dass das so ist. Und dann ist das so.‹

Das war etwa eine Woche vor unserer Abfahrt. Aber sie hat es bestimmt schon lange vorher geplant. Ich weiß nicht genau, wann sie damit angefangen hat. Und ich weiß auch nicht, was sie dafür bezahlt hat und woher das Geld kam. Das alles hat meine Mutter für uns geregelt. Meine Mutter hat den Schlepper gefunden. Er ist Tschetschene und er schleust seit vielen Jahren Menschen von Tschetschenien nach Deutschland.« Selbst wenn es nur die 1500 Euro gewesen sein sollten, die Schleuser häufig verlangen, wenn sie Menschen aus Tschetschenien bis nach Deutschland bringen, hätte die Flucht ihrer Kinder Islams Mutter knapp 5000 Euro gekostet. Es war eine Direktverbindung: Grosny – Berlin.

»Die Reise an sich war nicht sehr kompliziert. Ich bin gemeinsam mit meinen beiden Schwestern und meiner Mutter an den verabredeten Treffpunkt gegangen. Meine Mutter hat meine Schwestern umarmt und sie dann ins Auto des Mannes geschickt. Mir hat sie mit auf den Weg gegeben: ›Dein Vater ist nicht mehr da, und du bist hier der Älteste. Du bist der Mann. Du musst auf deine Schwestern aufpassen! Pass auf die Mädchen auf, damit sie heil bleiben!‹ – das hat sie gesagt.«

36 Stunden Autofahren nonstop über die Ukraine und Polen. Ohne Übernachtungen. Ohne große Pausen. »Wir haben nur an Raststätten gehalten, wenn wir auf die Toilette mussten. Der Fahrer ist die ganze Zeit durchgefahren.« Islam und seine Schwestern waren allein im Auto. Ja, Sie hätten Grenzen passiert, aber

welche, das weiß Islam nicht. »Geht es nicht erst über Moskau und dann über Polen nach Deutschland?«, fragt er zurück. Ich kann es kaum glauben: Kein einziges Mal wurden die Papiere kontrolliert? »Nein, unsere Papiere mussten wir nie vorzeigen. Einmal habe ich gesehen, dass unser Fahrer seine Papiere vorzeigen musste, doch dann ging der Schlagbaum auf. Wir wurden durch niemanden gebremst. Die letzten Polizisten, die ich sah, waren um Grosny herum. Ich weiß nicht, warum wir nicht aufgehalten wurden.«

Die Ankunft in Berlin war chaotisch. »Wir waren so müde bei unserer Ankunft. Wir hatten das Gefühl, dass wir gar nicht mehr auf unseren Beinen stehen können. Unser Fahrer hat uns unweit der zentralen Registrierungsstelle für Flüchtlinge hier in Berlin, dem Lageso[71], aus dem Auto rausgelassen. Dort haben wir zehn Stunden gewartet. Und dann sind wir mit einer Begleitperson zu einem Heim gefahren, doch das war schon belegt und wir mussten weiterfahren. Schließlich konnten wir für ein paar Tage in einem anderen Heim bleiben.«

Keine gute Ankunft. Doch inzwischen, sechs Monate später, geht es den Mädchen besser. »Der Abstand zu Tschetschenien ist größer geworden. Mit unserer Mutter hatten wir schon lange keinen Kontakt. So werden meine Schwestern nicht an ihr Zuhause erinnert und bekommen kein Heimweh. Wir können nur mit unserer Tante sprechen.«

Die Mutter hat den Kontakt weitgehend abgebrochen. Sie befürchtet offensichtlich, dass auch Telefonate abgehört werden. Bekannt ist, dass die russischen und tschetschenischen Netzwerke bis nach Deutschland reichen. Und dass Islam und seine Geschwister in Deutschland zwar viele Tausend Kilometer von ihrer Heimat entfernt sind, aber immer noch nicht in völliger Sicherheit.

Islams Mutter muss auch befürchten, dass sie verhaftet und befragt wird, weil ihre älteren Kinder das Land verlassen haben –

---

71 Das Landesamt für Gesundheit und Soziales ist eine Landesoberbehörde des öffentlichen Gesundheitsdienstes in Berlin, die Aufgaben im Bereich der Gesundheit und der Sozialdienste erfüllt.

und sie nun die Einzige ist, die wissen kann, wo sich ihr Mann befindet.

Islam macht sich große Sorgen um seine Mutter. »Jeder weiß doch, die fragen nicht, die foltern. Und es ist denen völlig egal, ob das eine Frau ist, ein Kind oder ein erwachsener Mann. Wenn der Befehl von oben kommt: ›Ihr müsst jetzt jemand bestimmtes finden‹, dann fahren sie los und suchen ihn.« Offensichtlich versucht Islams Mutter, in Grosny unsichtbar zu werden, die Spuren zu ihrem Mannes zu tilgen, um dort weiterleben zu können. »Wenn meine Mama von selbst keinen Kontakt zu uns sucht, dann hat das sicher etwas zu bedeuten. Dann will sie das vermeiden aus bestimmten Gründen. Vielleicht weil sie weiß oder annimmt, dass das gefährlich ist.« Islam versucht, sich selbst und seine Schwestern zu beruhigen. »Immerhin haben wir auch keine schlechten Nachrichten. Deshalb denken wir, dass es dort ruhig ist. Dass unsere Mutter keine Drohungen bekam, weil wir verschwunden sind.« Deshalb ist Islam auch nicht sein richtiger Name.

Eine ganze Familie in Sippenhaft – in einem Land, dessen Regeln kaum jemand kennt und über das uns nur wenige Berichte erreichen. Wie lange das so bleiben wird? Dazu hat Islam eine klare Meinung: »Das Regime wird so lange so bleiben, wie es Kadyrow gibt. Es braucht Feindbilder. Es braucht Menschen, die man verfolgt. Wenn du bei uns Fernsehen guckst, dann ist alles prima. Und wenn du die Realität erlebst, dann denkst du: Das ist ein anderes Land!«

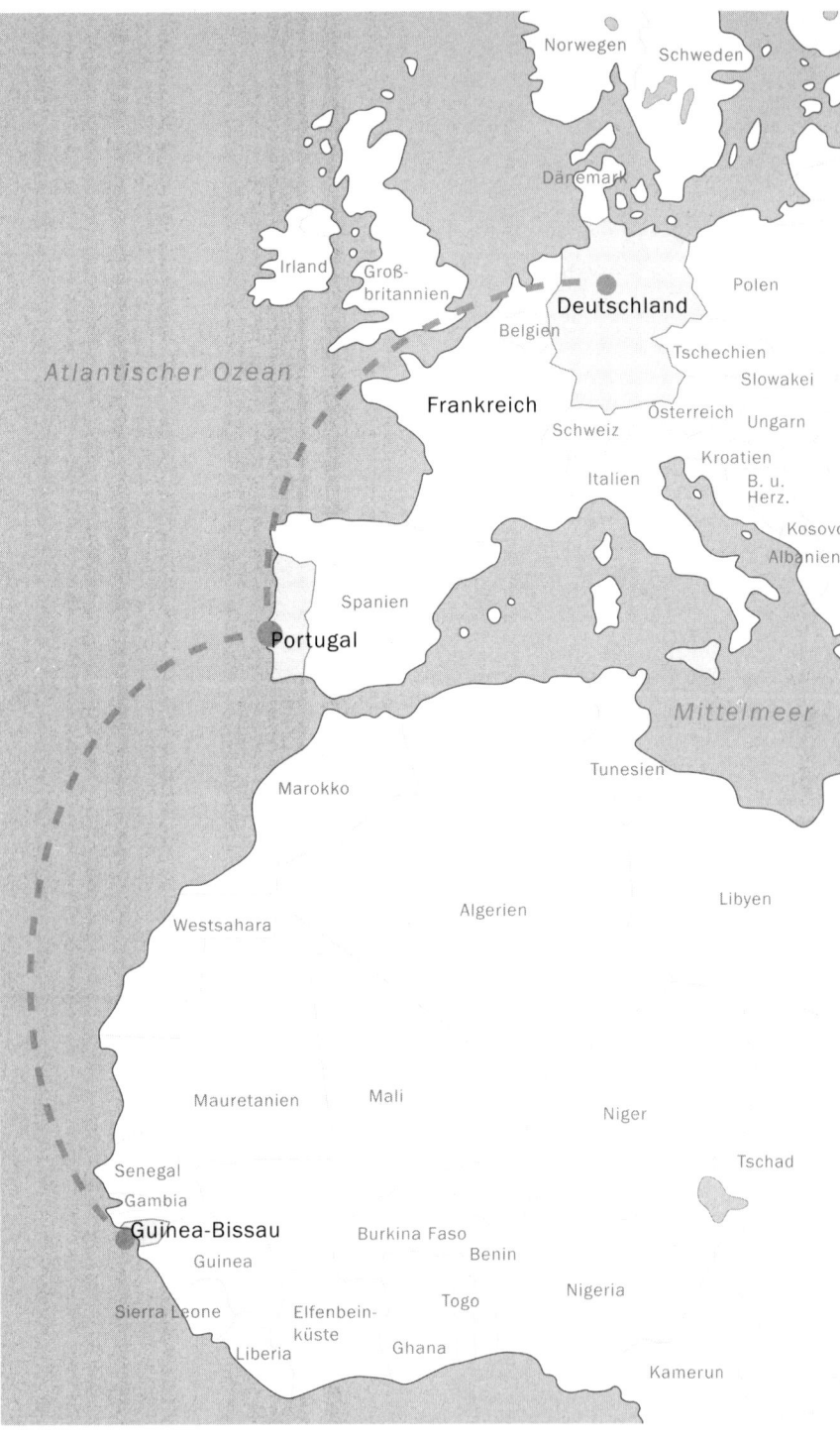

11 Sprechen als Therapie – Yamina aus Guinea

Für Yamina ist sprechen eine Therapie. Sie spricht, ich schweige. Eine Stunde ohne jede Unterbrechung, schnell. Da ist kein Platz für Fragen. Da ist nur Platz für das, was sie selbst erlebt hat. In manchen Phasen unseres Gesprächs laufen ihr Tränen über beide Wangen.

Es geht Yamina nicht gut, denn sie hat vom Ausländeramt den Bescheid bekommen, dass sie nur noch zwei Monate statt der erwarteten sechs Monate in Deutschland geduldet sei. Was das bedeutet, weiß sie genau. »Meine Cousine, mit der ich hier in Düsseldorf gewohnt habe, hat auch einen solchen Bescheid bekommen. Sie wurde nachts abgeholt und musste mit ihrer Tochter zusammen zurück nach Portugal.«

Nun droht ihr das auch. Yamina ist aufgelöst. Es droht die Trennung von ihren beiden Nichten, mit denen sie nach Deutschland geflohen ist. Und es droht die Rückkehr nach Portugal, dem Land, über das die drei Mädchen vor drei Jahren nach Europa kamen. Für Yamina kehren in diesen Tagen die Schreckensbilder aus ihrem siebenmonatigen Aufenthalt in Portugal zurück. Dorthin wollen sie die deutschen Behörden zurückschicken. Formal macht Deutschland alles richtig: Portugal, das ist das Land, in dem Yamina europäischen Boden betrat. Portugal muss sich um sie kümmern, ein europäischer Nachbar, denselben menschenrechtlichen Regeln beim Schutz von Flüchtlingen und Asylsuchenden verpflichtet wie Deutschland. Doch Yamina hat das ganz anders erlebt: »Für mich war Portugal die Hölle. Dort kannst du nicht leben.« Yamina vergleicht das, was sie erlebt hat in Portugal, mit den traumatischen Erlebnissen in ihrer Heimat Guinea. Erklären lässt sich das nur dadurch, dass Yamina in Portugal in die Prostitution gezwungen wurde. Sie hat dort selbst Gewalt erlebt und eine ihrer Nichten wurde von einem Mitflüchtling vergewaltigt. Schutz hat sie in Portugal kaum erlebt: Stattdessen wurde sie mit der Sorge um sich selbst und ihre jüngeren Nichten alleingelassen. Wer das weiß, der kann dann auch ihren bitteren

Satz direkt zu Beginn unseres Gesprächs besser verstehen: »Lieber sterbe ich, als nach Portugal oder nach Guinea zurückzugehen«, sagt sie entschieden.

Die Rückkehr des Traumas

Yamina ist schwer traumatisiert. Bereits mehrfach musste die 20-Jährige ins Krankenhaus, in die Psychiatrie. Sie hat versucht, sich das Leben zu nehmen. »Das Leben ist mir zu anstrengend!«, sagte sie damals ihren Therapeuten. Und sie sagt es heute auch. Die Erlebnisse, die sie während ihrer Flucht hatte, und die Erlebnisse, die zu ihrer Flucht geführt haben, hinterließen tiefe Verletzungen in Yaminas Psyche. Und im Unterschied zu anderen Jugendlichen in diesem Buch war auch ihre Ankunft in Europa und in Deutschland nicht einfach.

40 Prozent aller Flüchtlinge in Deutschland leiden unter einer schweren traumatischen Belastung. Nicht alle von ihnen sind in Behandlung. Die wenigen Forschungen, die es zu diesem Thema gibt, sagen klar: Es ist nicht entscheidend, welches erschreckende Erlebnis Anlass für das Trauma gewesen ist. Entscheidend ist, wie die Lebensumstände nach dem Trauma aussehen. Wer in seiner Heimat Gewalt oder Krieg erlebt hat, der kann durch Ruhe und Routine, regelmäßige Abläufe und ein ruhiges sicheres Umfeld im Alltag zur Ruhe kommen. Wichtig sind Vertrauenspersonen, denn traumatisierte Menschen haben in der Regel nur wenig Vertrauen in andere. Kein Wunder, denn solche Traumata werden oft durch Menschen ausgelöst, durch Gewalt – durch lebensbedrohliche und katastrophale Ereignisse, die eine existenzielle und tiefe Verzweiflung verursachen. Besonders oft sind Menschen betroffen, die Opfer von Vertreibung, Krieg, Gewalt oder Folter wurden. Sicherheit, Akzeptanz und Geborgenheit sind die Grundvoraussetzungen, um wieder eine psychische Stabilität zu erlangen.

Genau das aber fehlte Yamina, nachdem sie 2012 in Portugal angekommen war. Sie war mit ihren Nichten in einem Wohnheim

mit Erwachsenen untergebracht, hatte keinen geregelten Tages-
ablauf, aber die Verantwortung für ihre damals zwölf und acht
Jahre alten Nichten. Yamina war zwar in Europa, aber in Sicherheit fühlte sie sich nicht.

Diese Ängste und Sorgen, die mit Portugal verbunden sind,
holten Yamina nun wieder ein, als sie das Schreiben der deutschen Behörden erhielt, in dem ihr mitgeteilt wurde, dass ihr Aufenthalt anstatt der erwarteten sechs Monate nur um zwei Monate
verlängert werde. Plötzlich sind alle Erinnerungen und Schrecken ihrer Flucht wieder da. Die Angst, von ihren Nichten getrennt zu werden, obwohl sie ihrer Schwester versprochen hat,
für sie zu sorgen. Die Sorge, nach Portugal zurückzumüssen.
Oder noch schlimmer: zurück nach Guinea-Conakry.

Ich treffe Yamina, als sie vom Jugendamt kommt. Dort war sie
mit ihrer Betreuerin und ihrer Therapeutin. Yamina hat in wenigen Wochen Geburtstag, dann wird sie 21 und ist damit auch
in ihrer Heimat Guinea-Conakry volljährig. Damit endet für sie
das Programm der Jugendhilfe, das in Ausnahmefällen so lange
verlängert wird, bis die Volljährigkeit im Heimatland erreicht ist.
Dabei wären enge Betreuung und Fürsorge für das traumatisierte
Mädchen weiterhin wichtig. Ich führe das Gespräch gemeinsam
mit ihrer Betreuerin, zu der Yamina Vertrauen hat.

Das Trauma beginnt mit dem Tod der Eltern

Weil sie schon seit Längerem eine Psychotherapie macht, hat Yamina gelernt, ihre Geschichte zu erzählen. Das heißt nicht, dass
sie alle Dinge beim Namen nennt. Scham- oder Schuldgefühle
sorgen dafür, dass sie lieber umschreibt, wie ihr Unrecht getan
wurde. Sie hat eine Kodierung gefunden, mit der sie ihre Erlebnisse beschreibt. An manchen Stellen ist es mir nur mithilfe der
Betreuerin möglich zu dechiffrieren, was Yamina tatsächlich erlebt hat.

2012 lebte Yamina noch mit ihren Eltern in Conakry, der Hauptstadt Guineas. Politisch sah im Land alles nach einer demokrati-

schen Entwicklung aus. Die Präsidentschaftswahl 2010 war die erste freie Wahl in der Geschichte des Landes und wurde deshalb vom Ausland als Erfolg gewertet. Aus der mehrfach verschobenen Stichwahl ging der 73-jährige Alpha Condé als Sieger hervor.[72] Er hatte zuvor zu allen drei bisherigen Präsidenten in Opposition gestanden. Seit der Unabhängigkeit 1958 hatte das westafrikanische Land nur Diktatoren an der Macht erlebt.

Yaminas Vater arbeitete als Bezirksbürgermeister. Ein geachteter und bekannter Mann, der mit einem geregelten Einkommen für seine Frau und seine zwei Töchter sorgte. »Mein Vater war schon seit sehr langer Zeit Chef des Stadtbezirks. Unsere Familie hat zusammengewohnt: meine Eltern, ich und meine ältere Schwester. Nachdem meine Schwester geheiratet hatte, ist sie zwar bei uns ausgezogen. Doch sie hat mit ihren zwei Kindern nicht weit weg von uns gelebt. Eigentlich war unser Leben ziemlich gut. Ich würde sagen, wir waren glücklich. Alles ging seinen gewohnten Gang. Mein Vater ging jeden Tag zur Arbeit.« Bis Ende April 2012, als es zu spontanen Protesten kam in Conakry. »Aber dabei haben wir uns nicht viel gedacht, das gab es immer mal wieder.«

In den Nachrichtenagenturen und in europäischen Medien ist von den Unruhen in Conakry nichts zu lesen und zu hören. Allerdings berichten Menschenrechtsorganisationen von anhaltenden Menschenrechtsverletzungen im Jahr 2012. So verschwanden Andersdenkende und Mitglieder der Opposition. Es kam zu willkürlichen Verhaftungen und auch zu Tötungen durch das Militär und die Polizei. Gewalt durch Sicherheitskräfte und im Alltag ist verbreitet, Kinder und Frauen werden oft diskriminiert, werden Opfer von Gewalt. Gewaltbereitschaft, eine allgemeine Straffreiheit und Korruption führen auch im Jahr 2012 im ganzen Land zu Recht-

---

72 Im Oktober 2015 sicherte sich Alpha Condé bei der Präsidentenwahl eine zweite Amtszeit. Die Wahlkommission erklärte ihn zum Sieger der Abstimmung. Der Amtsinhaber hat beim Urnengang fast 58 Prozent der Stimmen gewonnen. Die Wahlbeteiligung lag bei 68 Prozent.

losigkeit und lassen Auseinandersetzungen schnell in Gewalt um-
schlagen.[73] So auch in dieser Nacht in Conakry.

»Aufgewacht bin ich durch Gewehrschüsse vor unserem Haus. Es
war etwa drei Uhr nachts. Auf einmal polterte es laut gegen unsere
Tür. Unsere Tür wurde eingetreten und Militärs standen bei uns
im Haus. Sie schlugen auch die Fenster ein, ich habe das Klirren
gehört, später die zerbrochenen Scheiben gesehen.

Ich war in meinem Zimmer. Doch durch einen Spalt in der
Holztür konnte ich in das andere Zimmer sehen. Und verfolgen,
was dort passierte. Ein paar Männer in Uniform packten meinen Vater bei den Armen, drehten ihm die Arme auf den Rücken
und hielten ihn fest. Sie wollten ihn festnehmen, ihn mitnehmen.
Meine Mutter hat geschrien: »Ihr werdet meinen Mann nicht mitnehmen, er wird nicht mitgehen!« Sie klammerte sich an ihn,
hielt ihn von hinten umschlungen, damit sie ihn nicht abführen
konnten. Ich sah, wie einer sein Gewehr auf meine Mutter richtete, dann schoss er mehrere Male. Mein Gefühl war: Ich muss
ihr zu Hilfe kommen. Doch ich war gelähmt von der Angst, dass
sie dann die Waffe auf mich richten würden. Dann haben diese
Männer meinen Vater mitgenommen und mit ihm das Haus verlassen. Ich bin in das Zimmer gelaufen zu meiner Mutter, die am
Boden lag. Unter ihr war alles voller Blut. Ich habe sofort verstanden: Meine Mutter ist tot.«

Yaminas erster Gedanke war: »Ich muss zu meiner Schwester,
es ihr sagen. Ich bin zu ihr gerannt, ich habe geweint, während
ich zu ihr gelaufen bin. ›Die haben unsere Mutter umgebracht,
sie einfach getötet. Und unser Vater wurde mitgenommen‹, habe
ich ihr gesagt. In dem Moment wussten wir nicht, wohin sie ihn
gebracht hatten. Später hat man ihn tot einige Straßen weiter
gefunden.«

Yaminas Familie war in den Machtkampf zwischen den Anhängern des alten und des neuen Präsidenten geraten. Dabei galt

73 Vgl. Country Reports on Human Rights Practises for 2012, United States
Department of State, http://www.state.gov/p/af/ci/gv/

der 2010 ins Amt gewählte Präsident Condé durchaus als Ver-besserung – im Vergleich zu den Diktaturen seiner Vorgänger. Er hatte sich im Wahlkampf als demokratischer Hoffnungsträger verkauft – und war auch vor allem deshalb gewählt worden. Doch das bedeutete nicht, dass die Sicherheitskräfte nach den Wahlen die Menschenrechte besser achteten. Wie zuvor auch war Gewalt als Mittel zur Durchsetzung weit verbreitet. Die alten Reflexe und Muster setzten sich fort – ungeachtet des politischen Machtwech-sels an der Staatsspitze.

Auch ethnische Auseinandersetzungen hielten an. Schon nach der ersten Runde der Präsidentenwahl 2010 kam es zu Zusam-menstößen zwischen den verschiedenen ethnischen Gruppen. Die Bevölkerungsgruppe der Malinke unterstützt Condé, die Fulani hingegen seinen Kontrahenten Cellou Dalein Diallo. Auch bei der Parlamentswahl 2013 kam es zu Gewalt – nach Angaben der Menschenrechtsorganisation Human Rights Watch habe es etwa 50 Tote gegeben.

Yaminas Familie war zwischen diese Fronten geraten. Durch die herausgehobene Position ihres Vaters bei der Stadtverwaltung wurde Yaminas Familie nach dem Machtwechsel zur Zielscheibe.

Viele Nachbarn und Bekannte kamen nicht zur Beerdigung. Denn jeder wusste: Die Eltern waren ermordet worden. »Jeder dachte, wenn er mit uns Kontakt aufnimmt, dann hat das viel-leicht negative Konsequenzen für ihn selbst. Alle denken, in Guinea gäbe es seit 2010 mehr oder weniger demokratische Ver-hältnisse. Doch das ist so nicht. In Guinea gibt es keine Demo-kratie.«

Die damals 17-Jährige lebt von da an alleine im Haus der El-tern und hält engen Kontakt zu ihrer Schwester und deren zwei Töchtern. Einige Monate später kommt die Haushaltshilfe der Schwester zu ihr gerannt: »›Es ist etwas Schreckliches gesche-hen, deine Schwester lebt nicht mehr, sie haben ihr Gewalt an-getan!‹ Sie war völlig aufgelöst. Ich bin mit ihr zum Haus meiner Schwester gelaufen. Sie lag auf dem Boden, kaum noch atmend. Sie stand dem Tod näher als dem Leben. Man hatte sie vergewal-tigt. Sie konnte kaum mehr sprechen. Mit allerletzter Anstrengung, sehr leise sagte sie mir: ›Pass auf meine Kinder auf, nimm sie mit.‹ Dann starb sie.«

Was passiert war, das mussten die Kinder der Schwester mit ansehen. Eine ganze Gruppe von Männern hatte Yaminas Schwester vergewaltigt. Ihre beiden Töchter waren zunächst dabei, später liefen sie einfach davon. Als Yamina ihre Schwester fand, waren die Kinder verschwunden.

Was nun folgt, haben wir auch an anderer Stelle schon von jungen Afrikanerinnen gehört. Es ist das immer gleiche Narrativ, mit dem die Betroffenen aus den kollektiv organisierten afrikanischen Gesellschaften beschreiben, dass sie Kontakt zu Menschenhändlern hatten oder haben. Die Geschichte klingt nach einem harmlosen und fürsorglichen Angebot auch bei Yamina: »Mein Vater hatte einen Freund. Er kam zu uns und hat gesagt: ›Ihr müsst das Land verlassen. Ich werde euch dabei helfen.‹ Mein Vater hatte ihm wohl viel geholfen, jedenfalls habe ich das so verstanden. Deshalb wollte er nun uns helfen.«

Wie auch die anderen Frauen, mit denen ich für meine Recherchen sprach, beschuldigt Yamina ihren Schlepper nicht direkt. Dass es um Ausbeutung gegangen ist, sagt sie so deutlich nicht. In vielen Fällen erfolgt das Anwerben mit diesem Unterton von Empathie und Anteilnahme. Die Schleuser stellen sich als elterlich-fürsorgliche Ansprechpartner oder Problemlöser dar.

Yamina hatte keine Alternative. »Ich hatte in Guinea nichts zu verlieren. Ich wollte unbedingt und sofort das Land verlassen. Ich war damals 17. Ich war selbst noch ein Kind und plötzlich verantwortlich für zwei Kinder. Tahira, die Ältere, war damals 11 und Sainab, die Jüngere, sieben. Ich hatte schon Angst, überhaupt in unserem Stadtteil zu bleiben. Ich fühlte mich nirgendwo sicher. Man hatte meine Eltern getötet und meine Schwester. Ich dachte, dass ich vielleicht als Nächstes getötet werde. Ich konnte nicht bleiben. Unser Haus war zerstört, ich hatte für nichts Geld, auch nicht, um etwas essen zu kaufen für die Kinder und mich. Und natürlich erst recht kein Geld, um meine Nichten auf die Schule zu schicken.«

Dabei hatte Yamina durchaus die Vermutung, dass sie ausgenutzt werden könnte: »Ich hatte nicht wirklich volles Vertrauen zu ihm. Ich wusste, es gibt viele, die dir viel versprechen und dich dann eigentlich nur benutzen. Wenn er uns helfen würde, uns diese Reise bezahlt oder uns unterbringt, dann haben wir Schulden und müssen sie zurückzahlen. Das wird in Afrika ja häufig so gemacht, ich wusste das und ich war sehr misstrauisch. Andererseits hatte ich damals völlig die Hoffnung verloren. Er war der Einzige, der mich immer wieder getröstet hat: ›Es gibt eine Perspektive. Ich bringe euch außer Landes.‹«

Yaminas Befürchtungen traten ein. So wie bei vielen anderen Mädchen. Schlepper in Afrika haben es oft auf Mädchen oder junge Frauen abgesehen, die wie Yamina ohne Familie und finanzielle Unterstützung sind. Oft treffen sie mit den verzweifelten Betroffenen eine Absprache: Sie sagen zu, die Flucht zu bezahlen, und das Mädchen muss dann in Europa die Schulden durch Arbeit als Hausangestellte zurückzahlen.

Es war eine verzweifelte Lage, in der sich Yamina befand. Bleiben konnte sie nicht – und über Europa wusste sie praktisch nichts: »Ich habe wirklich nie daran gedacht, nach Europa zu gehen. Ich war zuvor immer davon überzeugt, dass es mir in Guinea an nichts fehlt. Ich habe nicht nach etwas anderem gestrebt, ich habe nicht mal unsere Stadt Conakry verlassen.« Der Schlepper malte ihr ein rosiges Bild von der Aufnahmebereitschaft Europas. »Er hat mir gesagt: ›Hier in Afrika gibt es für dich mit den Kindern keine Chance. Hier wird dir keiner helfen, du wirst die Kinder nicht in die Schule schicken können. In Europa aber gibt es für Menschen wie euch soziale Hilfen. Es macht viel mehr Sinn für euch, nach Europa zu gehen, als in Afrika zu bleiben.‹«

Die 17-jährige Vollwaise Yamina verließ mit ihren Nichten Anfang Mai das Land. Zunächst ging es nur mit dem Bus nach Bissau, in die Hauptstadt des portugiesischsprachigen Nachbarlandes Guinea-Bissau. Hier war Yamina mit ihren Nichten einige Wochen lang auf sich alleine gestellt. »Der Freund meines Vaters hat uns dort ein Zimmer besorgt, wo ich mit den beiden Kindern bleiben konnte.« Sie war allein und isoliert, sprach die Sprache des Landes nicht, trug die Verantwortung für ihre Nichten. Doch es ging ihr nicht gut in dieser Zeit. Ihr Trauma holte sie ein: »Nachts konnte ich nicht schlafen, und immer wieder sah ich die Bilder aus der Nacht, als meine Eltern ermordet wurden, vor mir. Oder den Moment, als ich meine Schwester fand. Sobald ich meine Augen schloss, erschienen mir die Toten. Wenn ich doch einmal geschlafen habe, hatte ich Albträume. An einen Traum erinnere ich mich noch gut: Meine Mutter konnte es nicht leiden, wenn wir Kinder weinten. Und als sie noch gelebt hat, da hat sie mir immer wieder eingeschärft: ›Weine nicht! Derjenige, der dich hier ungerecht behandelt hat oder dir wehgetan hat, der wird die Folgen seines Handelns schon noch zu spüren bekommen, der wird seine gerechte Strafe erhalten.‹ In meinen Träumen erschien mir meine Mutter immer wieder mit diesem Satz.« Während Yamina mir das erzählt, weint sie lautlos vor sich hin. Für die Mörder ihrer Eltern würde es keine Strafe geben. »In unserem Land herrscht Rechtlosigkeit.«

Das Netz der Schlepper reicht von Bissau bis Lissabon

Der Schlepper versorgt die Mädchen mit Ausweisen. »Das ist in Guinea-Bissau kein Problem. Denn das ist ein Land, in dem viel gehandelt wird, in dem du fast alles bekommen kannst. Der Freund meines Vaters hat uns die Pässe besorgt. Ich habe eingewendet: »Wenn wir mit falschen Pässen reisen, wird das die Polizei doch sofort rausfinden. Ich will das nicht.‹« Der Schlepper schnitt ihr das Wort ab, Yamina erinnert genau, was er ihr sagte: »Ihr macht jetzt, was ich sage. Natürlich kannst du mit diesem Pass nach Europa reisen.« Auch am Flughafen sorgte der Schlepper dafür, dass die Mädchen problemlos ausreisen konnten: »Ich habe gesehen, wie er einem Mann Geld gab. Der kontrollierte dann später unsere Pässe. Ich musste mich mit den Kindern in seiner Reihe anstellen. Er zwinkerte mir zu, als er meine Papiere in die Hand nahm. Und dann hat er uns durchgewunken.«

Der Handel mit Frauen, Mädchen und manchmal auch Jungen zur sexuellen Ausbeutung wächst stetig. Versklavung ist neben dem Drogen- und Waffenhandel eines der lukrativsten Geschäftsfelder organisierter Kriminalität. Nach Schätzungen der Europäischen Kommission werden inzwischen Jahr für Jahr 120 000 Mädchen und Frauen aus aller Welt nach Westeuropa verschleppt und zur Prostitution gezwungen. Die Internationale Arbeitsorganisation (ILO) rechnet vor, dass der Menschenhandel jedes Jahr weltweit fast 32 Milliarden US-Dollar Gewinn abwirft. 28 Milliarden davon werden mit sexueller Ausbeutung verdient, der Rest mit der Ausbeutung von Arbeitskraft.

»Nachts um ein Uhr startete das Flugzeug nach Portugal. Meine Nichten haben fest geschlafen im Flugzeug. Ich selbst konnte nicht schlafen. Ich war fürchterlich nervös und wusste überhaupt nicht, was da auf mich zukommt. Wir waren auf nichts vorbereitet. Wir hatten nicht einmal Kleidung zum Wechseln mitgenommen, sondern nur das, was wir am Leib trugen.« Warum Portugal? Darauf hat Yamina heute eine klare Antwort: »Das Netz der Korruption und der Schleuser funktioniert nur bis Portugal. Darauf war auch der Bekannte meines Vaters angewiesen. In Deutschland oder in Frankreich wäre nicht möglich gewesen, was in Portugal mit uns passieren sollte.«

Der Schlepper aus Guinea arbeitete eng mit Menschenhändlern in Portugal zusammen. Beim Grenzübertritt im Herbst 2012 sind die minderjährigen Mädchen allein. »Bei der Ankunft in Lissabon fiel sofort auf, dass wir keine richtigen Pässe hatten. Ich sprach kein Englisch, sondern nur Französisch. Und die portugiesischen Polizisten sprachen nur Portugiesisch. Wir mussten in ein Polizeiauto steigen. »Ein Polizist hat mich dann auf Französisch gefragt: ›Wer hat dir diese Papiere gegeben. Und ich habe geantwortet, die hat man uns in Afrika gegeben. Ich weiß nicht wer. Aber es sind nicht unsere.‹ Der Polizist hat uns dann gesagt: ›Wir werden euch nach Guinea-Bissau zurückbringen!‹ ›Ich will nicht zurückgehen‹, habe ich ihm gesagt, ›denn dort wird mich die Polizei sofort festnehmen, weil ich mit gefälschten Papieren losgefahren bin. Ich werde von mir aus hier sterben, aber ich werde sicher nicht zurückkehren nach Afrika!‹ Dann haben sie uns eingesperrt. Dieses Zimmer war kalt, so kalt. Ganz kahle Wände, ein bisschen wie ein Gefängnis. Wir hatten keine Kleidung gegen die Kälte. Später hat mir ein Anwalt gesagt, dass man mich mit den Kindern so gar nicht hätte unterbringen dürfen. Schließlich waren wir alle minderjährig.«

Später kamen Yamina und ihre Nichten in ein Flüchtlingsheim. Dort waren Erwachsene und Jugendliche gemeinsam untergebracht – etwa einhundert Personen. Es war laut und unruhig. »Dort war eine staatliche Sozialarbeiterin für uns zuständig. Sie sprach Französisch. Und wir bekamen einen Aufenthaltstitel für einen Monat. Pro Woche bekam ich 20 Euro für mich und die beiden Kinder. Diese 20 Euro reichen natürlich hinten und vorne nicht.« Yamina wandte sich an ihre Sozialarbeiterin: »›Helena, ich habe so wenig Geld. Ich komme so nicht zurecht.‹ Da hat sie mir erklärt: »›Weißt Du, hier in Portugal leben manche Familien auch von nur zwei Euro am Tag.‹«

Die Erinnerung kehrt zurück: Razzia im Wohnheim

Es kam zu Protesten im Wohnheim wegen der schlechten Versorgungslage. »Die Leute, die dort lebten, waren wirklich sauer. Sie hatten genug von der Situation und sie haben randaliert.« Da kam die Polizei mit mehreren Wagen. Es war eine Razzia. Sie kamen mit vielen Männern in unser Heim gestürmt. Ich habe gesehen, wie sie andere Jugendliche geschlagen haben. Das war wie ein Überfall, alles unglaublich laut. Ich habe mich versteckt.« Für Yamina kehrte mit der Razzia in Portugal die Erinnerung an die Nacht wieder, als ihre Eltern ermordet wurden. Sie war so in Panik, dass sie nicht einmal mehr wahrnahm, wo ihre Nichten waren.

»Es war ein solcher Krach, ein solches Durcheinander. Ich bin nach oben in mein Zimmer gelaufen und habe mich hinter das Bett auf den Boden gekauert.« Nach dieser Nacht wurde Yamina von ihren Nichten getrennt. Diese kamen in ein Kinderheim, sie selbst in eine andere Unterkunft für Flüchtlinge.

Anschaffen, um die Weiterreise zu finanzieren

»Von den anderen Mitbewohnern in unserem Heim haben eine ganze Reihe nach dieser Nacht Portugal verlassen. Nicht wenige haben mir geraten: ›Da du für die Kinder sorgen musst, solltest du Portugal verlassen, hier kann man nicht leben. Für 150 Euro kannst du dich in einen Reisebus setzen und kommst aus Portugal raus.‹ Wenn du alleine bist, dann geht das. Aber wie hätte ich das machen sollen mit meinen Nichten?

Die Sozialarbeiterin, die damals für mich zuständig war, die gab mir diesen Rat: ›Wenn du mehr Geld brauchst, dann such dir jemanden, der dich unterhält. Such dir einen Freund!‹« – Für Yamina war das zunächst weit weg: »Ich hatte damals wirklich keine Idee, was ein Mann überhaupt ist. Ich hatte zuvor auch keinen Freund gehabt. Ich wusste, wenn man so will, wenig vom Leben. In Guinea bin ich zur Schule gegangen, habe gegessen, geschlafen und das war es. Und nun sagte man mir: Such dir einen Mann! Helena hat auf mich eingeredet: ›Du kannst doch leicht einen Mann finden als Mädchen. Das wird dir und den Kindern helfen!‹«

Yamina begann in dieser Zeit anschaffen zu gehen. In der Hauptstadt Lissabon arbeiten schätzungsweise etwa 6500 Prostituierte. Wahrscheinlicher ist, dass auch das Netz der Schlepper Yamina unter Druck gesetzt hat. Und auch diesmal sah Yamina keine Alternativen: Sie hatte die Verantwortung für die zwei Mädchen. Ohne Geld würden sie aus Portugal niemals wegkommen. Und reguläre Arbeit war ihr in Portugal nicht erlaubt.

Ihre Schilderung bleibt an der Oberfläche. »Dann habe ich einen Freund gefunden. Ich bin mit ihm ein paar Monate zusammen gewesen. Dann war ich schwanger. Und als ich ihm das gesagt habe, da wollte er mit mir nichts mehr zu tun haben.«

Yamina wandte sich an ihre Sozialarbeiterin und sagte ihr, dass sie ein Kind erwarte. »Die hat nur gesagt: ›Das bekommst du doch gar nicht hin. Du hast doch schon deine zwei Nichten zu versorgen. Für drei Kinder kannst du nicht sorgen.‹«

Die Sozialarbeiterin organisierte einen Termin im Krankenhaus: »›Wir werden zusammen dorthin gehen und dort wird man dich beraten und dir Medikamente geben.‹ Ich lag dann dort auf einer Liege und weiß noch, dass ich mich mit einem Arzt unterhalten habe. Dann hat man mir eine Injektion gegeben. Danach verlor ich das Bewusstsein und später habe ich festgestellt, dass man eine Abtreibung vorgenommen hatte.«

Statt zum Frisör nach Deutschland

Aus Sicht der portugiesischen Behörden war Yamina in dieser Zeit nicht in der Lage, für ihre Nichten zu sorgen. Streng wurden ihre Besuche im Kinderheim begrenzt, wo die beiden untergebracht waren: »Bei diesen Besuchen war ich durch eine Glasscheibe von ihnen getrennt. Dabei wollte ich sie in den Arm nehmen und mit ihnen sprechen. Aber das hat man mir nicht erlaubt. Die haben mich nicht an sie rangelassen. Und meinen Nichten ging es in diesem Heim überhaupt nicht gut. Sie sind abgemagert, waren sehr schmutzig, sahen schlecht und müde aus. Sie haben die Kinder dort nicht gut versorgt, das war offensichtlich.«

Auch die Nichten hielten die Situation nicht gut aus. Sie wollten zu ihrer Tante und durften nicht. Eines Tages legte die ältere, Tahira, im Heim Feuer. »Tahira war so sauer, dass sie ihrem Zorn freien Lauf ließ.«

Inzwischen weiß man, dass die damals 13-Jährige im Flüchtlingsheim vergewaltigt worden war. Ein anderer Flüchtling hatte das Mädchen überwältigt, als sie alleine war. Nicht nur Yamina, sondern auch die noch jüngeren Mädchen haben Traumatisches erlebt.

Nach diesem Vorfall darf Yamina ihre Nichten wieder regelmäßig sehen. Sie verdient mit Prostitution das Geld für die gemeinsame Weiterreise. Nach zehn Monaten in Portugal hat sie die 500 Euro zusammen. »Ich bin dann zum Heim gegangen und habe gesagt, ich möchte mit meinen Nichten zum Frisör gehen. Doch stattdessen haben wir uns dann in einen Reisebus gesetzt.«

Mit einem klaren Ziel: Deutschland. »Denn von Deutschland wusste ich, dass man hier mit Flüchtlingen gut umgeht, dass man sie versorgt. In Portugal nutzt man deren Situation schamlos aus. Das ist ein Land, in dem wir als Menschen nichts gelten, in dem man mit uns umgeht wie mit Sklaven. Ich bin aus Guinea aufgebrochen, um in Europa etwas Besseres zu finden. Und landete in einer völligen Katastrophe. Ich hätte nie gedacht und nie erwartet, dass so etwas in Europa möglich ist.« Inzwischen war Yamina volljährig. Deswegen hatte sie große Sorge, auf dieser Reise aufgegriffen und nach Portugal zurückgeschickt zu werden.

Doch der Reisebus und seine Passagiere wurden an den Grenzen nicht kontrolliert. »Erst als ich in Hagen ankam, abends um 23 Uhr, und aus dem Bus ausgestiegen bin, da hat mich die Polizei gefragt, ob ich Papiere habe. Sie haben mich gefragt: ›Wer ist die Mutter der Mädchen?‹ Und ich habe geantwortet: ›Ich bin die Tante. Aber ich habe keine Papiere für niemanden von uns. Ich bin nach Deutschland gekommen, um hier Asyl zu beantragen.‹ Ich habe denen damals nicht erzählt, dass ich aus Portugal gekommen war, sondern dass ich direkt aus Afrika nach Deutschland gekommen sei.«

In der Erstaufnahmestelle Dortmund-Hacheney wurde Yamina mit ihren Nichten registriert. »Man hat das Jugendamt benachrichtigt, weil ich mit Minderjährigen unterwegs war. Man hat uns in einem Hotel untergebracht, und dort habe ich in der ersten Zeit mit meinen Nichten gelebt.«

Bei Yamina greifen die Angebote der Jugendhilfe nicht ab dem ersten Tag, denn sie ist nach deutschem Recht schon volljährig. Erst, als sie Unterstützung durch Nichtregierungsorganisationen erhält, kann sie gegenüber dem Jugendamt geltend machen, dass sie in ihrer Heimat Guinea erst mit 21 volljährig wird. So hat sie Zeit gewonnen, in der sie – wie minderjährige Flüchtlinge – Sprach- und Schulunterricht nehmen darf. Yamina besucht seit einiger Zeit eine internationale Förderklasse, in der Flüchtlingen in einem zweijährigen Programm Grundkenntnisse beigebracht werden, sodass sie anschließend entweder einen Schulabschluss machen können oder eine Ausbildung. Yamina besucht die Förderklasse nur, wenn sie sich gut genug fühlt.

Zwischendurch gibt es Rückschläge, immer dann, wenn bestimmte Ereignisse bei ihr existenzielle Ängste auslösen. Zum Beispiel, als ihre Cousine nach Portugal rückgeführt wird. »Das geschah so plötzlich, praktisch ohne Ankündigung. Von einem Tag auf den anderen musste sie mit ihrem Kind in dieses Land zurück.« Doch ihre größte Sorge ist: von ihren Nichten getrennt und selbst nach Portugal zurückgeschickt zu werden. »Ich habe wirklich Panik bekommen. Ich habe mir vorgestellt, dass die Mädchen hierbleiben und man mich wegschickt.« Auch sie selbst hatte schon 2014 das gleiche Schreiben erhalten wie ihre Cousine. »Ich hatte Widerspruch eingelegt, aber der Anwalt war nicht gut. Und so haben morgens um vier auf einmal fünf Leute an unsere Tür geklopft. Bam Bam Bam, hat es gemacht. Wir haben alle einen fürchterlichen Schrecken bekommen. Die draußen haben laut geschrien: ›Machen Sie die Tür auf!‹ Ich hatte solche Angst. Ich habe am ganzen Leib gezittert und konnte mich gar nicht rühren. Damals wohnten meine Nichten noch bei mir, und meine ältere Nichte hat die Tür aufgemacht und die kleinere ist einfach weggelaufen, raus aus dem Zimmer.«

In diesem Moment holten Yamina die Erinnerungen an die Nacht ein, als ihr Vater abgeholt wurde. »Ich hockte auf dem Boden, zitternd, den Kopf zwischen den Armen versteckt. Da sagte einer der Polizisten: ›Guck doch, die ist krank.‹ Und er hat mir Wasser gegeben. Und ein anderer hat mich gefragt: ›Bist du krank?‹

Yamina kommt ins Krankenhaus, wo man feststellt, dass sie untergewichtig ist, Herzrhythmusstörungen hat und psychisch instabil ist. Eine Ausreise ist wegen dieser gesundheitlichen Risiken nicht möglich und ihre Abschiebung wird ausgesetzt.

Nachdem sie aus dem Krankenhaus entlassen wurde, dreht Yamina durch. »Ich habe die Kinder zu einer afrikanischen Freundin gebracht, die selbst auch schon sehr viele Kinder hat. Das war eine spontane Entscheidung. Ich habe mir gedacht: Diese Familie hat schon so viele Kinder, da wird sie mit meinen auch gut umgehen. Ich habe zu meiner Freundin gesagt: ›Ich werde jetzt einkaufen gehen und gleich zurückkommen, kann ich die Kinder bei dir lassen?‹ Und dann bin ich gegangen und ich bin nicht zurückgekommen. Ich habe mir gedacht: Sie schafft es, auf sechs eigene Kinder aufzupassen. Sie wird meine Kinder nicht weggeben. Sie wird auch mit meinen Kindern ganz gut umgehen. Ich bin einfach weggelaufen.«

Sie tauchte ab. War für etwa einen Monat für niemanden erreichbar – weder für die Sozialarbeiter noch für die deutschen Behörden oder ihre Nichten. Das ist hochgefährlich, denn sie verletzt damit das Aufenthaltsrecht. Wer das tut, ist unmittelbar von Abschiebung bedroht. Es ist wahrscheinlich, dass Yamina immer noch Kontakte in die Prostitution hat, dass Zuhälter Druck auf sie ausüben. Schließlich zeigt sie sich selbst an und meldet sich in Paderborn bei der Erstaufnahmestelle. Durch diese Selbstanzeige kann sie die Abschiebung erst einmal verhindern.

»Ich habe in dieser Zeit mit einem Mann zusammengelebt. Ich durfte bei ihm wohnen und dafür hat er mich ernährt. Ich durfte weder sein Telefon noch sein Internet benutzen, das war seine Bedingung.«

Ich frage mich, inwieweit Yamina wohl ein normales Leben hier in Deutschland oder anderswo aufnehmen und führen kann. Sie wird bald 21, spricht nur etwas Deutsch und ist seit ihrer Ankunft hier in Deutschland Ende 2013 mehrfach in die Prostitution abgerutscht. Es ist noch offen, ob sie die Schule kontinuierlich besuchen wird. Das wäre für Yamina ein erster Schritt und eine Chance auf ein normales Leben. Aufgrund der schweren posttraumatischen Belastungsstörung, die eine Behandlung in Deutschland erforderlich macht, wird sie aller Voraussicht nach zunächst nicht abgeschoben. Doch wie Yaminas Leben nach dem Überleben aussieht, ist noch ungewiss.

12 »Ich wollte so nicht leben!« – Aminas Flucht vor der Zwangsheirat

Amina ist nicht mehr allein. Ihre kleine Tochter Samira bringt Bewegung in den Raum, knüpft Kontakt mit den vielen unbekannten Menschen um sie herum. Wie kleine Antennen stehen von ihrem Kopf fünf fingerlange afrikanische Zöpfchen ab – die sich allem entgegenrecken, was Samira interessiert und ihr Spaß macht, und das ist viel. Unbekümmert strahlt sie die Gäste im Café am Hamburger Bahnhof an – und macht den Raum zu ihrem Spielplatz.

Amina verfolgt die Bewegungen der zweijährigen Samira aufmerksam aus den Augenwinkeln. Im Vergleich zu ihrer temperamentvollen Tochter wirkt die 19-jährige Amina scheu. Sie nimmt ihre Rolle als Mutter ernst. »Samira – das ist ihr Name hier in Deutschland. Doch sie hat noch einen zweiten Namen. Zur Erinnerung habe ich ihr auch den Namen meiner Mutter gegeben, Sainab. Sainab war die Frau des Propheten.« Hier direkt um die Ecke, am Hamburger Hauptbahnhof, kam Amina 2012 mit dem Zug an. Sie war damals 16 Jahre alt. »Auf einmal stand ich hier an einem deutschen Bahnhof. Kein Mensch sprach Französisch. So hatte ich mich noch nie gefühlt. Wie hineingeworfen in die Fremde. Das war alles so plötzlich, über Deutschland habe ich zuvor nichts gewusst.«

Die Reise an sich war nicht schwierig: »Ich bin mit einem Flugzeug von Abidjan nach Paris geflogen, dort eine Nacht geblieben und am nächsten Tag mit dem Zug nach Hamburg gekommen.« Das klingt einfach. Und es war viel einfacher als das, was Amina zuvor in ihrer Heimat Elfenbeinküste erlebt hat.

Doch der Reihe nach. Es ist Amina wichtig, ihre Geschichte chronologisch, von Anfang an, zu erzählen. Damit ich eine Vorstellung von ihrer Heimat bekomme. »Meine Heimatstadt Man liegt im Westen der Elfenbeinküste.« Die Region lebt von der Landwirtschaft und vom Handel. Hier ist es nicht Kakao, der produziert und verkauft wird, wie im Süden der Elfenbeinküste.

Hier bauen die Menschen Reis, Kochbananen, Kaffee, Maniok und Sojabohnen an. Früher lebte Man auch vom Handel mit Elfenbein. Eine pulsierende Stadt im Distrikt Montagnes in der Region Tonkpi, in die es auch, zumeist französische, Touristen verschlug. »Es gibt dort eine Reihe von Geschäften, einen größeren Markt, mehrere Schulen und Banken. Es ist von allem etwas da.« Man ist schon seit Langem ein wichtiges Handelszentrum in der Elfenbeinküste. Vom Handel lebten auch Aminas Eltern. »Mein Vater importierte Waren aus den Nachbarländern, denn es ist nicht weit bis nach Liberia oder nach Guinea.« Keine hundert Kilometer sind es bis zu den Grenzen der beiden Länder. »Er verkaufte die Sachen auf dem Markt, und auch meine Mutter hat zum Einkommen der Familie beigetragen, indem sie ihm half.«

Aminas Muttersprache ist Dioula. Dieses Wort bezeichnet nicht nur die Sprache, sondern ist auch der Sammelbegriff für die muslimischen Händler – die Gruppe der im selben Gebiet lebenden Nicht-Muslime, die Ackerbau betreiben, heißt Senufo. Der Begriff veränderte sich mit den politischen Ereignissen der letzten Jahre: Seit der französischen Kolonialzeit bezeichnete Dioula generell alle Muslime im Norden der Elfenbeinküste. Mit dem Einsetzen von Fremdenfeindlichkeit und ethnischen Spannungen in den 1990er-Jahren, die in einen Bürgerkrieg mündeten, der von 2002 bis 2007 andauerte, wurde das Wort zum Kampfbegriff. Im Süden wurde er ein Synonym für »Ausländer«, die man ablehnte, weil sie den Ivorern Arbeitsplätze wegnähmen und die wirtschaftliche Misere des Landes vergrößerten.

Fremdenhass als politische Waffe – und Auslöser für den Bürgerkrieg

Amina war so klein wie ihre Tochter heute, als aus der Fremdenfeindlichkeit ein brodelnder Konflikt wurde. Ein Konflikt, der nie eskaliert wäre, wenn die Politiker des Landes ihn nicht geschürt hätten. Mit Feind- und Schreckensbildern, mit Vorurteilen und Verdächtigungen stigmatisierten sie alle Fremden. In den 1990er-Jahren schaukelten sich Aggressionen und Gewalt langsam hoch. Ab 2002 herrschte Krieg: Der muslimische Norden kämpfte gegen den christlichen Süden des Landes und riss die Menschen im Land mit sich – auch Aminas Familie:

»2002 kam mein Vater von einer seiner Geschäftsreisen nicht zurück. Er war auf einmal verschwunden. Das war, als der Krieg unser Land in Atem hielt. 2002 war ich noch relativ klein, ich war sieben. Ich habe das nicht sofort mitbekommen, weil mein Vater eben oft auf Reisen war. Doch meine Mutter hat sich große Sorgen gemacht. Ich erinnere mich noch daran, dass sie versucht hat, sich Informationen zu besorgen – dass sie andere Händler fragte, ob sie meinen Vater gesehen hätten. Und unsere Nachbarn kamen zu uns und haben uns gefragt: ›Habt ihr Neuigkeiten? Wisst ihr inzwischen mehr?‹« Aminas Mutter wird nie erfahren, was genau ihrem Mann zugestoßen ist.

Im September 2002 brachte ein Teil der Armee den Norden des Landes – auch Man – unter seine Kontrolle. Wobei das Wort »unter Kontrolle« nicht passt auf die Brutalität, mit der Menschen vertrieben, entführt und ermordet wurden. Man und die umliegende Region lagen unmittelbar oberhalb der Frontlinie zwischen dem christlichen Süden und dem muslimischen Norden. Wer hier damals gereist ist, wie Amina Vater, musste Straßensperren überwinden und lief Gefahr, in die Kampfhandlungen verwickelt zu werden.

Lange Zeit hatte sich die Elfenbeinküste, die 1960 unabhängig wurde, nicht anstecken lassen von den Konflikten in ihrer westafrikanischen Nachbarschaft – vom Bürgerkrieg in Liberia oder in Sierra Leone. Sie war ein vergleichsweise ruhiges und wirtschaftlich stabiles Land und damit attraktiv für Gastarbeiter aus den Nachbarstaaten. Die Elfenbeinküste war viele Jahrzehnte lang ein Einwanderungsland; jeder vierte Ivorer ist zugewandert. Die Menschen aus Burkina Faso, aus Guinea, Liberia und Sierra Leone suchten Arbeit und fanden diese in der ivorischen Landwirtschaft. Die meisten Zuwanderer siedelten sich im Norden an – auch in Aminas Heimatregion.

Für diese bunte Regenbogennation schuf der erste Präsident ein Dach, unter dem sich alle – alte und neue Ivorer – versammeln konnten: Die Ivoirité. Dieser Begriff sollte alle vereinen und er besagt: Ivorer ist, wer in der Côte d'Ivoire wohnt und arbeitet. Ein Integrationsbegriff, der alle einschließen sollte: 60 unterschiedliche Volksgruppen, 70 unterschiedliche Sprachen.

Doch als infolge sinkender Kaffee- und Kakaopreise die Arbeitslosigkeit stieg und die Wirtschaft des Landes im Niedergang war, wurde aus dem inklusiven Begriff ein exklusiver. Ausländer wurden zum Problem erklärt. Sie waren Sündenbock für den wirtschaftlichen Niedergang des Landes. Sie nähmen den Einheimischen die Arbeitsplätze weg, das war nur eines der Vorurteile. Und die Politik machte sich dieses Feindschema zunutze.

Die Instrumentalisierung des Themas gipfelte darin, dass der zweite Präsident des Landes, Henri Konan Bédié in den Jahren 1995 und 2000 die Kandidatur seines Konkurrenten Alassane Ouattara verhinderte. Mit dem Verweis darauf, dass die ivorische Staatsbürgerschaft von dessen Eltern zweifelhaft sei. Er führte ins Wahlgesetz eine Klausel ein, wonach nur Personen kandidieren durften, deren Eltern beide Ivorer sind. Über Parteien und Jugendorganisationen, über Radio und Fernsehen verbreitete sich die Ablehnung von Ausländern und Fremden rasch. So wurde jeder zum Feind: der aus der anderen Region, der aus der anderen ethnischen Gruppe, der mit der anderen Religion. 2002 brach der Krieg aus.

Der Krieg als tiefer Einschnitt

»Wir waren nicht die einzige Familie, aus der Menschen verschwanden. In diesem Krieg bekämpften sich Christen und Muslime. Und wenn ein Christ einen Muslim sah, dann konnte es passieren, dass er ihn einfach tötete. Alle Muslime standen unter Generalverdacht, Rebellen zu sein. Es kann sein, dass mein Vater getötet wurde, weil er ein Muslim war oder weil er als ein Fremder in eine andere Region gereist war. Aber genau wissen wir das nicht. Meine Brüder – heute sind sie etwa 15 und 16 – waren damals noch Kleinkinder. Sie waren zu jung, um das wirklich zu erleben. Aber für mich und meine Schwester war es ein großer Schreck. Und ich habe meinen Vater sehr vermisst.«

Der Bürgerkrieg wurde von den politischen Eliten in Gang gesetzt und befeuert. Milizen des einen und des anderen Lagers machten Jagd auf bestimmte ethnische Gruppen. Im Jahr 2010 warnte der UN-Botschafter in Abidjan, Youssouf Bamba: »Die Elfenbeinküste steht am Rande eines Völkermordes.« Amtsinhaber Laurent Gbagbo wollte damals seine Niederlage bei der Wahl nicht anerkennen. Seine Milizen und Jugendgruppen machten Jagd auf die beiden ethnischen Gruppen des siegreichen Oppositionsbündnisses, die Baoulé[74] und die Dioula[75], der auch Aminas Familie angehört. Der Krieg hat bis heute fatale Auswirkungen. Er trieb einen Keil zwischen Nord und Süd, schuf tiefes Misstrauen und hohe Gewaltbereitschaft, zerstörte die ehemals relativ gute Infrastruktur – und importierte ethnische Konflikte in die eigentlich bunte Gesellschaft. Seit dem Militärputsch 2002 ist das Land zweigeteilt: Ab diesem Zeitpunkt kontrollierten die Rebellen der »Forces Nouvelles« den Norden. Im Süden hatte die Regierungsarmee das Sagen.

Sicherheit gibt es in den kommenden Jahren weder in der einen noch in der anderen Region: Lastwagen und Autos werden von Straßensperren angehalten, von den Fahrern wird Geld erpresst. Weder der wertvolle Rohstoff Kakao noch Agrarprodukte aus den Nachbarländern können ungehindert passieren.

---

74 Die große ethnische Gruppe im Zentrum des Landes, der Expräsident Bédié angehört, der mit Ouattara ein Wahlbündnis geschlossen hat.

75 Die ethnische Gruppe des siegreichen Kandidaten und heutigen Präsidenten der Elfenbeinküste Alassane Ouattara.

Der Krieg schleicht sich in den Alltag

Auch Man veränderte sich durch die zunehmenden Spannungen 2002. Amina erinnert sich daran, wie der Krieg sich in den Alltag der Menschen schlich und das Leben ihrer Familie beeinflusste: »Die Menschen hatten nun weniger Geld. Insgesamt wurde weniger gekauft und viele Läden wurden schlossen. Der Handel mit den Nachbarländern war nicht mehr so einfach. Mein Vater hat das Einkommen unserer Familie damit bestritten. Das wurde plötzlich alles viel schwieriger.«

Amina erinnert ihre Kindheit als behütet. »Natürlich habe ich die Schule besucht und meine Geschwister auch. Meine Eltern haben uns darin immer bestärkt. Gerade meine Mutter hat mich stets ermutigt, zur Schule zu gehen, viel zu lernen. Dort wurde auf Französisch unterrichtet.« Schule, eine intakte Familie, ein Auskommen, das für den Unterhalt reichte. Für Amina ein Leben, das »normal war, das gut war«. Das galt für viele Menschen in der Elfenbeinküste bis zu dem hausgemachten Krieg. Noch bis in die 1980er-Jahre hatte die Elfenbeinküste eine große Strahlkraft, galt als Vorbild für ganz Westafrika. Die Hauptstadt Abidjan wurde bis Anfang der 90er-Jahre das »Manhattan Westafrikas« genannt. Wertvolle Bodenschätze, der Kakaoanbau, der Handel mit Gütern und der große Hafen Abidjan sorgten dafür, dass es den Menschen in der Elfenbeinküste gut ging.

Die Jugend als Verlierer

Gerade junge Menschen wurden durch den Bürgerkrieg und den wirtschaftlichen Absturz des Landes zu Verlierern. Acht Millionen arbeitslose junge Leute – das war die offizielle Zahl kurz vor Ausbruch des Krieges.

Was das bedeutete, habe ich mir ein Jahr vor dem Zeitpunkt von Aminas Flucht bei Recherchen im Land angesehen. Mit einem ivorischen Kollegen fuhr ich Mitte 2010 von Abidjan in den Norden. Es sei inzwischen wieder relativ friedlich, von den Spannungen sei wenig zu merken, meinte er, bevor wir uns auf den Weg machten. Wir passierten mehrere Straßensperren auf dem Weg von Abidjan in die offizielle Hauptstadt Yamoussoukrou. An einer wurden wir angehalten. »Wo wollen Sie hin?«, fragte der junge Mann in abgetragener Uniform und legte seinen Arm besitzergreifend auf das Auto, das vor einem scharfkantigen Metallband zum Stehen kommen musste. In kleinen Trauben schieben sich einige Gruppen bewaffneter junger Männer auf unser Auto zu.

Ich versank in den Sitzen auf der Rückbank und versuchte, unsichtbar zu werden. Einige der Jugendlichen wirkten kampferfahren und versuchten es mit staatstragender stolzer Haltung. Andere waren Junkies, Alkohol oder Drogen hatten ihnen den Blick vernebelt. Hier begann das Rebellenland, das von den Forces Nouvelles (»Neue Kräfte«) kontrolliert wurde. Die Kämpfer waren jung – und alle trugen unterschiedliche Uniformen. Jeder trug ein altes Gewehr über der Schulter. »Das Passieren der Sperre kostet eine Gebühr«, informierte uns der junge Mann neben unserem Auto. »Auf dem Rückweg.«, antwortete ihm mein Kollege Ibrahim. Ein prüfender Blick ins Auto. Es funktionierte. Mit einem langsamen Winken ließ der Jugendliche uns passieren.

Eigentlich ist der Bürgerkrieg im Jahr 2010 seit drei Jahren offiziell beendet. Doch sein zerstörerisches Erbe aus alltäglicher Gewalt, Erpressung und Korruption hält an. Dazu gehören auch Straßensperren, bei denen von den Vorbeifahrenden willkürlich Gebühren gefordert werden. Die Rebellen sehen das als Aufwandsentschädigung oder Steuer: Im Hauptquartier der Forces Nouvelles wurde ich von Rebellensprecher Oberst Sinima Bamba aufgeklärt: »Von irgendetwas müssen sich unsere 20 000 Mann ja finanzieren«, erklärte er mir nüchtern. »Was Sie erlebt haben, ist Teil eines funktionierenden Abgabensystems, das wir aufgebaut haben. Bei diesen Straßensperren geht es uns um Waren, die aus Mali kommen oder aus Burkina Faso – Benzin zum Beispiel –, aber auch um andere Produkte. Auf solche Güter erheben wir eine kleine Steuer. Aber das dient lediglich unserem Unterhalt.« Mit diesen irregulären Abgaben wurden die jungen Männer bezahlt, die auf beiden Seiten als Milizen eingesetzt wurden und durch das Land marodierten.

Die Kontrahenten setzten auf die jungen, enttäuschten, gewalt-
bereiten Männer im Land. Jene Generation, die durch egoistische
und korrupte Politik zu Verlierern gemacht worden war. Hinter
Alassane Ouattara standen die Rebellen, die ich an dieser Stra-
ßensperre traf. Und hinter Laurent Gbagbo, damals noch Präsident des Landes, die paramilitärische Jugendorganisation der
»Jungen Patrioten« – und das Militär.

Nur wenige Monate später steht das Land vor dem Rückfall in
den Bürgerkrieg. Auslöser ist das Ergebnis der zweiten Runde der
Präsidentschaftswahlen Ende November 2010. UNO, EU und
Afrikanische Union, welche die Wahl beobachtet hatten, erkann-
ten Herausforderer Alsassane Ouattara als Wahlsieger an. Der
bisherige Präsident Gbagbo weigerte sich indessen abzutreten.

Die damalige UN-Beauftragte für Menschenrechte, Navanet-
hem Pillay, warnte Anfang März 2011: »Ich bin sehr besorgt über
die Zunahme der Gewalt und die Menschenrechtsverletzungen
in der Elfenbeinküste.« Vor dieser Gewalt flohen damals etwa
eine Million Ivorer. 3000 Menschen verloren ihr Leben durch
Kämpfe der Rebellen gegen die Paramilitärs Gbagbos, durch Anschläge auf Moscheen und Überfälle. Menschenrechte wurden
2011 und 2012 von beiden Seiten verletzt, urteilte die Menschenrechtsorganisation Amnesty International.

Die Katastrophe: der Tod der Mutter

Während die ivorische Politik durch große Krisen stolperte, wurde auch Aminas Familie von weiteren Katastrophen heimgesucht:
»Meine Mutter erkrankte schwer. Es war eine Krebserkrankung.
Ich weiß nicht genau, welche. Wir konnten solche Krankheiten
bei uns nicht behandeln. Dafür fehlten uns die Mittel. Die Krankheit hat sich schnell ausgebreitet. Meine Mutter war ein paar Mal
beim Arzt – doch weil sie sich die Medikamente und Operationen
nicht leisten konnte, hat sie das dann irgendwann gelassen.«

Aminas Mutter starb 2005. »Wir Kinder – ich war inzwischen
zehn Jahre alt – sind sofort zur älteren Schwester meiner Mut-

ter umgezogen. Meine Tante hatte drei eigene Kinder und nun kamen wir vier hinzu. Das wurde eine echte Katastrophe. Vielleicht war meine Tante einfach nur überfordert und völlig genervt von den vielen Kindern, das kann schon sein. Doch das ist kein Grund, so mit uns umzugehen, wie sie es tat. Sie behandelte uns wie Kinder zweiter Klasse. Mit ihren eigenen Kindern, zwei Mädchen und einem Jungen, ging sie ganz anders um. Sie hat uns behandelt, als ob wir gar nicht zur Familie gehörten, als ob wir Fremde wären.«

Vor allem ging Amina ihr Alltag verloren – denn die Tante konnte oder wollte das Geld für die Kinder ihrer Schwester nicht aufbringen. »So hat sie mir und meinen Geschwistern verboten, weiterhin zur Schule zu gehen. Ihre eigenen Kinder gingen zur Schule. Stattdessen musste ich arbeiten. Ich musste eigentlich alles machen: den gesamten Haushalt, Wäsche waschen, putzen. Und wenn ich das aus Sicht meiner Tante nicht gut oder gründlich genug tat, dann gab es für mich nichts zu essen. Das hat sie mir genau so gesagt: ›Das war nicht ordentlich, du bist beim Essen nicht dabei.‹ Durch meinen Kopf ging mir damals natürlich vieles: Vor allem war da diese tiefe Trauer, dass meine Eltern nicht mehr lebten. Manchmal konnte ich an nichts anderes denken. Ich habe mich damals sehr viel mit dieser Vergangenheit beschäftigt, mich immer wieder gefragt, wie es wäre, wenn meine Eltern noch da wären. Das hat mich sehr belastet. Ich war unsagbar traurig.«

Das verdrängte Kapitel: Beschneidung und Tod der Schwester

Amina erzählt von sich und ihren beiden jüngeren Brüdern, von ihren Eltern und der Tante. Sie erzählt nichts von ihrer etwas älteren Schwester. Nur einmal kurz, zu Beginn unseres Gesprächs. »Meine Schwester ist gestorben. Man kann vielleicht sagen wegen einer Krankheit.« Amina will dieses Kapitel aus ihrer Geschichte löschen. Sie will es beenden und für immer aus ihrem Bewusstsein verdrängen. Denn die von ihr sogenannte »Krankheit« ihrer Schwester war Folge von deren Beschneidung.

Aminas Heimatregion gehört zu den Regionen, in denen die meisten Beschneidungen von Frauen stattfinden. Im Nordwesten des Landes werden 85 % aller Mädchen beschnitten. Das benachbarte Guinea hat die höchste Beschneidungsrate weltweit. In beiden Ländern steht die Beschneidung unter Strafe.

Bei Aminas Schwester wurde eine sogenannte große Beschneidung durchgeführt. Dies bedeutet, dass ihr ohne Betäubung Klitoris und Schamlippen entfernt wurden. Ob sie noch während der Beschneidung verblutete oder aufgrund einer Folgeinfektion starb, ist unklar. Für die nur wenig jüngere Amina, die bereits ihre Eltern verloren hatte, war das ein weiteres traumatisches Erlebnis. Sie erzählt davon nur einmal während einer Anhörung im Jugendamt.

Dass Amina selbst beschnitten wurde, erkannte man in Deutschland erst durch eine medizinische Untersuchung. Wie viele Mädchen erzählt sie davon nicht. Bei Amina wurde keine große Beschneidung durchgeführt, bei ihr wurde die Klitoris weggeschnitten, die Schamlippen hingegen blieben erhalten.

Die Genitalverstümmelung wird in den ländlichen Gemeinschaften im Nordwesten des Landes kaum hinterfragt. Sie wird zwar von keiner Religion vorgeschrieben, jedoch von Muslimen wie Christen praktiziert. Sie steht gesetzlich unter Strafe und lebt doch ungebrochen als Ritual weiter. Durch die Beschneidung wird das Mädchen zur Frau. Üblicherweise wird das mit einem großen Fest gefeiert. Für die meisten Mädchen auf dem Land ist das ein freudiges Ereignis, um das junge Mädchen die älteren beneiden und das jede Mutter gern zu Ehren ihrer Tochter ausrichtet.[76]

Doch auch wenn Amina die Erinnerung an den Tod ihrer Schwester tilgen möchte, so steht ihr dieses erschreckende Erlebnis doch bis heute vor Augen. Sie hatte Angst, dass ihre Tante auch ihr

---

76 Vgl. https://www.frauenrechte.de/online/index.php/themen-und-aktionen/weibliche-genitalverstuemmelung2/allgemeine-informationenfgm-in-afrika/1453-elfenbeinkueste

selbst eine »große« Beschneidung zumuten würde. Mehrfach drohte diese ihr an, dass auch Amina noch einmal radikaler beschnitten werden müsse.

Jedes dritte Mädchen in Westafrika heiratet, bevor es volljährig ist

Der nächste Eingriff in ihr Leben stand ihr bevor. »Ich war 15, als meine Tante zu mir kam und sagte: ›Wir werden dich verheiraten. Wir haben den passenden Mann für dich gefunden!‹ Das war ein älterer Mann, ein Freund der Familie. Er gehörte zur selben Generation wie meine Tante und war bestimmt Mitte 50. Er hatte Geld, deshalb hatte meine Tante auch Interesse daran, mich mit ihm zu verheiraten. Denn wenn du deine Stieftochter mit einem reichen Mann verheiratest, dann profitiert deine eigene Familie auch davon. Es ist bei uns üblich, dass dann jedes Mal, wenn man sich besucht, etwas Geld gegeben wird. Meine Tante hat sich etwas davon versprochen.«

Amina erlebte etwas, das viele andere Mädchen in ihrem Land auch erleiden. Eine Entscheidung, die in Afrika tausendfach getroffen wird. Die dort auch kein Aufsehen erregt. Rund zwölf Prozent der Mädchen im westlichen Afrika werden noch vor ihrem 15. Geburtstag verheiratet, meldet das UN Kinderhilfswerk UNICEF. Jedes dritte, bevor es volljährig ist. Für sie alle ist in der Regel die Schulzeit damit vorbei. Sie werden früh schwanger. »Für mich war das undenkbar, denn der Mann hatte bereits zwei Frauen und eine ganze Reihe Kinder. Die meisten seiner Kinder waren älter als ich!«

Amina konnte es nicht fassen. Zumal sie von ihrer Mutter ganz andere Überzeugungen mitgenommen hatte. »In meinen Kopf ging das gar nicht rein. Ich hatte niemals den Plan, so früh zu heiraten, ich wollte etwas lernen, arbeiten, auf eigenen Füßen stehen. Ich war mir nicht einmal sicher, dass ich überhaupt jemals heiraten wollte.« Widerspruch gibt es in afrikanischen Familien nicht oft. Dass sich die jüngere Generation explizit gegen die Entscheidung der Älteren stellt, das kommt nur selten vor.

Auch Amina ging es nicht anders: »Natürlich sprichst du das nicht aus. Du sagst nicht, dass du nicht einverstanden bist. Das geht in afrikanischen Familien nicht – außerdem war meine Tante wirklich autoritär. Wenn sie diese Heirat so entscheidet, dann habe ich mich zu fügen.« Sie ist immer noch entrüstet, wenn sie von diesem Vorhaben ihrer Tante erzählt: »Man stelle sich vor, ich hätte diesen Mann wirklich geheiratet. Dann wäre mein Leben genauso weiter verlaufen, wie es damals bei der Tante war – ich hätte weiter im Haushalt gearbeitet und immer weiter gearbeitet.« Zugleich hatte sie Angst, dass sie vor ihrer Hochzeit erneut einer Beschneidung unterzogen würde.

Mit wem konnte sie ihr Problem besprechen? In dem engen häuslichen Umfeld, das Amina umgab, hatte sie keine Vertrauten, mit denen sie ihr Problem teilen konnte – da waren keine Lehrer oder Mitschüler. »Ich wusste an diesem Punkt überhaupt nicht mehr weiter. Ich hatte niemanden, den ich im Vertrauen ansprechen konnte. Ich brauchte einen Rat. Da habe ich mich an einen Freund meines Vaters erinnert. Der hatte mir nach dem Tod meiner Mutter gesagt: ›Dein Vater hat viel für mich getan, wenn ich also etwas für dich tun kann, dann sag mir Bescheid.‹ Er hat wie mein Vater als Händler gearbeitet. Er selbst war Senegalese und transportierte Waren aus den Nachbarländern, deshalb kannten sich mein Vater und er gut. Er hatte ein Geschäft in unserer Stadt. Ihn habe ich damals getroffen und ihm meine Lage geschildert. Und er hat mir versprochen, mir zu helfen. Damit ich da rauskomme und weg von meiner Tante. Dabei war mein wichtigster Gedanke: weg von dieser Familie.«

Falsche Versprechen auf eine Zukunft in Europa

»Er hat mir gesagt: ›Ich bringe dich da raus und in ein gutes Umfeld nach Europa. Dort wird es dir gut gehen. Du wirst zur Schule gehen können, später eine Arbeit finden, von der du leben kannst.‹ Er hat mir Mut gemacht. Auf einmal gab es einen Ausweg. ›Du wirst dir eine gute Zukunft aufbauen können!‹, versprach er mir. Der Mann hat mir nur gesagt, dass es nach Europa geht – nicht wohin genau. Und dass ich dort die Schule besuchen könne. Ich habe darüber nicht nachgedacht, sondern ihm einfach geglaubt.«

Gerne hätte ich mehr über diesen Mann erfahren – doch Amina möchte mir keine Informationen mehr geben. »Er hat mir eingeschärft, dass ich niemandem in Deutschland Informationen zu seiner Person geben soll. Dass ich seinen Namen vergessen solle. Und er wollte auch nicht, dass ich von hier aus mit ihm Kontakt aufnehme.« Amina verkürzt ihre Geschichte hier bewusst. Doch ihre Erzählung lässt darauf schließen, dass dieser Mann regelmäßig Frauen aus Westafrika nach Europa schleuste.

Kinderrechte gelten in der Elfenbeinküste nicht. Vielfach kommen Kinder aus den ärmeren Nachbarländern wie Burkina Faso, Mali oder Togo zur Zwangsarbeit in Minen, auf dem Bau oder auf Kakaoplantagen, als Haushaltskräfte oder als Straßenhändler in die Elfenbeinküste. Gleichzeitig werden viele minderjährige Mädchen von hier aus als Zwangsprostituierte nach Europa verkauft. Spitzenreiter im westlichen Afrika ist jedoch nicht die Elfenbeinküste, sondern Nigeria. Dort, so schätzt man, verlassen etwa 300 000 Mädchen und Frauen pro Jahr das Land – knapp die Hälfte von ihnen ist minderjährig.

Gerade Mädchen wie Amina, die selbst über kein Geld verfügen, sind für die Schleuser interessant. Manchmal werden sie mit großen Versprechungen auf den Weg nach Europa gelockt. Amina legt in ihrer Schilderung Wert darauf, dass das in ihrem Fall nicht so gewesen sei: »Dieser Mann wollte mir helfen. Ich wurde zu nichts gezwungen und ich bin freiwillig mit ihm in Kontakt getreten. Er hat mir gesagt: ›Ich stehe bei deinem Vater in der Schuld, und auch wenn er jetzt nicht mehr da ist, so kann ich mich auf diese Weise bei ihm bedanken.‹«

Wahrscheinlicher ist, dass auch Amina in Deutschland als Prostituierte arbeiten sollte, um die entstandenen Kosten auszugleichen. Dafür spricht, was nach ihrer Ankunft in Hamburg passierte. Aminas Kontakt wusste, wie er das Mädchen nach Europa schleusen konnte. Offensichtlich kannte er die Spielregeln für eine Aufnahme in Europa, wusste, dass Jugendliche bessere Chancen haben, und er wusste auch, wo er Amina einen Pass besorgen konnte und hat ihr ein Flugticket gekauft.

»An einem Freitag zwei Wochen später, als meine Tante mit ihrer Familie in der Moschee war zum Gebet und deshalb nicht mitbekam, dass ich aufbrach, sind wir dann zusammen mit dem Auto nach Abidjan gefahren. Unterwegs gab es eine Menge Straßensperren. Aber der Freund meines Vaters hat immer gesagt: ›Das ist meine Tochter!‹ Und so kamen wir durch. In Abidjan habe ich für eine Woche bei seiner Familie gewohnt. Dann haben sie mir ein Reisedokument gegeben und wir sind eingecheckt – es gab einen Mann, der im selben Flugzeug reiste. Für die Einzelheiten habe ich mich nicht interessiert, ich habe auch nicht so genau auf meinen Reisepass geschaut. Doch ich konnte mit diesem Papier am Flughafen in Paris einreisen.«

Zuvor hatte man ihr eingeschärft, wie sie sich bei Fragen zu verhalten habe, welche Antworten sie geben sollte. »Du sagst in jedem Fall, dass du alleine reist. Dass du niemanden in Frankreich kennst. Und nicht weißt, wer dir das Ticket besorgt hat. Du weißt nichts.«

In Paris wurde Amina für eine Nacht bei einer fremden Familie untergebracht: »Bei dieser Familie hat man mir dann auch gesagt, dass ich in Deutschland sofort nach meiner Ankunft Asyl beantragen sollte, dass ich meine ganze Familiengeschichte erzählen solle. Die Familie dort hat sehr positiv über ihr Leben in Europa berichtet: dass es kein Problem sei, hier Arbeit zu finden oder zur Schule zu gehen.«

Verloren – und missbraucht

»Von Paris aus begleitete mich ein anderer Mann. Als ich in Hamburg ankam, hat der mir dann 20 Euro gegeben und gesagt: ›Das wird schon gehen. Man wird dir helfen, wenn du deine Geschichte erzählst.‹ Und dann hat er mich einfach stehen lassen. Ich stand allein am Bahnhof – um mich herum diese fremde Sprache. Meine Güte, habe ich mich verloren gefühlt. Ich musste erst einmal jemanden finden, der überhaupt Französisch sprach, der mich verstand.« Amina traf auf einen Afrikaner. Es ist anzunehmen, dass dieser Teil des Schleusernetzes war. »Der hat zwar behauptet, er sei auch aus der Elfenbeinküste. Aber sein Akzent war ganz anders, denn er kam aus Kamerun. Er hat mir angeboten, dass ich ihn begleiten könne nach Hause und dass ich bei ihm wohnen könne. Da bin ich einige Wochen geblieben.« Das Hilfsangebot war keines.

Der Mann hielt Amina wie eine Gefangene. Amina umschreibt das: »Das war kein guter Mann. Er hat mir nicht erlaubt, die Wohnung zu verlassen. Er hat mich gewarnt und mir Angst eingejagt: ›Wenn dich die deutsche Polizei hier ohne Papiere erwischt, dann werden sie dich festnehmen und nach Hause zurück schicken.‹«

Ich frage Amina, ob ihr der Mann Gewalt angetan habe. »Das kann man so sagen, ja! Denn ich war damit nicht einverstanden. Er hat mich gezwungen. Er ist der Vater von Samira.« Es ist für die zierliche Amina eine Überwindung, über diesen Missbrauch zu sprechen. Sie hat damals versucht, das Erlebte zu verdrängen – und erst später gemerkt, dass sie die Verletzungen wieder einholten. »Ich war lange Zeit sehr traurig und wusste gar nicht so genau, woher das kommt. Um mich herum war immer alles ganz dunkel, ich habe die Welt um mich herum nicht wahrgenommen: Ich bin noch immer sehr vorsichtig, vertraue Menschen kaum und baue nicht leicht Kontakte auf.«

Es ist wichtig, dass dir jemand zuhört

Bis heute misstraut Amina Männern, sie macht einen Bogen um sie auf der Straße, wenn sie kann. Wer kann ihr das verdenken in Anbetracht ihrer Erlebnisse? »Inzwischen habe ich deswegen eine längere Therapie gemacht. Ich habe viel Zeit gebraucht, um nicht nur in Deutschland anzukommen, sondern irgendwie auch bei mir.« Die Erfahrung von Gewalt, die Erinnerungen an die Verluste aus ihrer Kindheit, auch das Fehlen ihrer Familie – die Last war zu groß für die damals 16-Jährige. Um Aminas Geschichte mit ihren vielen Katastrophen wirklich zu verstehen, muss man lange zuhören. Ihr Fall zeigt auch, wie schwierig es für minderjährige Mädchen ist, über ihre Gewalterfahrungen überhaupt zu sprechen. Und noch etwas anderes steht mir vor Augen, während ich ihre Geschichte aufschreibe: Mädchen sind auf ihrer Flucht in besonderer Weise Gewalt ausgesetzt, sie werden oft wiederholt zum Opfer von Vergewaltigungen und Ausbeutung. Auch Amina hat irgendwann verstanden, dass die Vergangenheit ihr Leben immer wieder einholt. Sie hat über lange Zeit eine Therapie gemacht, um mit den traumatischen Erfahrungen zurechtzukommen. »Es ist wichtig, dass du jemandem deine Geschichte erzählen kannst. Dass einer zuhört. Inzwischen geht es mir viel besser.«

Wie wäre ihre Geschichte wohl weitergegangen, wenn Amina damals nicht ihren Peiniger verlassen hätte? Amina war schwanger. Als das klar wurde, warf der sie aus der Wohnung mit den Worten: »Ich bekomme sonst Ärger mit den Weißen!« In Hamburg Harburg, wo Amina gewohnt hat, kommen viele Asylbewerber an, dort ist auch die Erstaufnahme. »Ich bin einfach drauflosgelaufen, bis ich ins Stadtzentrum kam. Eine afrikanische Frau hat mich zu einer Organisation gebracht, die sich um afrikanische Migranten kümmert. Dort sprechen sie auch Französisch, sodass ich meine Geschichte erzählen konnte. Und sie haben mich in die damalige Erstaufnahme für Flüchtlinge in Hamburg gebracht.«

Damit gehörte Amina zu rund 400 unbegleiteten minderjährigen Flüchtlingen, die im Jahr 2012 in Hamburg ankamen. »Ich war dort nur relativ kurze Zeit und eines Tages bin ich einfach umgefallen. Ich habe mich ganz schwach gefühlt und bin einfach in Ohnmacht gefallen. Im Krankenhaus haben dann die Ärzte festgestellt, dass ich schwanger war.« Als die Ärzte erfuhren, dass Amina durch sexuelle Gewalt schwanger geworden war, hat man sie gefragt, ob sie die Schwangerschaft fortsetzen wolle. »Es gab dort sogar eine Schwester, die meine Muttersprache Dioula sprach, und die mir gesagt hat: ›Du kannst die Schwangerschaft unterbrechen.‹ Natürlich ist das für Muslime ein Riesenproblem, wenn du vor der Ehe schwanger wirst. Wenn du ein Kind unter solchen Umständen bekommst. Doch da war ich mir ganz sicher. Ich war immer der festen Überzeugung, dass ich dieses Kind haben wollte.«

Nach dieser Untersuchung kam Amina in ein Wohnheim für junge Mütter. »Da gab es überhaupt keine Ausländer. Nur Deutsche. Ich konnte die gesamte Zeit der Schwangerschaft dortbleiben. Das war eine ganz gute Übung für mein Deutsch, denn dort sprach natürlich niemand Französisch.« Dort fiel auch auf, dass Amina zu viel mit sich herumträgt: »In diesem Wohnheim für junge Mütter haben sie mitbekommen, dass es mir nicht sehr gut ging, dass ich nachts nicht schlafen konnte und immer sehr traurig war. Die Betreuerinnen haben mir dann vorgeschlagen, dass ich in eine Therapie gehen solle, und mich auch hingebracht. Ich wäre von selber gar nicht darauf gekommen. Bei uns in Afrika gibt es so etwas nicht. Aber es war eine sehr gute Entscheidung. Ich habe mich vorher immer sehr stark mit meiner Vergangenheit beschäftigt. Meine Vergangenheit holte mich auch hier in Deutschland immer wieder ein. Ich war sehr misstrauisch, sehr, sehr verschlossen und habe mich oft gefürchtet. Ich habe mich eigentlich mit niemandem unterhalten, wollte zu niemandem Kontakt. Da kamen immer dieselben vergangenen Bilder und die Gefühle. Durch die Therapie habe ich gelernt, diese Vergangenheit hinter mir zu lassen.«

Menschen helfen ist das Ziel

Amina hat eine befristete Aufenthaltserlaubnis. Mit dieser kann sie eine Ausbildung machen oder zur Schule gehen. Amina möchte Krankenschwester werden. Doch sie weiß, dass sie dafür noch mehr Deutsch lernen muss. Den Hauptschulabschluss hat sie seit dem Sommer 2015 in der Tasche. Nun macht sie erneut einen Deutschkurs. »Ich möchte wirklich gerne Menschen helfen. Ich glaube, dass der Beruf der Krankenschwester da sehr erfüllend ist und großen Spaß macht. Aber um mich erfolgreich bei einer Schwesternschule zu bewerben, muss ich besser Deutsch können. Vor allem muss ich es schreiben können.«

Für die scheue Amina wäre ein Arbeitsumfeld gut, um nach und nach wieder mehr Vertrauen in andere Menschen aufzubauen. Deutsche Freunde hat Amina in den drei Jahren seit ihrer Ankunft in Deutschland noch nicht gefunden. »Aber eine Frau, die wie ich aus der Elfenbeinküste stammt, Fatoumata. Sie lebt in Hamburg Harburg, und ich habe sie in einem Afroshop kennengelernt. Wenn Samira krank ist, dann kümmert sie sich um meine Tochter, damit ich den Sprachkurs besuchen kann.«

Ihr Ziel ist noch nicht zum Greifen nah, aber sie verliert es nicht aus den Augen: »Meine Wünsche, was mein Leben hier angeht, sind eigentlich ziemlich einfach: Ich möchte mir einfach einen Job aufbauen, mit dem ich mich und meine Tochter finanzieren kann. Was mir fehlt, damit ich das Gefühl habe, hier zu Hause zu sein, ist meine Familie. Zu Hause fühle ich mich hier noch nicht.«

Plan B: die Brüder wiederfinden

Zu ihrer Familie gab es seit der Ankunft in Deutschland keinen Kontakt mehr. Das könnte sich ändern, denn Aminas Gedanken wandern oft zu ihren Brüdern, die wahrscheinlich noch bei der Tante leben: »Ich habe erst jetzt angefangen, meine Brüder zu suchen. Denn ich mache mir schon Sorgen. Das ist nicht so einfach – Mobiltelefone gibt es zwar, aber ich habe keine Kontakte in meine Heimatstadt. Ich versuche es über Ivorer, die ich hier in Hamburg kennenlerne, und suche welche, die in meine Heimatregion fahren, damit sie sich dort für mich informieren.«

Heimat, diesen Begriff verwendet Amina, wenn es um die Elfenbeinküste geht – nicht um Deutschland. Noch hat sie hier keine Wurzeln geschlagen – doch sie genießt die neue Sicherheit. »Ich kann endlich in die Zukunft schauen. Ich habe eine Zukunft. Ich wache auf und fühle mich in Sicherheit. Ich kann arbeiten und etwas lernen. Andererseits: Als ich klein war, gab es diese Sicherheit für mich in der Elfenbeinküste auch. Die Elfenbeinküste ist eines der Länder, in denen es den Menschen eigentlich gut gehen könnte. Doch der Krieg hat den Menschen diese

Perspektive, ihre Existenz und die Sicherheit genommen. Erst der Krieg hat die Gewalt unter die Menschen gebracht.«

Amina ist überzeugt, dass zu viele Flüchtlinge nach Deutschland kommen. Deutschland habe Schwierigkeiten, so vielen Menschen eine Perspektive zu bieten – und ein Nebeneinander, hier Flüchtlinge, dort die deutsche Gesellschaft, sei ein Problem für beide Seiten: »Ich kenne viele erwachsene Flüchtlinge aus der Elfenbeinküste, die seit mehr als zehn Jahren auf einen Status warten, die nicht arbeiten dürfen, die nichts tun. Die führen kein gutes Leben, was auch immer in Afrika erzählt wird. Wenn mich von denen vorher einer gefragt hätte, dann hätte ich ihm geraten: Bleib lieber zu Hause, dort kannst du dir ein besseres Leben aufbauen als hier.« Und so sieht sie auch ihre eigene Flucht nicht als Reise in ein Paradies: »Wenn meine Familie nicht kaputtgegangen wäre, wenn es den Krieg nicht gegeben hätte – ich wäre in meinem Land geblieben. Ich hätte wohl keinen Grund gesehen, zu fliehen. Dann wäre ich niemals hier in Deutschland.«

Fazit: Wie geht es weiter nach dem Willkommen?

Nur zwölf von mehr als 50 000[77] registrierten minderjährigen Flüchtlingen in Deutschland haben in diesem Buch ihre Geschichte erzählt. Leicht kann man sich vorstellen, vor welcher Flut von Schicksalen und vor welchem Berg an Arbeit die Jugendämter und Wohlfahrtsverbände in Deutschland stehen.

Über ein halbes Jahr führte ich Gespräche mit meinen jungen Interviewpartnern. In dieser Zeit konnte ich beobachten, wie sie in Deutschland ankommen. Und auch, wie Deutschland auf sie wirkt. Bei den ersten Begegnungen waren die meisten noch beherrscht von den Eindrücken ihrer Flucht. Ihnen war anzumerken, wie sehr die Schrecken und Ängste der Reise auf ihrer Seele lasteten. Sie wirkten, als wären sie immer noch auf der Flucht: gehetzt, auf dem Sprung, dünnhäutig. Manche waren erkennbar krank. Es war für mich beruhigend zu sehen, dass es den meisten innerhalb von wenigen Wochen besser ging. Dass das Leben in den Wohngruppen oder Notunterkünften, der Deutschunterricht, das regelmäßige Essen und das gemeinsame Kochen, das immer selbe Bett, sie zur Ruhe brachten.

Viele der Interviewten erzählten von Sachbearbeitern auf den Jugendämtern, die ihnen genau zuhören, die Zeit mitbrachten und sich zuwandten. Von Vormündern, die dabei helfen, Deutschland zu verstehen und sich zurechtzufinden. Von verständnisvollen Lehrern, die ihre Stärken in Mathe und Physik erkennen, obwohl ihnen das nötige Deutsch noch fehlt. »Sogar die Polizei ist in eurem Land freundlich«, staunen sie. Sie haben die Willkommenskultur erlebt, die in Deutschland im Jahr 2015 überall zu spüren war, nicht nur bei Freiwilligen, sondern auch bei Polizei, Behörden und an Schulen.

---

77 Die Zahl bezieht sich auf alle diejenigen, die in der Jugendhilfe sind.

Auf schnelle Integration setzen – vom Erfolg der Jugendhilfe lernen

Was kommt nach dem Willkommen? Wenn wir am Flüchtlingsthema nicht politisch, wirtschaftlich und gesellschaftlich scheitern wollen, dann müssen wir mehr tun für gute, kohärente Integration. Bei den jugendlichen Flüchtlingen gelingt uns das: Wir integrieren sie in Schulklassen, Ausbildungsangebote oder in Sprachkurse – sobald sie ankommen. Vom ersten Tag an haben sie Bezugspersonen und Betreuer. Schnelle Integration, individuelle Begleitung – das ist das Prinzip der Jugendhilfe. Und davon sollten wir lernen, wenn wir neue Integrationsangebote entwickeln.

Je früher Integration beginnt, desto schneller wird sie erfolgreich sein. Diese einfache Regel gilt nicht nur für die Minderjährigen. Wir müssen die Zeiten des nutzlosen Wartens, des Nicht-Arbeitens, des Nicht-Lernens, des Nichtstuns unter den Flüchtlingen verkürzen.

Integration wird angesichts des aktuellen Zustroms die wichtigste Aufgabe für unser Land in den nächsten Jahren. Denn es ist nur logisch, dass diese größte Fluchtbewegung seit dem Zweiten Weltkrieg zwangsläufig auch die größte Integrationsanstrengung nach sich zieht, die Deutschland jemals zu meistern hatte. Darauf müssen wir uns vorbereiten. Das heißt politisch umdenken – und unsere Gesellschaft dabei mitnehmen.

Es ist nicht getan mit der Reform von Asylgesetzen. Deren Ziel ist es, den Zustrom in unser Land zu begrenzen und zu bremsen. Das ist wichtig, um unser Land nicht zu überfordern. Ordnungspolitik allein ist aber nicht die ganze Antwort. Es ist schon jetzt erkennbar, dass das nicht reichen wird. Um die Akzeptanz und Toleranz unserer Gesellschaft zu erhöhen, braucht es mehr. Flüchtlinge und Zuwanderung – das ist nicht nur ein Thema für das Innenministerium. Alle Ressorts sind betroffen und müssen sich stärker dem Integrationsziel verpflichten: Gesundheit, Jugend, Arbeit, Bildung. Nachhaltige Integrationspolitik wird sie alle fordern. Doch noch herrscht da nicht genug Kohärenz und Einvernehmen – das gilt auch für die Zusammenarbeit zwischen

Bund, Ländern, Kommunen und den vielen Trägern. Das wird ein Kraftakt. Und der sollte mit einer Bestandausnahme beginnen.

Seien wir ehrlich

Wir sollten klären, was unser Interesse im Umgang mit den Flüchtlingen ist. Denn in den sozialen Medien, auf Bürgerversammlungen, auf Demonstrationen und Parteitagen – und bei jedem Gespräch unter Nachbarn oder Kollegen – werden doch genau diese Fragen gestellt: Welche Belastungsgrenzen haben unsere sozialen Systeme? Wie viel Geld wollen wir für die Integration und Begleitung von Flüchtlingen eigentlich ausgeben? Wollen wir die Flüchtlinge integrieren oder nur Nothilfe leisten, weil wir von einer baldigen Rückkehr in ihre Heimatländer ausgehen?

Viele Flüchtlinge werden nicht schnell zurückkehren, sondern bleiben

Von den Minderjährigen bekommen 80 bis 90 Prozent eine Aufenthaltserlaubnis, die anderen eine Duldung. Sie bleiben.

Der Krieg in Syrien geht weiter. Aus den Erfahrungen im Irak und in Afghanistan wissen wir, dass auch nach dem Ende eines Krieges kein Frieden eintritt. In schwachen und gescheiterten Staaten wie Somalia lässt sich nicht entwicklungspolitisch arbeiten. Es ist zu befürchten, dass der Terror des IS sich ausweitet. Gehen wir also davon aus, dass die Hälfte derer, die 2015 zu uns kamen, längere Zeit bleiben wird. Und dass dieser Trend anhält.

Umso wichtiger ist es, qualifizierte Flüchtlinge schnell in Lohn und Brot zu bringen. Die Zahl der offenen Stellen auf dem deutschen Arbeitsmarkt war noch nie so hoch wie in diesem Jahr. Und machen wir uns nichts vor. Die Flüchtlinge nehmen nicht den rund drei Millionen Arbeitslosen die Arbeitsmöglichkeiten weg. Ob Handwerk, Pflege oder Facharbeiter, wir brauchen Menschen, die dort arbeiten wollen und können.

Fluchtursachen bekämpfen

Das wird uns nicht so schnell und effizient gelingen, wie es nötig wäre. Die Al-Shabaab in Nordsomalia, die Ibrahims Familie zerstörte, den Staatszerfall in Syrien, von dem Mohammed aus Idlib berichtet. Den IS, der die Kurdenstadt Kobane zerstörte und Mohammed, den 15-jährigen Kurden, vertrieb, die dauerhafte Odyssee mehrerer Generationen in Afghanistan, von der Safi berichtet. Schon die wenigen Schicksale in diesem Buch legen Zeugnis ab von einer instabilen Welt. Die Gewalt, vor der die Jugendlichen geflohen sind, ergab sich meistens durch den Zerfall von Staaten. Die Ankündigung: »Es gilt, die Fluchtursachen zu bekämpfen« – als Maßnahme, die den Zustrom schnell stoppt – wirkt da realitätsvergessen und naiv. Auch wenn wir alle entwicklungspolitischen, außenpolitischen, wirtschaftlichen und militärischen Instrumente zusammennähmen, würde uns das kaum gelingen.

Flüchtlingspolitik ist nicht nur ein innenpolitisches Thema

Flüchtlingspolitik ist Innen- und Außenpolitik. Flüchtlingspolitik ist nicht nur Ordnungs- und Integrationspolitik in Deutschland. Flüchtlingspolitik beginnt mit kluger, vorausschauender Außen-, Entwicklungs- und Sicherheitspolitik. Diese wird nicht kurzfristig wirken, aber sie ist unverzichtbar, wenn wir langfristig(!) die Gründe für Flucht verringern wollen.

Fluchtursachen zu bekämpfen – das fängt damit an, die Widersprüche in unserer eigenen Außen- und Wirtschaftspolitik zu reduzieren und neue zu vermeiden. Deutschland ist eine der führenden Nationen beim Export von Waffen. Mit Saudi-Arabien und auch mit Katar, die den IS fördern, verbindet uns eine Wirtschaftspartnerschaft. Wir exportieren sogar Rüstungsgüter in diese Länder. Die EU strebt mit der Türkei einen gemeinsamen Aktionsplan gegen irreguläre Migration an. Doch was machen wir, wenn die Türkei ihre Grenzen in Richtung Syrien einfach dichtmacht? Wenn die Flüchtlinge im Land keinen Zugang zu

Schulen oder Ärzten haben? Wenn die Türkei die Grundrechte der Flüchtlinge nicht achtet? Auf welche Werte und Ziele einer Außenpolitik im Nahen Osten können wir uns überhaupt einigen – mit neuen Partnern, die alles andere als lupenreine Demokraten sind, die wir aber für eine Außenpolitik, welche Fluchtursachen bekämpft, brauchen: mit der Türkei, Russland, dem Iran?

Deutschland ist der Motor Europas, die stärkste Wirtschaftsmacht und mit 80 Millionen Menschen die größte Nation. Doch aus den Krisen in unserer Nachbarschaft halten wir uns gerne heraus. Das wird sich ändern müssen – das Engagement der Bundeswehr in Syrien, in Mali und die erneute Präsenz in Afghanistan sind ein Anfang. Was dieses Thema angeht, hinkt die öffentliche Meinung unserer Sicherheitspolitik hinterher. Bei Meinungsumfragen – zuletzt im Falle der Ukraine oder Syriens – spricht sich stets eine große Mehrheit dafür aus, sich nicht zu engagieren. Die Geschichten in diesem Buch sind der Beleg dafür, dass das nicht gehen wird, wenn wir Fluchtursachen bekämpfen wollen.

Die Flüchtlingszahlen werden weiter hoch bleiben

Morgen wird nicht alles anders. Und wir werden in fünf Jahren nicht sagen können, dass uns das überrascht hat. Wir wissen heute, was morgen auf uns zukommt. Deshalb müssen wir schon heute eine vorausschauende, differenzierte und kohärente Zuwanderungspolitik entwickeln, anstatt nur zu reagieren und nur die Gegenwart zu managen.

Flüchtlinge und Migranten werden Deutschland verändern

Elf von zwölf meiner Gesprächspartner sind Muslime. Sie zählen zu den Moderaten in ihren Ländern und sind vor der Gewalt islamistischer Terroristen geflohen. Sie werden unsere Gesellschaft bereichern – aber auch verändern. Alle bringen ihre Geschichte mit, ihre Vorstellungen von Familie, Erfolg, dem Umgang mit anderen. Sie bringen Vorstellungen mit, wie eine Gesellschaft funktioniert, wer Freund und Feind ist, wo die Religion ihren Platz haben sollte. Sie tragen teilweise auch die Konflikte ihrer Heimat mit in unser Land. Und vieles davon ist mit unseren Vorstellungen, den Werten unserer gesellschaftlichen Ordnung nicht vereinbar.

Es wird eine immense Aufgabe, sie alle in unsere Gesellschaft zu integrieren. Gleichzeitig bringen sie den Elan und die unbedingte Bereitschaft mit, hier in Deutschland erfolgreich anzukommen. Und wir müssen mit aller Kraft verhindern, dass sie sich – ohne Kontakt zur deutschen Gesellschaft – einschließen in Parallelwelten. Gettos wie in Frankreich sind der falsche Weg. Die jungen Muslime in diesem Buch sind auf der Suche nach einer offenen und toleranten Gesellschaft – deshalb kommen sie nach Deutschland.

Wir stehen vor einer riesigen Infrastruktur-Aufgabe

Unsere Gesellschaft ist auf die anstehende Integrationsaufgabe weder strukturell noch fachlich genügend vorbereitet. Zehntausende neue Fachkräfte werden gebraucht – im Bundesamt für Migration, in den Kommunen, den Schulen, bei den Wohlfahrtsverbänden. Und wir fangen erst jetzt an, diese Struktur aufzubauen.

Zukünftig werden wir Strukturen brauchen, mit denen wir nicht nur registrieren oder einen Aufenthaltstitel klären. Sondern solche, die Integration organisieren und entsprechende Angebote entwickeln. Ohne solche Änderungen in Richtung Integration werden wir weder die Zahl noch die Pluralität der Zuwanderer als Gesellschaft verkraften.

Zu uns fliehen die Stärksten, nicht die Schwachen

Integration kann auch gelingen, weil zu uns nach Deutschland nicht die Schwächsten fliehen, sondern die Stärksten. Nicht nur mit Blick auf die Protagonisten in diesem Buch: Die Kinder, die hier ankommen, gehören oft zu den überdurchschnittlich gut gebildeten in ihren Ländern. Vielfach sind es die Kinder der Mittelschicht. Kinder, deren Eltern sie darin bestärkt haben, in Europa nach einer guten Ausbildung, einer echten Perspektive zu suchen. Häufig die Älteren oder die Klügeren unter mehreren Geschwistern. »Mein Land macht seine Menschen zu Verlierern. Und ich wollte nicht dazugehören.« Auf diesen Punkt brachte ein syrischer Flüchtling mir gegenüber sein Entscheidung zu fliehen. Es sind Kämpfertypen – ob Mädchen oder Junge –, sie kämpfen für ihre Zukunft und für ein selbst gestaltetes Leben.

Geregelte Zuwanderung ist besser als ungeregelte

Für uns und für die Flüchtlinge und Migranten. Während meiner Recherchen traf ich auch auf Jugendliche, die hier illegal leben, die ihre Geschichte gar nicht erst erzählen können oder wollen, denn sie wissen: Sie stammen aus einem sicheren Herkunftsland.

Sie sind niemand – das ist im Wortsinn gemeint. Denn sie sind nicht registriert, verleugnen ihre Identität. Sie müssen sich ständig neues Obdach suchen. Sehr oft entstehen Abhängigkeits- und Ausbeutungsverhältnisse mit Dritten. Die genaue Zahl der illegalen Flüchtlinge in unserem Land kennt man nicht, doch Sozialarbeiter und Familienhelfer sprechen davon, dass jeder Dritte, der zu ihnen kommt, nicht legal in Deutschland sei. Sie sind die wirklich Schwachen unter den Flüchtlingen – denn sie stehen neben unserer Gesellschaft. Für sie gelten unsere Rechte nicht. Gerade als Minderjährige sind sie in großer Gefahr, in der Kriminalität oder Prostitution zu landen.

Wir sollten alles daransetzen, die Zahl dieser Illegalen zu reduzieren und die namenlosen Flüchtlinge in unserem Land zu registrieren. Alles ist besser als ungeregelte Zuwanderung.

Die Investition in die Jungen ist eine Investition in die Zukunft unseres Landes

Mit Blick auf die jungen Flüchtlinge, die in diesem Buch im Mittelpunkt stehen, zeigt sich: Die große Investition, die wir über die Jugendhilfe bei ihrer Ankunft leisten, lohnt sich! Denn sie planen eine Zukunft in unserem Land, sie sind leistungsbereit und lernen schnell. Wenn wir ihnen die richtigen Angebote machen, werden sie hier einen Job finden, Familien gründen – und uns helfen, die Alterung unserer Gesellschaft zu bremsen, unsere Sozialsysteme zu stabilisieren, den Mangel an Facharbeitern in unserem Land kompensieren. Das ist eine Investition – auch in unsere Zukunft.[78]

Wer zwischen 16 und 20 ist und in unserem Land ankommt, dem sollten wir auch auf Dauer eine Perspektive in Deutschland geben. Achmed, der seit fast sechs Jahren in Deutschland ist und hier als Facharbeiter in einem gefragten Beruf seine Existenz aufbaut, oder Lina, die Physik-Studentin: Diese jungen Menschen, die seit zehn Jahren konsequent lernen und etwas bei uns erreichen wollen – sie sollten bei uns bleiben können. Doch immer noch haben beide nur eine befristete Aufenthaltserlaubnis. Schaut man darauf, wie stark sie gefördert wurden, liegt für mich auf der Hand: Wir sollten sie einladen, zu uns zu gehören – dazu gehört die deutsche Staatsbürgerschaft.

Zuwanderung lässt sich nicht national regeln

Während man den jungen Flüchtlingen zuhört, die von ihren Begegnungen mit Polizei und Zoll in Griechenland, Italien, Serbien oder Polen berichten, wird deutlich: Mit den Flüchtlingen werden wir menschlich wie politisch nur umgehen können, wenn

---

78 Für die erwachsenen Flüchtlinge ist die Chance auf Integration in den Arbeitsmarkt weit geringer. Nur 10 % der über 25-Jährigen sind Akademiker, zwei Drittel haben keinen berufsqualifizierenden Abschluss. Vgl. Interview mit Ludger Wößmann, Zentrum für Bildungsökonomie, in DIE ZEIT, 9.11.2015.

Europa zusammensteht. Wenn es sich klar verständigt – innen-
politisch und außenpolitisch – und einig verhält. Größtmögliche
Solidarität und Geschlossenheit, das wäre die Bedingung, um mit
den Ursachen und Folgen von Flucht angemessen umgehen zu
können.

Das aber ist noch nicht der Fall. Auch darüber berichten die
Interviewpartner. Sie erzählen von dem, was falsch läuft in Europa und um Europa herum: von korrupten Polizisten in den
südlichen und östlichen Beitrittsländern der EU. Von überforder-
ten Behördenvertretern in Griechenland, in Italien und sogar in
Österreich, welche sie einfach weitergeschickt haben. Mit Blick
auf die Dimension der Flüchtlingsbewegung tut Europa wenig
bis nichts, um das Problem gemeinsam zu schultern. Nach wie
vor läuft die Registrierung von Flüchtlingen schleppend und der
Datenaustausch zwischen europäischen Partnern funktioniert
nicht. Wir werden mit der wachsenden Zahl an Menschen, die
zu uns kommen, nur umgehen können, wenn Europa aufhört,
die Lasten zwischen einzelnen Ländern hin und her zu schieben
und endlich gemeinsam die Verantwortung schultert. Die Flüchtlingswelle wird nicht nur die deutsche, sondern auch die europäische Innenpolitik völlig neu fordern.

Integrationspolitik statt nur Ordnungspolitik

Integration sollte das Ziel unserer Zuwanderungspolitik sein.
Entscheidend ist, was jemand, der zu uns kommt, an Qualifika-
tionen mitbringt und hier erreichen will. Da ist viel zu tun, wenn
man die richtigen Maßnahmen in allen Ressorts – von Bildung
bis Arbeit – ergreifen will. Integration auf Zeit für Flüchtlinge,
Integration auf Dauer für qualifizierte Zuwanderer – darauf sind
wir bisher in Ämtern, Ministerien, an Schulen und in Städten
nicht ausreichend vorbereitet.

»Wir müssen Beziehungen herstellen. Bezugspunkte zu unserer Gesellschaft. Zu Menschen, Sportvereinen, Lehrern. Nur
dann gelingt Integration auf Dauer!«, schärften mir Sozialarbeiter und Erzieher ein, die seit vielen Jahren mit Flüchtlingen

arbeiten. Das lässt sich messen; in diesem Buch stehen die Geschichten von Achmed und Lina für dieses erfolgreiche Ankommen in Deutschland. Und beide betonen, wie wichtig diejenigen waren, die ihnen Zugänge nach Deutschland geschaffen haben.

Es lässt sich auch kritischer formulieren: Es ist kaum möglich, als Flüchtling alleine gut bei uns anzukommen und Aufnahme zu finden. Damit Flüchtlingen in unserem Land geglaubt wird, brauchen sie glaubwürdige Kontaktpersonen auf deutscher Seite – Familienhelfer, Vormünder, Anwälte – die den Flüchtling in seinem Anliegen unterstützen. Nur in Begleitung von Sozialarbeiterin und Therapeutin konnte Yamina beim Jugendamt durchsetzen, dass sie weiter in der Jugendhilfe bleiben darf. Nur über ein Attest ihrer Therapeutin wird sie ihre bislang nur um zwei Monate herausgezögerte Abschiebung vielleicht verhindern können. Unser System der Flüchtlingsaufnahme ist widersprüchlich und unverständlich – es unterscheidet sich von Bundesland zu Bundesland, von Amt zu Amt, von Sachbearbeiter zu Sachbearbeiter.

Das muss sich ändern. Die bis zu eine Million Flüchtlinge im Jahr 2015 und die, die noch kommen werden, sollten uns endlich davon überzeugen, dass es eine Zuwanderungspolitik braucht, die über alle Ebenen funktioniert und transparent ist. Deren Ziel Integration ist.

Das Grundrecht auf Asyl heißt: Menschen, die vor Unrecht oder Gewalt fliehen, bei uns eine menschenwürdige Zuflucht zu garantieren. Dazu gehört für mich auch, sie für die Zeit ihres legalen Aufenthaltes am Arbeits- und Sozialleben zu beteiligen. Das Arbeitsverbot für Asylbewerber passt nicht dazu.[79] Hier sollten wir im eigenen Interesse schneller Angebote machen: Wer am deutschen Arbeitsmarkt gebraucht wird, sollte hierbleiben können. Egal aus welchen Gründen er oder sie zu uns kam. Unabhängig vom Ausgang des Asylverfahrens sollte die Möglichkeit

---

79 Für die Aufnahme einer »normalen« Beschäftigung gilt für alle Asylantragsteller ohne Ausnahme eine Wartefrist von drei Monaten. Danach bedarf es dafür in der Regel einer Zustimmung der Bundesagentur für Arbeit. Diese wird oft nicht erteilt, da sie davon abhängt, ob für einen Arbeitsplatz auch deutsche Arbeitnehmer oder ihnen gleichgestellte Ausländer zur Verfügung stehen.

bestehen, eine Aufenthaltserlaubnis nach den Regeln der Fachkräfte-Einwanderung zu beantragen.

Damit das gelingt, damit es überhaupt durchsetzbar ist und funktionieren kann, müssen wir Zuwanderung anders betrachten: als Integrationsaufgabe, und dafür die Weichen stellen. Dann gelänge uns die Steuerung von Zuwanderung, die darauf zielt, Menschen nicht nur zu zählen und zu verteilen, sondern sie gesellschaftlich und wirtschaftlich zu integrieren, sie zu fördern und zu fordern, damit sie Teil unserer Gesellschaft werden. Das erleben Hassan, Mohammed, Lina, Ahmed und andere der in diesem Buch versammelten jungen Menschen. Wenn wir davon lernen, dann schaffen wir das!

ANHANG

Interview Deutsche Welle – Malteser

Dieses Buch ist ein Kooperationsprojekt von der Deutschen Welle und den Maltesern. Die Malteser unterhalten neben anderen Wohlfahrtsverbänden eine Reihe von Einrichtungen für unbegleitete minderjährige Flüchtlinge in Deutschland. Viele Protagonisten in diesem Buch wohnen in den Wohngruppen und Notunterkünften der Malteser oder werden von deren haupt- und ehrenamtlichen Mitarbeitern betreut. Die Deutsche Welle richtet sich mit ihren Programmen an Menschen im Ausland – auch in den Herkunftsgebieten der Flüchtlinge. Deutsche Welle und Malteser sind beim Thema Flüchtlinge engagiert. Wie, das erläutern Peter Limbourg, Intendant der Deutschen Welle, und Henric Maes, Diözesangeschäftsführer des Malteser-Hilfsdienstes Berlin, in einem exklusiven Interview zum Thema:

Ein Drittel aller Zuwanderer in Deutschland sind minderjährig. Sie sind einerseits besonders schutzbedürftig, andererseits zeigen die Beispiele in diesem Buch auch, dass sie besonders stark, besonders integrationsbereit sind. Die Malteser betreuen viele minderjährige Flüchtlinge. Was ist Ihnen dabei besonders wichtig?

Henric Maes: Besonders wichtig ist uns, dass wir diese jungen Menschen auch als Kinder und Jugendliche wahrnehmen, mit all den Bedürfnissen, die Heranwachsende haben. Dass wir sie ernst nehmen mit den für ihre Entwicklung typischen Fragestellungen, dass sie einfach auch pubertär sein dürfen.

Ich glaube, dass gerade die jungen Menschen eine hohe Integrationskraft besitzen. Wir müssen sie rasch zusammenbringen mit gleichaltrigen, in Deutschland bereits beheimateten Jugendlichen. Wir brauchen eine altersgemäße Betreuung, die ihre besondere Schutzbedürftigkeit berücksichtigt. Dies gilt umso mehr, weil wir uns darüber im Klaren sein müssen, dass etwa zwei Drittel aller unbegleiteten minderjährigen Flüchtlinge auf ihrem Weg Gewalt, auch in Form von sexuellen Übergriffen, erfahren haben. Deshalb müssen wir ihnen Verlässlichkeit, Zuwendung und Förderung schenken.

Die anhaltend hohe Zuwanderung von Flüchtlingen nach Deutschland ist eine Herausforderung – für unsere Gesellschaft, die Politik, die Medien. Auch für die Deutsche Welle ist das eines der zentralen Themen. Was können Medien bewirken mit Blick auf die Wahrnehmung und die Debatte des Flüchtlingsthemas?
Peter Limbourg: Das Thema wird ja sehr kontrovers diskutiert. Da müssen Medien besonders sachlich berichten und aufklären. Das heißt, das ganze Bild zeigen. Das Schicksal der Flüchtlinge ebenso wie die Probleme bei ihrer Aufnahme und Integration. Glückliche ebenso wie überforderte Helfer. Hilfsbereitschaft und Ablehnung. Medien sollten nichts beschönigen. Wichtig ist, dass immer klargemacht wird, dass es hier um Menschen geht, Menschen, die unsere Hilfe brauchen.

Die DW wendet sich mit ihren Programmangeboten in vielen Sprachen an Menschen in den Herkunftsregionen. Welche Informationen bietet sie Menschen, die unter großem Druck stehen und vielleicht den gefährlichen Weg nach Deutschland antreten wollen?
Peter Limbourg: Die DW ist für Flüchtlinge, die auf dem Weg nach Deutschland sind oder sich über das Leben in Deutschland informieren wollen, eine der ersten Informationsquellen. Wir sind unter den deutschen Sendern am besten in der Lage, umfassend und differenziert in den Sprachen der Flüchtlinge über die Situation hierzulande zu berichten. Die DW informiert über die öffentliche Debatte in Deutschland – mit all ihren Facetten. So haben wir in den Sprachen der Flüchtlinge spezielle Online-Angebote, die einerseits über die Gefahren einer Flucht aufklä-

ren und andererseits zeigen, was Flüchtlinge hier erwartet, was ihre Rechte und Pflichten sind. Welche Erwartungshaltung die deutsche Gesellschaft an sie hat. Natürlich berichten wir darüber auch umfänglich in unserem englischen und arabischen TV-Kanal und im Radio in Hausa, Suaheli, Amharisch, Englisch, Portugiesisch und Französisch.

Wenn Sie auf die langjährigen Erfahrungen der Malteser schauen: Was bedeutet gelungene Integration für Sie?
Henric Maes: Integration kann aus unserer Sicht dann als gelungen angesehen werden, wenn sich Menschen hier bei uns wirklich beheimatet fühlen. Dazu gehört auch das Sprechen der deutschen Sprache, wenngleich wir akzeptieren sollten, dass es immer wieder Momente geben wird, wo die Muttersprache eine wichtige Rolle spielt: immer dann, wenn es um emotionale Inhalte geht. Fragen Sie mal einen Geflüchteten, der sich nach langen Jahren des Lebens in Deutschland selbst als integriert bezeichnet, in welcher Sprache er träumt: da wird meistens die Antwort »In meiner Muttersprache!« kommen. Gut integriert sind meines Erachtens nach auch all jene, die sich gesellschaftlich einbringen: in Politik und Gremien, in den Elternvertretungen an den Schulen ihrer Kinder, in Kulturvereinen.

Deutschland ist für viele Flüchtlinge die erste Adresse in Europa. Die Worte der Bundeskanzlerin verteilten sich im Nu. Gerüchte, Spekulationen und gezielte Desinformationen kamen hinzu, zum Beispiel, dass Deutschland unbedingt drei Millionen Flüchtlinge aufnehmen wolle. Lassen sich solche Fehlinformationen durch die DW korrigieren?
Peter Limbourg: Teilweise ja, aber nicht völlig. Postings in sozialen Medien wie Facebook oder Twitter sind in der Regel schneller auf dem Markt als die gut recherchierten und damit verlässlichen Beiträge der DW. Wir erreichen mit unseren Angeboten sehr viele Menschen, aber bei Weitem nicht alle. Manchmal wollen Menschen in einer verzweifelten Lage einfach an ihre Chancen glauben. Aber wir leisten unseren Beitrag, um Mythen und Legenden richtigzustellen. Dabei kommt uns zugute, dass viele Flüchtlinge

die DW schon aus ihren Herkunftsländern als seriöse Informationsquelle kennen. Wir haben eine große Verantwortung, weil unsere Zuschauer und Nutzer möglicherweise vor einschneidenden Lebensentscheidungen stehen.

Umfassend über unser Land zu informieren – das ist der Auftrag der Deutschen Welle. Mit Blick auf die Flüchtlinge heißt das: Realistisch auch über die Möglichkeiten und die Grenzen von Integration in unserem Land zu berichten. Was sollten die Flüchtlinge wissen, bevor sie sich auf den Weg zu uns machen?
Peter Limbourg: Sie müssen wissen, dass die Situation in Deutschland schwieriger geworden ist. Es sind bereits sehr viele Menschen da, teilweise sind die Kommunen mit der Aufnahme überfordert. Sie müssen wissen, dass sie, aus bestimmten Ländern kommend kaum Chancen auf Asyl haben. Wir müssen sie über legale Möglichkeiten informieren, nach Deutschland zu kommen, sie über die Gefahren des Weges, über die Interessen der Schlepper und Schleuser aufklären. Und sie müssen erfahren, dass Deutschland ein Land mit anderen Werten und einer anderen Kultur ist, in der Toleranz und Gewaltfreiheit erwartet werden.

Welche Talente, Befähigungen und Potenziale bringen die jungen Flüchtlinge mit als Mehrwert für unsere Gesellschaft?
Henric Maes: Ich tue mich schwer mit dem Begriff des »Mehrwerts«, weil ich Sorge habe, dass wir auch hier der Ökonomisierung des Menschen Vorschub leisten. Auch wenn die Demographen in Deutschland, auf das Jahr 2015 blickend, ein ums andere Mal gejubelt haben mögen. Der Mensch an sich hat seinen hohen Wert dadurch, dass er Mensch ist. Die vielen jungen Menschen, die nun zu uns kommen, haben ganz viel Potenzial: Sie wollen lernen, die Sprache sprechen, sich entwickeln, aus ihrem Leben etwas machen. Sie können eine große Kraft entfalten, die uns eigentlich nur guttun kann.

Einige Protagonisten in diesem Buch haben in Deutschland einen Schulabschluss gemacht und sind in einer beruflichen

Ausbildung. Sie sind mehr als fünf Jahre, manche zehn Jahre, bei uns und haben dennoch keine unbefristete Aufenthaltserlaubnis. Wäre es nicht besser, gerade jungen Flüchtlingen eine klare Perspektive auf ein dauerhaftes Bleiben in Deutschland zu geben, nachdem in ihre Integration so viel investiert wurde?

Henric Maes: Das sehe ich auch so. Meine Wahrnehmung ist aber die, dass die Politik an dieser Stelle in Bewegung ist. Ich glaube, Abschiebungen von jungen Menschen, die gerade dabei sind, ihre Ausbildung zu beenden oder im Abitur stecken, gehören in Zukunft der Vergangenheit an.

Die Malteser setzen stark auf die Mitarbeit von Freiwilligen und Ehrenamtlichen. Wird die Bereitschaft, Flüchtlinge zu begleiten, aufzunehmen und zu integrieren, anhalten? Können wir auf diese Willkommenskultur auch in den nächsten Jahren zählen?

Henric Maes: Das hoffe ich. Wir haben 2015 hier in Deutschland Außerordentliches erlebt: eine – auch für uns Malteser – noch nie da gewesene spontane Hilfsbereitschaft. Die gilt es nun, in ein nachhaltiges Engagement zu überführen. Wir sagen dazu gerne »vom Will-Kommen zum Wird-Bleiben«. Dafür braucht es geeignete Strukturen, um ehrenamtlich Engagierte auch über die nächsten Monate bzw. Jahre zu halten, in welcher zeitlichen Intensität auch immer. Es ist wichtig, diese Bereitschaft zum Engagement zu einer Grundhaltung werden zu lassen.

Wir diskutieren immer wieder Belastungsgrenzen bei der Integration von Flüchtlingen – wo würden Sie aus Sicht der Malteser solche sozialen und wirtschaftlichen Belastungsgrenzen sehen?

Henric Maes: Zum jetzigen Zeitpunkt ist es kaum möglich, klare soziale und wirtschaftliche Belastungsgrenzen auszumachen. Sie scheinen mir immer dann rasch erreicht, wenn Argumente fehlen, Politik nur noch als reagierend wahrgenommen wird. Wenn aber die gegenwärtige Flüchtlingssituation als gesellschaftliche Herausforderung angesehen wird, die alle Akteure – Staat, Wolfahrt, Wirtschaft – mobilisiert, dann ist meiner Meinung nach die Grenze noch nicht erreicht.

Gelungene Integration – das zeigen eine Reihe von Beispielen in diesem Buch – bedeutet eine immense Anstrengung aufseiten der Flüchtlinge und gleichzeitig sehr individuelle Begleitung vonseiten deutscher Institutionen. Kurz: Eine differenzierte Betreuung des Einzelnen, der zu uns kommt. Sehen Sie diese intensive Zuwendung gefährdet angesichts des großen Zustroms?
Henric Maes: Wir müssen angesichts des großen Zustroms sicherlich auch über neue Formen individualisierter Hilfe nachdenken, vielleicht auch kreativer sein als in der Vergangenheit. An der differenzierten Begleitung des Einzelnen darf das aber nichts ändern. Wir müssen es aus meiner Sicht auch sogenannten »Quereinsteigern« ermöglichen, im Kontext der Jugendhilfe mitzuwirken.

In Afghanistan und den Ländern der arabischen Welt ist die Deutsche Welle sehr erfolgreich. Was können Sie den Menschen, die sich mit dem Gedanken einer Flucht nach Deutschland tragen, über journalistische Information hinaus anbieten?
Peter Limbourg: Wer zu uns kommt, ist ohne Kenntnisse der deutschen Sprache einigermaßen verloren. Sprache ist der Schlüssel für erfolgreiche Integration. Sie ermöglicht Austausch und Miteinander, erschließt die Lebenskultur in Deutschland, unser politisches und gesellschaftliches System. Einen schnellen Einstieg in die deutsche Sprache bekommen Schutz- und Asylsuchende über unsere multimedialen Sprachkurse. Die meisten Flüchtlinge haben Smartphones und können mit wenigen Klicks auf unsere Angebote zugreifen. Auch für Mittlerorganisationen und Helfer sind sie ein guter Weg, Flüchtlinge beim Deutschlernen zu unterstützen.

Zum Schluss ein Blick in die Zukunft: Die Konjunkturvorhersage der EU-Kommission geht von bis zu drei Millionen Flüchtlingen in der EU bis 2017 aus. Was bedeutet das für Deutschland, für unsere Gesellschaft – worauf stellen sich die Malteser ein, wenn es um die Integration der Flüchtlinge in unserem Land geht?

Henric Maes: Die Prognosen der vergangenen Monate waren allesamt Wasserstandsmeldungen, die lediglich Spekulationen wachsen ließen. Aber wir brauchen langfristig sicherlich so etwas wie eine europäische Lösung als Verantwortungsgemeinschaft.

Wir Malteser haben uns entsprechend aufgestellt: Wir erwarten von uns selbst, dass wir uns noch intensiver in die Flüchtlingshilfe einbringen. So werden wir alles daransetzen, nahezu flächendeckend einen ehrenamtlichen Dienst der »Migrationslotsen« zu etablieren und dafür auch die notwendigen hauptamtlichen Strukturen zu schaffen. Diese Migrationslotsen helfen den Flüchtlingen in den ersten Wochen bei Behördengängen, führen sie an Kindergärten und Schulen heran.

Und welche Herausforderung wäre ein solcher Zustrom für die journalistische Berichterstattung – worauf sollten sich Medien einstellen, um das Thema angemessen zu begleiten?

Peter Limbourg: Auf einen langen Atem, auf nachhaltige Berichterstattung, möglicherweise auch auf eine weiter wachsende Polarisierung. Die deutschen Medien müssen auch mehr Angebote für die Flüchtlinge machen in deren Sprachen. Angebote, die ihnen helfen, sich zurechtzufinden, bis sie die deutsche Sprache beherrschen. Da gibt es schon einige Ansätze, die vertieft werden sollten. Die gute Kooperation der Deutschen Welle mit den ARD-Landesrundfunkanstalten und dem ZDF kann Integration wirksam unterstützen. Für alle in unserem Land gilt vor allem: Nicht nur über Flüchtlinge sprechen, sondern auch mit ihnen.

Faktenblatt: Unbegleitete minderjährige Flüchtlinge

Der Bundesfachverband für Unbegleitete Minderjährige Flüchtlinge[80] schätzt, dass in 2015 mehr als 30 000 unbegleitete minderjährige Flüchtlinge nach Deutschland gekommen sind. Das sind mehr als doppelt so viele wie im Jahr 2014.[81] Nach Angaben des Bundesinnenministeriums haben 11 000 unbegleitete Minderjährige einen Asylantrag beim Bundesamt für Migration und Flüchtlinge gestellt.[82] Europaweit ist der Trend ähnlich: Zwischen Januar und September 2015 war jeder Dritte aller Asylsuchenden in der Europäischen Union minderjährig. Die Hälfte dieser Kinder stammte aus Syrien, Afghanistan und dem Irak.[83]

Für unbegleitete minderjährige Flüchtlinge[84] macht Deutsch-

---

80 Auf der Website des Bundesfachverbands für Unbegleitete Minderjährige Flüchtlinge gibt es fortlaufend aktuelle Informationen http://www.b-umf. de/

81 Bereits in den Vorjahren war diese Gruppe rasant gewachsen. Zwischen den Jahren 2010 und 2013 hatte sie sich verdoppelt. Nach Angaben der Bundesregierung stieg die Zahl der Inobhutnahmen von unbegleiteten minderjährigen Flüchtlingen von 2822 (2010) auf 6584 (2013).

82 Vgl. Lohse, Eckart: »Ankerkinder alleine auf der Flucht« in: FAZ, 15. 12. 2015, S. 4.

83 Vgl die Auswertung aktueller Daten durch IOM und UNICEF vom 1. 12. 2015 http://missingmigrants.iom.int/en/children-account-20-maritime-arrivals-europe-2015-iom-and-unicef

84 Die Organisation für Migration analysierte zwischen dem 9. und dem 20. Dezember 2015 den Flüchtlingsstrom, der sich über die griechische Mittelmeerküste nach Europa bewegte: nach diesen Angaben waren 45,6 % der Migranten erwachsene Männer, 21,9 % erwachsene Frauen,

land seine Türen schneller und bereitwilliger auf als für Erwachsene. Wenn die Jugendlichen in Deutschland angekommen sind, werden sie von rund 600 Jugendämtern in Obhut genommen – dort, wo sie sich melden oder wo sie aufgegriffen werden.[85] In Clearingverfahren klären die Behörden den künftigen Aufenthaltsort, kümmern sich um die medizinische Versorgung, die Vormundschaft und mögliche Anschlusshilfen. Allerdings ist dieses Verfahren nicht einheitlich: Der Bundesverband für unbegleitete minderjährige Flüchtlinge berichtet von »erheblichen Unterschieden« in der Betreuung. Weil die Jugendhilfe kommunal organisiert ist, obliege es den zuständigen Ämtern, wie sie verfahren.

Das Flüchtlingshilfswerk der Vereinten Nationen meldet, dass etwa die Hälfte aller Flüchtlinge weltweit minderjährig sei. Die weite Reise nach Europa und auch nach Deutschland aber schaffen nur verhältnismäßig wenige. 2015 zählte das Bundesfamilienministerium allein in Deutschland 300 000 minderjährige Flüchtlinge – viele davon kamen mit ihren Eltern.[86]

---

35 % Kinder mit ihren Eltern und 1,5 % unbegleitete minderjährige Flüchtlinge. Die größte Gruppe machten Syrer aus, gefolgt von Irakern und Afghanen. Vgl. Pressemitteilung der IOM vom 22.12.2015, »Irregular Migrant, Refugee Arrivals in Europe Top One Million in 2015«.

85 Vgl. die Daten des Bundesfachverbands für minderjährige Flüchtlinge http://www.b-umf.de/images/inobhutnahmen-2015-web.pdf: Die Zahl der Inobhutnahmen von unbegleiteten minderjährigen Flüchtlingen war bereits im Jahr 2014 gegenüber den Vorjahren um etwa 45 % auf 10 400 gestiegen. Dies geht aus der jährlichen Erhebung des Bundesfachverbands UMF hervor. Dabei zeigt sich jedoch, dass der Zuwachs ungleich verteilt ist. Mit Mecklenburg-Vorpommern, Niedersachen, Thüringen und Sachen-Anhalt sind in vier Bundesländern die Inobhutnahmezahlen gegenüber dem Vorjahr sogar zurückgegangen. Dagegen weisen Baden-Württemberg, Bayern, Brandenburg und Rheinland-Pfalz besonders hohe Zuwächse von über 50 % gegenüber dem Vorjahr auf. Bereits in den Vorjahren war diese Gruppe rasant gewachsen. Zwischen den Jahren 2010 und 2013 hatte sie sich verdoppelt. Nach Angaben der Bundesregierung stieg in diesem Zeitraum die Zahl der Inobhutnahmen von unbegleiteten minderjährigen Flüchtlingen von 2822 (2010) auf 6584 (2013).

86 Vgl. Lohse, Eckart. »Ankerkinder alleine auf der Flucht« in: FAZ, 15.12.2015, S. 4.

Nach dem Gesetz gilt für die Gruppe der jungen unbegleiteten Flüchtlinge ein besonderer Schutz, sie werden im Rahmen der Jugendhilfe intensiver begleitet als erwachsene Flüchtlinge. Sie bekommen einen Vormund und werden in Einrichtungen für Jugendliche oder in Familien untergebracht.

Zum Stichtag 19.11.2014 nahmen in Deutschland 51 000 minderjährige Flüchtlinge die Angebote der Jugendhilfe in Anspruch.

Was passiert, wenn ein jugendlicher Flüchtling in Deutschland ankommt?

Die unbegleitet einreisenden Kinder und Jugendlichen werden zunächst von den Jugendämtern aufgenommen und betreut. Das Durchschnittsalter der Jugendlichen, die zu uns kommen, lag 2014 bei knapp 16 Jahren. Die 16- und 17-Jährigen machen zwei Drittel aller Inobhutnahmen aus.

Die Mädchen sind klar in der Unterzahl: 92 Prozent der asylsuchenden unbegleiteten Minderjährigen, die 2014 Deutschland erreichten, waren männlich.

Weil nur Minderjährige Anspruch auf Leistungen der Jugendhilfe haben, kommt der Feststellung ihres Alters zentrale Bedeutung zu. Jugendliche Flüchtlinge sind aufgrund der intensiveren Betreuungsangebote der Jugendhilfe teurer für den deutschen Steuerzahler. In einigen Kommunen werden umstrittene ärztliche Untersuchungen zur Alterseinschätzung[87] durchgeführt, wenn Zweifel am angegeben Alter der Jugendlichen bestehen. So wurden 2014 in Hamburg mehr als zwei Drittel der neu angekommenen Jugendlichen für volljährig erklärt – für sie fallen demnach nicht die teureren Leistungen der Jugendhilfe an[88].

---

87 Vgl. http://www.zdf.de/ZDF/zdfportal/blob/38903058/1/data.pdf
88 Vgl. http://www.b-umf.de/images/inobhutnahmen-2015-web.pdf, S. 8.

Woher kommen die meisten minderjährigen Flüchtlinge?

Die größte Gruppe unter den minderjährigen Flüchtlingen machten 2015 Jungen und Mädchen aus Afghanistan aus, gefolgt von Jugendlichen aus Syrien, Eritrea, Somalia und dem Irak.[89]

In der Praxis werden die Fälle von Syrern und Eritreern bevorzugt und relativ schnell geprüft. Bei allen anderen Jugendlichen dauert die Prüfung des Einzelfalls sehr viel länger. Das gilt auch für Menschen aus Kriegs- und Krisengebieten wie Afghanistan, dem Irak oder Somalia.

Derzeit gibt es die Tendenz, die Liste der sicheren Herkunftsstaaten zu verlängern. Diese variiert übrigens von einem europäischen Land zum anderen. So gehören in Deutschland beispielsweise die afrikanischen Staaten Ghana und Senegal zu den sicheren Herkunftsländern. »Sicher« – dieses Prädikat erhält ein Land, wenn dort keine Verfolgung vom Staat ausgeht. Über individuelle Verfolgung, individuelle Bedrohung an Leib und Leben, zum Beispiel durch Gewalt oder sexueller Ausbeutung, sagt dieser Begriff nichts aus. Dennoch wird das individuelle Schicksal von Flüchtlingen aus diesen sogenannten »sicheren« Herkunftsländern häufig weniger gründlich geprüft.

Wie wirken sich die aktuellen Änderungen des Asylgesetzes auf unbegleitete minderjährige Flüchtlinge aus?

Durch die Änderung des Jugendhilferechts werden auch unbegleitete minderjährige Flüchtlinge seit November 2015, genauso wie Erwachsene, gleichmäßig auf die Bundesländer verteilt. Die Länder sind verpflichtet, bis Januar 2016 entsprechende Strukturen zu schaffen.

Angebote der Kinder- und Jugendhilfe werden für Flüchtlinge geöffnet. Zudem wurde das Aufenthaltsrecht geändert: Abschie-

---

89 Diese Zahlen beziehen sich auf das 1. Halbjahr 2015, Informationen von Tobias Klaus, Bundesfachverband unbegleitete minderjährige Flüchtlinge, 11.12.2105 (Daten sind aus der BAMF Halbjahresstatistik).

bungen sollen künftig nicht mehr angekündigt werden. Bisher konnten Betroffene mit einem Eilantrag versuchen, die Abschiebung weiter aufzuschieben – zum Beispiel weil sie posttraumatisch belastet sind oder medizinischer Behandlung bedürfen. Wenn die Abschiebung nicht mehr angekündigt wird, ist das in der Praxis nicht mehr möglich.

Der Familiennachzug für Eltern soll grundsätzlich möglich bleiben, für alle anderen Familienangehörigen gilt er jedoch nicht.

Müssen alle minderjährigen Flüchtlinge in Deutschland Asyl beantragen?

Nein, anders als Erwachsene müssen die Minderjährigen nicht zwangsläufig Asyl beantragen. Um zumindest vorläufig in Deutschland bleiben und die Angebote der Jugendhilfe nutzen zu können, kann auch eine Duldung beantragt werden. Sobald sie volljährig sind, muss jedoch in den meisten Fällen Asyl beantragt werden, da sonst die Abschiebung droht: Nur wer zu dem Zeitpunkt schon einige Jahre hier ist oder es in die Berufsausbildung geschafft hat, oder bei wem eine schwere Erkrankung vorliegt – der kann nach dem 18. Geburtstag auch ohne Asylantrag eine Aufenthaltserlaubnis erhalten, dazu weiter unten mehr.

Haben wir einen Überblick, wie viele unbegleitete minderjährige Flüchtlinge in Europa registriert sind?

Den haben wir nicht. Europaweit gibt es keine systematische Registrierung von unbegleiteten Minderjährigen, die auf der Flucht sind. Registrierungen und die Aufnahme von Personalien erfolgen während einer Flucht oft mehrfach, die Daten werden innerhalb Europas nicht abgeglichen. Deshalb gibt es keine validen Zahlen.

Wie viele der unbegleiteten minderjährigen Flüchtlinge dürfen bei uns bleiben?

Mit 80 bis 90 % hat diese Gruppe eine sehr hohe Anerkennungsquote, sofern ihr Antrag vor dem 18. Geburtstag entschieden wird. Je jünger jemand ist, desto höher ist seine Chance auf einen dauerhaften Aufenthalt. Wer jedoch 17 ist oder älter, wenn er nach Deutschland kommt, muss oft große Hürden überwinden.

Mit Vollendung des 18. Lebensjahres unterliegen die Jugendlichen im Regelfall den strengeren Asylregeln für Erwachsene. Das bedeutet, dass dann zum Beispiel oft kein Schulbesuch mehr möglich ist. Besonders schlecht ist die Situation für gerade Volljährige, wenn sie nur geduldet werden. Eine Duldung ist lediglich die Aussetzung der Abschiebung. Das trifft vor allem Flüchtlinge aus dem Westbalkan, aus Afghanistan und aus verschiedenen afrikanischen Staaten. Sie stehen damit unter anhaltender Angst, aus Deutschland ausreisen zu müssen, weil ihre Duldung jeweils nur um einen kurzen Zeitraum verlängert wird. Eine Duldung kann dazu führen, dass man in Deutschland nicht arbeiten und keine betriebliche Ausbildung machen darf. Damit werden Biografien und Bildungswege unterbrochen, Integration findet nur eingeschränkt statt.

Ausnahmen gibt es, sie sind jedoch mühsam mit den deutschen Behörden zu verhandeln und werden aufgrund der steigenden Flüchtlingszahlen zunehmend restriktiv gehandhabt.

Um aus dem Status der Duldung heraus eine befristete Aufenthaltserlaubnis zu erhalten, auf deren Grundlage Arbeit und Ausbildung in Deutschland leichter möglich sind, müssen Betroffene nach deutschem Bleiberecht belegen, dass sie seit mehr als acht Jahren in Deutschland sind, arbeiten, gut Deutsch sprechen, sich integriert haben und nicht straffällig geworden sind. Wer mit 16 Jahren und jünger nach Deutschland gekommen ist und erfolgreich die Schule besucht hat, ist hier besser gestellt: Er kann bereits nach vier Jahren von der Bleiberechtsregelung profitieren.

In welchen Bundesländern werden die jugendlichen Flüchtlinge aufgenommen?

Die bis Ende Juni 2015 gezählten Jugendlichen wurden zu etwa einem Drittel in Bayern aufgenommen, gefolgt von Hessen und Nordrhein-Westfalen. Die wenigsten minderjährigen Flüchtlinge nahmen Mecklenburg-Vorpommern, Thüringen und Sachsen-Anhalt auf.